全国测绘地理信息职业教育教学指导委员会“十四五”规划教材

无人机测绘技术

主　编　速云中　凌培田
主　审　赵文亮
副主编　张文博　张晓伦　邹娟茹　冯耀明
　　　　王　琦　李久刚
参　编　李吉英　张　克　常　乐　祖为国
　　　　张　丹　谭金石　刘　丽

WUHAN UNIVERSITY PRESS
武汉大学出版社

图书在版编目(CIP)数据

无人机测绘技术/速云中,凌培田主编 .—武汉：武汉大学出版社，2022.8(2024.8 重印)
全国测绘地理信息职业教育教学指导委员会“十四五”规划教材
ISBN 978-7-307-23152-8

Ⅰ.无… Ⅱ.①速… ②凌… Ⅲ.无人驾驶飞机—航空摄影测量—职业教育—教材 Ⅳ.P231

中国版本图书馆 CIP 数据核字(2022)第 117133 号

责任编辑:王 荣　　责任校对:汪欣怡　　版式设计:韩闻锦

出版发行：**武汉大学出版社**　(430072 武昌 珞珈山)
(电子邮箱：cbs22@ whu.edu.cn 网址：www.wdp. com.cn)
印刷:武汉科源印刷设计有限公司
开本:787×1092 1/16 印张:19 字数:402 千字
版次:2022 年 8 月第 1 版 2024 年 8 月第 7 次印刷
ISBN 978-7-307-23152-8 定价:59. 00 元

全国测绘地理信息职业教育教学指导委员会
“十四五”规划教材

序

测绘地理信息事业是国民经济和社会发展的重要组成部分，是全民小康社会建设的重要基础，“十四五”是测绘地理信息事业全面发展的关键时期。其中，以无人机为代表的新型测绘技术有着广阔的发展前景。无人机测绘具有机动灵活、高效快速、精细准确、作业成本低、适用范围广、生产周期短等特点，在小区域高分辨率影像快速获取方面具有明显优势，广泛应用于国家重大工程建设、灾害应急与处理、国土监察、资源开发、新农村和小城镇建设等方面。

本教材依照无人机测绘生产程序化知识结构编写，内容贴近生产，注重技能培养。本教材全面对接职业岗位，衔接“1+X”职业技能等级证书，引入了全国大学生无人机测绘技能竞赛相关内容，还精心制作了教学视频资源，设计了思政元素，实现了“岗、课、赛、证”的有效融合，是测绘地理信息职业教育发展过程中的一次创新改革。同时，本教材的编写团队以奋战在教学一线的青年教师为主，同时受到无人机测绘企业的大力支持和积极参与，是深化产教融合、加强校企合作的有益尝试，让我们看到了测绘地理信息职业教育未来发展的骨干力量，可喜可贺。

希望更多的年轻教师和测绘企业投身测绘职业教育改革中，为加快构建现代测绘职业教育体系贡献自己的力量，为国家培养出更多高素质的测绘技能人才。

2022 年 6 月 8 日

前　言

无人机测绘技术以无人机作为航空摄影测量影像数据获取平台，通过计算机对影像数据进行处理，构建与实地相一致的立体环境，在立体环境中进行地理空间数据采集与编辑处理，实现便捷化地理空间信息获取。目前，无人机测绘技术在“实景三维中国建设”、国家重大工程建设、数字城镇化与美丽乡村规划建设、资源开发与土地资源管理、农林监测、应急救灾等方面得到广泛应用。无人机测绘技术具有灵活、高效、精密、成本低、生产周期短等特点，已成为卫星遥感与航空摄影测量的重要补充力量，并逐步改变地理空间数据获取生产作业模式，成为研究与应用的热点。

本书以北京达北时代科技有限公司生产实践案例为引领，以武汉大学摄影测量数据处理软件核心平台为依托，汇聚全国诸多高水平职业院校与应用型本科院校的无人机测绘相关课程一线授课教师组成编写团队，在深入讨论无人机测绘技术相关的理论知识与技术技能的基础上，系统划分章节结构，对无人机基础知识进行简要讲述，对无人机航空摄影测量基本原理与生产实践作业过程进行详细讲述，对无人机测绘技术相关的职业资格证书与赛事活动进行拓展讲述，特色鲜明，知识系统完善。

本书内容突出能力培养与技能训练，实现了无人机测绘技术相关的“岗、课、赛、证”融通。模块1—模块5对无人机的概念、系统组成、飞行原理、操纵技术与无人机航飞涉及的法律法规进行重点介绍，内容包含“1+X无人机驾驶职业技能等级证书”理论知识与技能操纵视频案例，内容鲜活、形象逼真。模块6—模块13对无人机摄影测量基础知识、航空摄影与快拼制作、像片控制测量、空中三角测量、DEM生产、DOM生产、DLG生产等理论与实践过程进行详细讲述，并引入无人机测绘生产实践案例，内容突出无人机测绘技术的工作岗位技术技能与质量要求，同时包含“1+X无人机摄影测量职业技能等级证书”理论与实训内容，也涵盖了“全国大学生无人机测绘技能竞赛”参赛学生需要掌握的主要理论知识与操作技能，很好地实现了“岗、课、赛、证”融通。模块14—模块16对无人机测绘技术相关的无人机驾驶员考证、“1+X”无人机摄影测量职业技能等级考试与全国大学生无人机测绘技能竞赛进行简要说明，内容包含无人机测绘技术相关的职业资格证书与相关的赛事活动，达到以赛促教、以赛促学的目的。书中也包含诸多测绘地理信息行业相关的课程思政案例，引领学生弘扬“劳动光荣、技能宝贵、创造伟大”的时代风尚。

本书共分16个模块，编写分工如下：模块1至模块3由长沙环境保护职业技术学院张文博编写；模块4由黄河水利职业技术学院张丹编写；模块5由甘肃建筑职业技术学院常乐编写；模块6由自然资源部职业技能鉴定指导中心王琦编写；模块7由广东工贸职业技术学院祖为国编写；模块8至模块9由昆明冶金高等专科学校张晓伦编写；模块10由河南工业职业技术学院张克编写；模块11由滨州学院李吉英编写；模块12由杨凌职业技术学院邹娟茹编写；模块13由株洲市智慧城市发展中心李久刚编写；模块14由云南国土资源职业学院冯耀明编写；模块15由广东工贸职业技术学院速云中编写；模块16由北京达北时代科技有限公司凌培田编写。速云中、凌培田负责全书的统稿定稿工作，昆明冶金高等专科学校赵文亮教授主审。

武汉大学张祖勋院士、陶本藻教授对本书进行了审阅，并提出许多宝贵的修改意见，在此表示衷心的感谢！在本书的编写过程中参考了大量的文献与书籍，引用了国内外相关论文、教材与著作中的部分素材，在此向有关作者深表感谢！

由于编者水平有限，书中难免有不足之处，敬请读者批评指正。

编者

2022年2月

课时分配(建议)

课时分配：总学时计划 60 学时

模块	教学主题及授课内容	建议学时	合计学时
模块 1	认识无人机	2	16
模块 2	无人机系统组成	2	
模块 3	无人机飞行原理	4	
模块 4	无人机操纵技术	6	
模块 5	民用无人机法律法规	2	
模块 6	无人机摄影测量概述	4	38
模块 7	无人机航测影像获取	6	
模块 8	像片控制点测量	4	
模块 9	无人机解析空中三角测量	8	
模块 10	无人机航测 DEM 生产	4	
模块 11	无人机航测 DOM 生产	4	
模块 12	无人机航测 DLG 生产	4	
模块 13	无人机航测综合生产案例	4	
模块 14	民用无人机驾驶员考证	2	6
模块 15	“1+X”职业技能等级制度	2	
模块 16	全国大学生无人机测绘技能竞赛	2	

注：实际课时可根据教学的具体情况，在教学过程中适当地调整教学内容和进度，以上课时分配仅供参考。

目　　录

模块1

认识无人机

思维导图

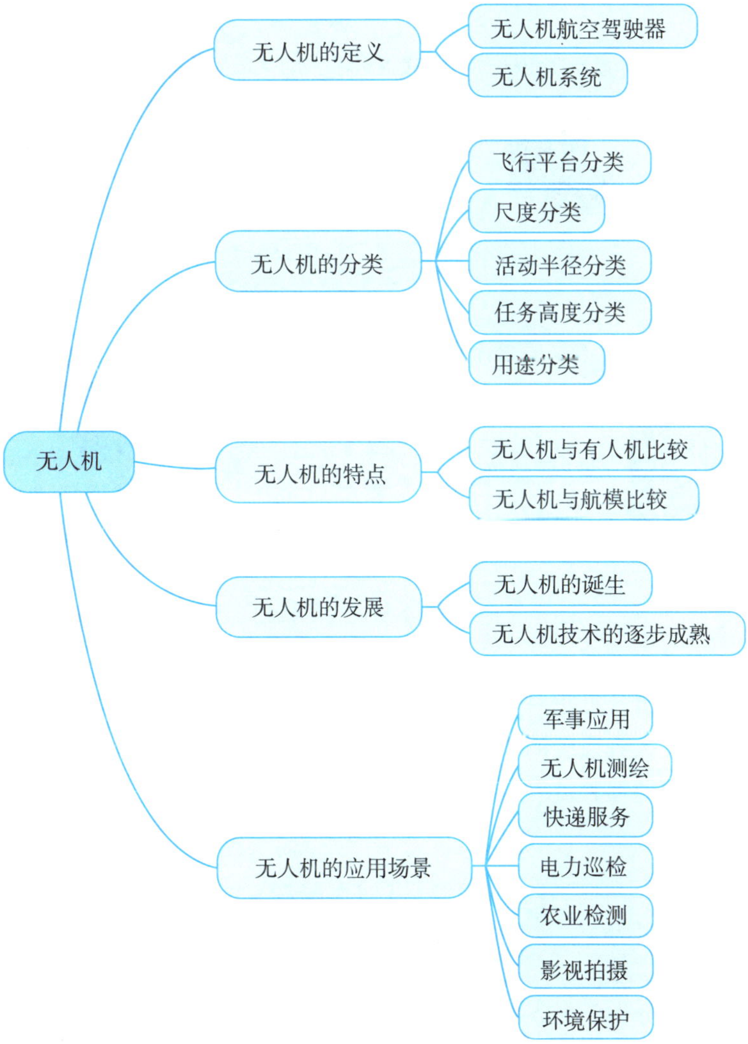

1.1 无人机的定义

无人航空驾驶器(Unmanned Aircraft，UA)，是一架由遥控站管理(包括远程操纵或自主飞行)的航空器，也称遥控驾驶航空器(Remotely Piloted Aircraft，RPA)，以下简称“无人机”。

无人机系统(Unmanned Aircraft System，UAS)，也称无人驾驶航空器系统(Remotely Piloted Aircraft System，RPAS)，是指一架无人机、相关的遥控站、所需的指令与控制数据链路以及批准的型号设计规定的任何其他部件组成的系统。小型无人机系统如图 1-1 所示。

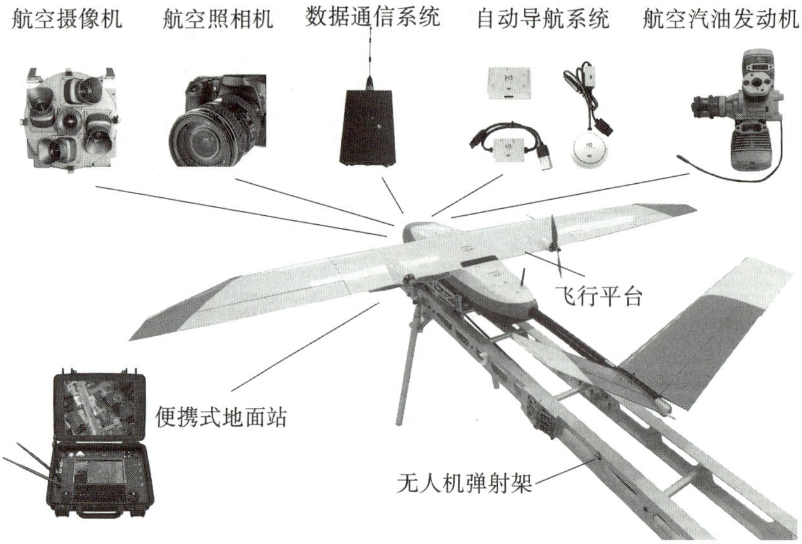

图 1-1　小型无人机系统

无人机系统驾驶员，是指对无人机的运行负有必不可少的职责，并在飞行期间适时操纵无人机的人。无人机系统的机长，是指由运营人指派在系统运行时间内负责整个无人机系统运行和安全的驾驶员。

1.2 无人机的分类

按飞行平台构型分类，无人机可分为固定翼无人机(图 1-2)、旋翼无人机(图 1-3)、无人飞艇、伞翼无人机、扑翼无人机等。

图 1-2　固定翼无人机

图 1-3　旋翼无人机

近年来，国内外无人机相关技术飞速发展。无人机系统种类繁多、用途广泛、特点鲜明，在尺寸、质量、航程、航时、飞行高度、飞行速度性能以及任务等多方面都有较大差异。

根据无人机飞行平台的构型、尺度、活动半径、任务高度与用途等差异，将无人机划分为不同类别。

按尺度分类(民航法规)，无人机可分为微型无人机、轻型无人机、小型无人机以及大型无人机。微型无人机，是指空机质量小于等于 7kg 的无人机。轻型无人机，是指空机质量大于 7kg、但小于等于 116kg 的无人机，且全马力平飞中，校正空速小于 100km/h (55n mile/h)，升限小于 3000m。小型无人机，是指空机质量小于等于 5700kg 的无人机，微型和轻型无人机除外。大型无人机，是指空机质量大于 5700kg 的无人机。

民用无人机驾驶员管理规定如表 1.1 所示。

表 1.1　**民用无人机驾驶员管理规定**

分类等级	空机重量(kg)	起飞全重(kg)
Ⅰ	$0<W\leqslant 0.25$	
Ⅱ	$0.25<W\leqslant 4$	$1.5<W\leqslant 7$
Ⅲ	$4<W\leqslant 15$	$7<W\leqslant 25$
Ⅳ	$15<W\leqslant 116$	$25<W\leqslant 150$
Ⅴ	植保类无人机	
Ⅵ	$116<W\leqslant 5700$	$150<W\leqslant 5700$
Ⅶ	$W>5700$	

按活动半径分类，无人机可分为超近程无人机、近程无人机、短程无人机、中程无人机和远程无人机。超近程无人机活动半径在15km以内，近程无人机活动半径为15～50km，短程无人机活动半径为50～200km，中程无人机活动半径为200～800km，远程无人机活动半径大于800km。

按任务高度分类，无人机可以分为超低空无人机、低空无人机、中空无人机、高空无人机和超高空无人机。超低空无人机任务高度一般为0～100m，低空无人机任务高度一般为100～1000m，中空无人机任务高度一般为1000～7000m，高空无人机任务高度一般为7000～18000m，超高空无人机任务高度一般大于18000m。

按用途分类，无人机可分为军用无人机(图1-4)和民用无人机(图1-5)。军用无人机可分为侦察无人机、诱饵无人机、电子对抗无人机、通信中继无人机、无人战斗机以及靶机等；民用无人机可分为巡查/监视无人机、农用无人机、气象无人机、物探无人机以及测绘无人机等。

图1-4　军用无人机

图1-5　民用无人机

1.3　无人机的特点

1.3.1　无人机与有人机比较

1)无人机体积小、质量轻

由于省去了驾驶舱的空间，在同样任务条件下，无人机比有人机空间小、质量轻、油耗低，提高了经济效益。

2) 使用成本低

无人机的维修费、燃油费、存放保管费等都比有人机低，因此无人机整体使用费用比较低。

3) 人员培训费用低

通航有人机私用飞行员驾照(简称私照)，培训费为二三十万元，商用飞行员驾照(简称商照)，培训费高达七八十万元，这都远远高于无人机驾驶员培训费。

4) 风险更低

无人机能够在灾害天气或受污染的环境下执行高危险性任务，无需考虑驾驶员生理条件限制。

1.3.2 无人机与航空模型比较

1) 飞控系统不同

无人机上面有导航飞控系统，驾驶员靠无线链路指挥飞机，这是与航空模型(简称航模)的本质区别。

2) 用途不同

无人机有任务载荷，需要承担任务，如航拍要挂摄像机等，航模类似玩具，注重“玩”。

3) 定义和组成不同

无人机与航模的学术定义不同，组成结构也不同。

4) 安全管理不同

民用无人机由中国民用航空局统一管理，军用无人机由军方管理，航空模型由国家体育运动委员会下属的航空运动管理中心管理。

1.4 无人机的发展

无人机的诞生可以追溯到 1914 年，英国研制了“AT 计划”无人机，如图 1-6 所示。

当时英国两位将军提出研制一种不用人驾驶，而用无线电操纵的飞机，能够飞到敌方上空，将事先装在飞机上的炸弹投下去。随后，飞机设计师杰佛里和研制小组设计出一架小型上单翼机，但没有安装炸弹。1917 年 3 月，进行了第一次飞行试验，无人机刚起飞不久，发动机突然熄火，因失速而坠毁。

图 1-6　“AT 计划”无人机

随着无人机技术的逐步成熟。到 20 世纪 30 年代，美国政府决定研制一种无人靶机，用于校验战列舰上的火炮对目标的攻击效果。1933 年 1 月，由“费雷尔”水上飞机改装成的“费雷尔·昆士”无人机试飞成功。此后不久。英国又研制出一种全木结构的双翼无人靶机，命名为“德·哈维兰灯蛾”。在 1934—1943 年间，英国一共生产了 420 架这种无人机，并重新命名为“蜂王”。

在 20 世纪 50—70 年代冷战时期，无人机方面主要发展的是无人靶机和无人侦察机（图 1-7）。1960 年，美国为了防止被苏联导弹击落，启动了两个高空高速无人机项目：一个是在“火蜂”无人靶机基础上发展而来的 147 型“萤火虫”无人侦察机；另一个是 D-21“标签”超声速无人侦察机。

图 1-7　无人侦察机

随着航空技术的飞速发展，无人机也进入了一个崭新的时代，逐渐步入其鼎盛时期。时至今日，世界上研制生产的各类无人机已达数千种，并不时有各种新型号出炉。各种性能不同、技术先进、用途广泛的新型机种如长航时无人机、无人攻击机、垂直起降无人机和微型无人机不断涌现。而随着计算机技术、自动驾驶技术和遥控遥测技术的发展与其在无人机中的应用，以及对无人机战术研究的深入，未来无人机不仅能用于战术和战略等信息侦察，而且还可用于防空系统压制、夺取制空权等多种任务并最终参与空中格斗。

1.5　无人机的应用

1) 军事应用

无人机作为目标诱饵，用于作战任务、研发和监督，已成为全球军事力量的一部分。载人飞行任务太危险或存在困难时，无人机会被派上用场，还能为部队提供 24 小时全天候“空中之眼”。每架无人机可以一次性在高空停留 17 个小时，在某区域上空徘徊，并发送地面活动的实时图像。

2) 无人机测绘

传统的航空测绘方法是利用地面控制点，通过空间加密反求光束的外方位元素，这种方法过于依赖地面条件，存在很大的限制。同时，测量工作量和成本占用比重较大。

无人机航测是传统航空摄影测量的有力补充。在小区域和飞行困难区域快速获取高分辨率图像方面具有明显优势。无人机航测具有航测响应能力快、时效性和性价比突出、监测区域有限、地面数据获取和建模能力快等特点，使得无人机行业的应用范围越来越广泛，可应用于国家重大工程建设、灾害应急处理、土地监管、资源开发、新农村和小城镇建设等，特别是在基础测绘、土地资源调查监测、土地利用动态监测、数字城市建设和应急救灾测绘数据采集等方面。

无人机测绘逐步取代传统的航空测绘。目前，全国有超过 300 家测绘单位拥有航摄资质，使用无人机数量超过 2000 架。2019 年国家自然资源部启动“十四五”基础测绘规划编制工作，推动国家测绘“实景三维中国建设”项目。这一项目将引领测绘行业近 40 万名专业技术人员从传统测绘领域转入无人机测绘领域。

3) 快递服务

利用无线电遥控设备和自备的程序控制装置操纵无人驾驶的低空飞行器运载包裹，自动送达目的地，其优点主要在于解决偏远地区的配送问题，提高配送效率，同时减少人力成本(图 1-8)。

4)电力巡检

无人机集成定位系统装配高清数码摄像机或照相机，可沿电网进行定位自主巡航，通过实时传送拍摄影像，监控人员可在地面控制中心同步查看与操控，如图 1-9 所示。无人机电力巡检通过集成多种传感器，可实现电力线路安全巡检工作高效和全自动智能化开展，提高了电力线路巡检的工作效率。尤其在山洪暴发、地震灾害等紧急情况下，无人机可突破地面道路限制，快速前往勘测并紧急排查问题，帮助迅速恢复供电，提升了应急抢险水平和供电可靠度。

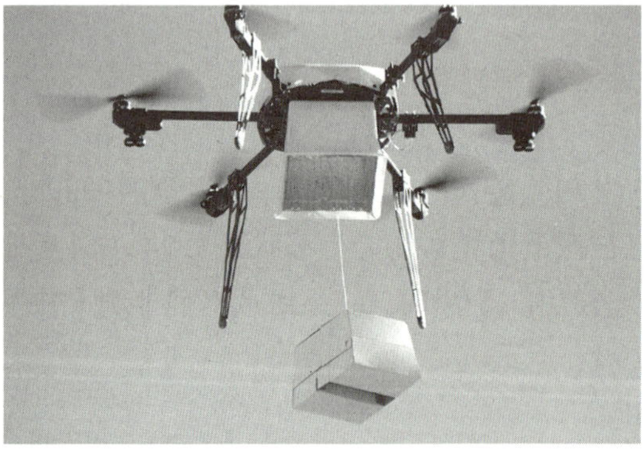

图 1-8　无人机快递送货

图 1-9　无人机电力巡检

5)农业监测

农民和农业学家总是在寻找廉价有效的方法来定期监测他们的农作物。无人机装载红外传感器可以采集农作物不同时间段生长的数据，以此数据为依准能够更好地调配化肥或杀虫剂来改善当地农作物状况，提高了管理水平，提高了农作物产量。在接下来的几年里，将近 80%的农业市场将使用无人机。

6)影视拍摄

无人机现在正被用来拍摄那些原本需要昂贵的直升机和起重机的镜头。快节奏的动作和科幻场景是由无人机拍摄的，如图 1-10 所示，从而使拍摄更容易。这些自主飞行装置也用于房地产和体育摄影。此外，记者正在考虑使用无人机在直播中收集录像和信息。

7)环境保护

无人机在环保领域通过观测空气、土壤、植被和水质状况，可以实时、快速地跟踪和监测突发环境污染事件的发展状况(图 1-11)。无人机在环保监测方面的应用大致可分为水体监测、大气监测、排污监测取证、环境治理等。

图 1-10　无人机航拍摄影

图 1-11　无人机环境监测

思政点滴

地球第三极珠峰顶的海拔高度是多少？

2020 年 5 月 27 日 11 时，中国 2020 珠峰高程测量登山队成功登顶珠峰，并精确测得珠峰高程为 8848.86m！

1. 为什么要重测珠峰？

从科学层面来说，珠峰高度及其变化情况，是研究亚欧大陆与印度洋板块相互作用及珠峰地区生态环境变化的数据支持，对阐明全球构造运动、发展地球科学理论，都具有重要价值。

从技术层面来说，由于珠峰是世界第一高峰，气候多变、高寒缺氧、环境复杂，其高程不仅对人体是严酷考验，对测量装备和测绘技术也有很高的要求。因此，精确测量珠峰高程也是一个国家测绘技术水平和能力的综合体现。

大地测量学家陈俊勇曾颇为形象地描述测量珠峰的理由：“父母要定期给自己不断成长的子女量量身高，是理所应当的。人类要不断深入地认识自然，中国人要不断深入地认识自己的国土。”

2. 中国珠峰测量时间线

1714 年：清朝理藩院主事胜住、喇嘛楚尔沁藏布 · 兰木占巴受清政府委派，对珠峰高度进行过初步的测量。

1949 年：中国草测的珠峰地区地形图标记了珠峰的位置和地形。

1958—1960 年：测量获得珠峰的高度为 8882m，但利用水银气压计测量存在较大误差。

1966—1968 年：原国家测绘总局进行珠峰测量，测算出珠峰雪面海拔高程为 8850.32m。

1975 年：精确测得珠峰的海拔高程为 8848.13m（已减去积雪厚度 0.92m）。

1992 年：中国测量队与意大利登山队合作，测算出珠峰雪面海拔高程为 8846.37m。

1998 年：中国测量队与美国登山队合作，对珠峰高程进行复测。因美国登山队登顶失败未能进行觇标交会。

2005 年：首次由专业测绘人员和专业登山人员合作，精确测得珠峰峰顶岩石面海拔高程为 8844.43m（覆雪深度 3.50m）。

2020 年 5 月 27 日 11:00 时：中国 2020 珠峰高程测量登山队 8 名攻顶队员成功登顶。他们从海拔 8300m 的营地出发，经历近 9 个小时的攀登，成功登顶并进行测量工作，精确测得珠峰高程为 8848.86m。

3. 历史上精度最高的珠峰高程测量

同 2005 年相比，2020 珠峰高程测量的科学性、可靠性、创新性都有了明显提高。2020 珠峰高程测量，将我国自主研制的北斗卫星导航系统首次应用于珠峰峰顶大地高的计算，获取了更长观测时间、更多卫星观测数量的数据；GNSS 接收机、长测程全站仪、重力仪等国产仪器全面担纲，指标精度达到了世界先进水平。

另外，这是第一次将综合测绘技术全面引入，采用卫星遥感、航空遥感、激光雷达等手段，同时采集地形数据、气象数据等，使 2020 珠峰高程测量成为历史上精度最高的一次。可以说，每一次珠峰高程的复测，都代表着中国对自然科学的追求；每一次数值的精进，都体现着中国测绘技术的不断进步，如图 1-12 所示。

（图源：李璞）

（图源：中国体育报；拍摄者：阿旺占堆）

（图源：新华社）

（图源：新华网）

图 1-12　测量过程

中国人用中国技术、中国装备，最精确测量出珠峰海拔高度——中国行，中国能！

资料来源：《人民日报》。

作业习题

一、选择题

1. 无人机系统的英文缩写是________。

   A. UVS　　B. UAS　　C. UAV

2. 不属于无人机系统的是________。

   A. 飞行器平台　　B. 飞行控制系统　　C. 飞行员

3. 超近程无人机的活动半径在________以内。

   A. 15km　　B. 15~50km　　C. 50~200km

4. 低空无人机的任务高度一般在________之间。

   A. 0~100m　　B. 100~1000m　　C. 1000~7000m

5. Ⅱ类无人机是指________。

   A. 起飞全重小于4kg的无人机

   B. 空机重量大于4kg的无人机

   C. 空机质量大于1.5kg小于等于4kg，起飞全重大于1.5kg小于等于7kg的无人机

6. Ⅳ类无人机是指________。

   A. 起飞全重小于25kg的无人机

   B. 空机质量大于15kg小于等于116kg，起飞全重大于25kg小于等于150kg的无人机

   C. 空机质量大于25kg的无人机

7. 下列不属于民用无人机类型的是________。

   A. 电子对抗无人机　　B. 农用无人机　　C. 测绘无人机

8. 无人机与航模的本质区别在于________。

   A. 安全管理部门不同　　B. 用途不同　　C. 飞控系统不同

9. 无人机和有人机相比所具有的优势在于________。

   A. 具有飞行控制系统　　B. 使用成本低　　C. 巡航时间长

10. 下列不属于无人机应用场景的是________。

   A. 机场上空巡检　　B. 田地喷洒农药　　C. 影视危险镜头拍摄

二、简答题

1. 无人机和无人机系统的定义分别是什么？
2. 按照不同的分类标准，列举无人机的分类。
3. 无人机的优势有哪些？
4. 列举民用无人机的应用场景。

（选择题答案：B C A B C B A C B A）

模块 2

无人机系统组成

思维导图

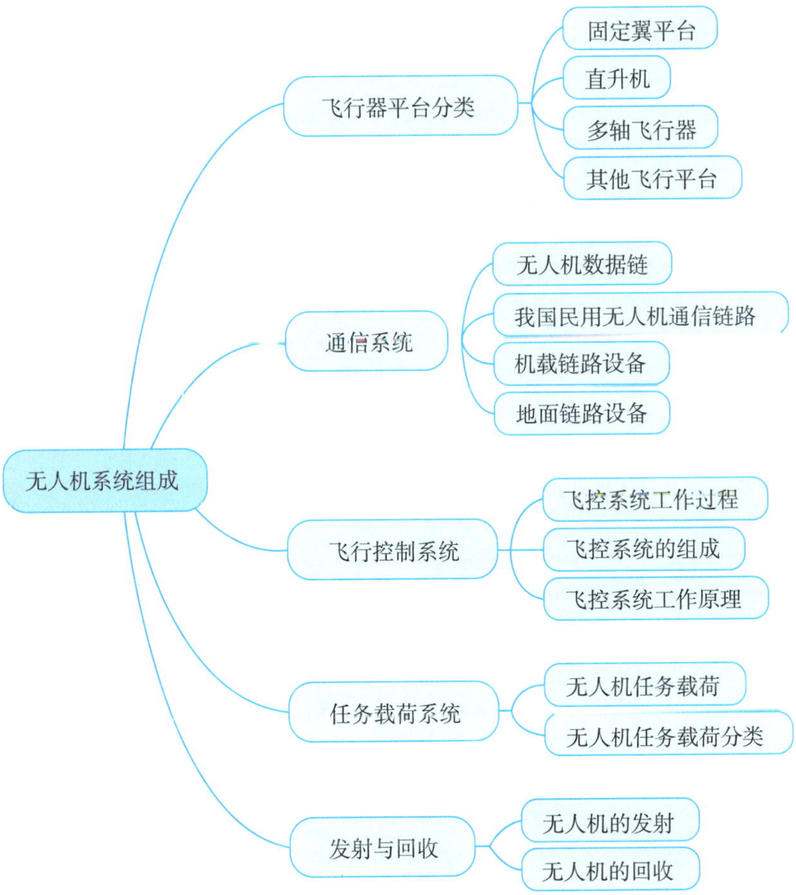

2.1 飞行器平台

飞行器是由人类制造，能飞离地面，在大气层内或大气层外空间飞行的机械飞行物。在大气层内飞行的称为航空器，在太空飞行的称为航天器。

依据航空器获得升力的方式不同可将其分为两大类，一类是轻于空气的航空器，依靠空气的浮力漂浮于空中，如气球、飞艇等；另一类是重于空气的航空器，包括非动力驱动和动力驱动两种类型。无人机系统飞行器平台主要使用的是重于空气、动力驱动的航空器。

航空器平台主要有：固定翼平台、旋翼平台(包括多轴飞行器、直升机等)、其他飞行平台。

2.1.1 固定翼平台

固定翼航空器平台就是日常生活中提到的“飞机”，是指由动力装置产生前进的推力或拉力，由机体上固定的机翼产生升力，在大气层内飞行的重于空气的航空器。大多数固定翼航空器平台具有相同的主要结构，包含机身、机翼、尾翼、起落架和发动机等，如图 2-1 所示。

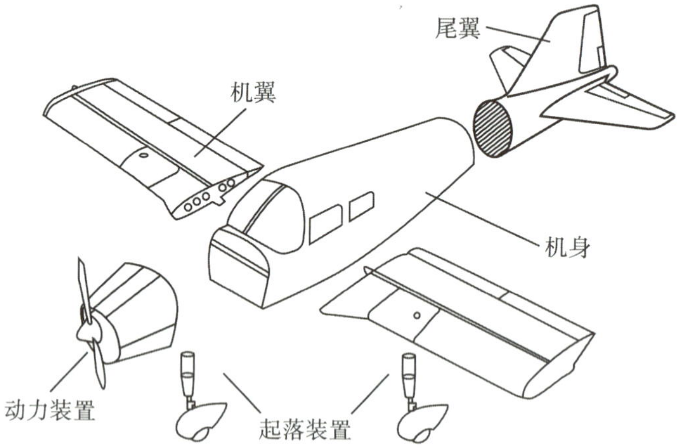

图 2-1 飞行器平台

1) 机身

机身的主要功能是装载设备、燃料和武器等，同时它是其他结构部件的安装基础，将尾翼、机翼、起落架等连接成一个整体。机身一般分为驾驶舱、客舱、货舱及设备舱等。现代民用运输机的机身绝大多数为气密式，可以进行增压、加温和通风，以保证飞机在高空飞行安全。

2）机翼

机翼是飞机的一个重要部件，其主要功能是产生升力，当它具有上反角时，可为飞机提供一定的横侧稳定性。在机翼上安装一些操纵面，在其后缘有副翼和后缘襟翼；在其前缘有前缘襟翼、缝翼；在其上表面有扰流板。另外，很多飞机的发动机和主起落架安装于机翼结构上。机翼的内部空间常用来收藏主起落架和储存燃油。

按照机翼的数量，飞机还可分为单机翼（图 2-2）、双机翼（图 2-3）和多机翼（图 2-4）。

图 2-2　单机翼

图 2-3　双机翼

图 2-4　多机翼

目前，除了个别低速飞机仍是双翼机外，绝大多数飞机是单翼机。根据单翼机在机身上的配置，可分为上单翼、中单翼和下单翼三种型式，如图2-5所示。从机翼与机身的干扰阻力来看，以中单翼为最小，上单翼次之，下单翼最大。从机身内部容积的利用来看，以上单翼为最优越。因为上单翼飞机机翼通过机身的部分骨架，位于机身上部，不影响机身内部容积的利用；中单翼的翼梁要横穿机身中部，对机身内部容积的利用有一定影响；下单翼飞机机身内的可用容积较大，但固定在机身下部的翼梁，会限制安装在机翼下部部件的尺寸。对吊装在下单翼飞机下部的发动机维护方便。从起落架的配置来看，如果将起落架装在机翼上，上单翼飞机的起落架较长，这样不仅重量大，而且不易收放。在这方面，下单翼机比较有利。此外，上单翼飞机由于机翼位置较高，检修、拆装机翼上的发动机或其他附件，以及向机翼内的油箱加添燃油都不方便，这会给维护工作带来困难。

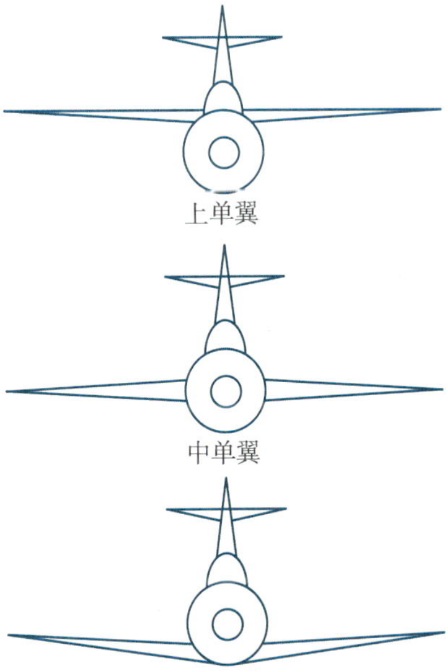

图 2-5　机翼的配置型式

3）尾翼

尾翼的主要作用是：①保持飞机纵向平衡；②飞机纵向和方向安定性；③实现飞机纵向和方向操纵。

多数飞机尾翼的设计包括垂直尾翼、水平尾翼。垂直尾翼后部有一个方向舵，水平尾翼后部有一个升降舵，如图 2-6 所示，方向舵用于控制飞机的横向运动，升降舵用于控制飞机的纵向运动。

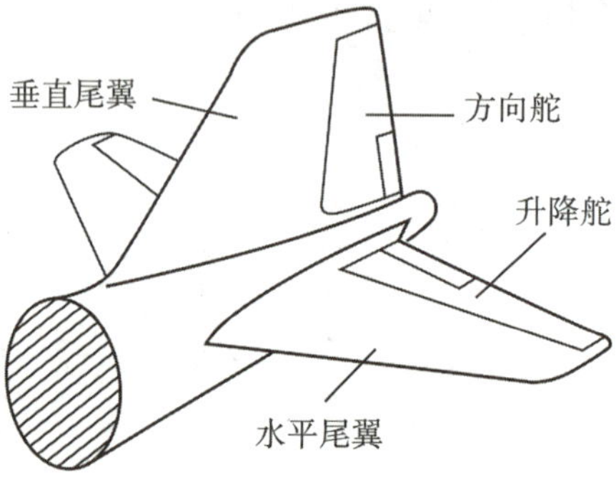

图 2-6　尾翼的组成

尾翼的布局主要有：常规布局（图 2-7）、T 型布局（图 2-8）、V 型布局（图 2-9）等。

图 2-7　常规尾翼

图 2-8　T 型尾翼

图 2-9　V 型尾翼

4）起落架

起落架是用来支撑飞行器停放、滑行、起飞和着陆滑跑的部件，一般由支柱、缓冲器、刹车装置、机轮和收放机构组成，如图 2-10 所示。飞机的前轮可偏转，用于地面滑行时控制方向，飞机的主轮上装有各自独立的刹车装置。

起落架的分类：前三点式（图 2-11）、后三点式（图 2-12）、固定式（图 2-13）和可收放式（图 2-14）。

图 2-10　起落架的分类

图 2-11　前三点式

图 2-12　后三点式

图 2-13　固定式

图 2-14　可收放式

2.1.2 直升机

直升机是一种由一个或多个水平旋转的旋翼提供升力和推进力而进行飞行的航空器，如图 2-15 所示。直升机具有大多数固定翼航空器所不具备的垂直升降、悬停、小速度向前或向后飞行的特点。

图 2-15 直升机

现在无人直升机主要包括单旋翼带尾桨无人直升机和共轴无人直升机。

1) 单旋翼带尾桨无人直升机

目前单旋翼带尾桨无人直升机是最为广泛的应用机型，优点是结构简单、操纵灵便，如图 2-16 所示。一个水平尾桨负责提供升力，尾部另一个小型垂直旋翼(尾桨)负责抵消旋翼产生的反扭矩。

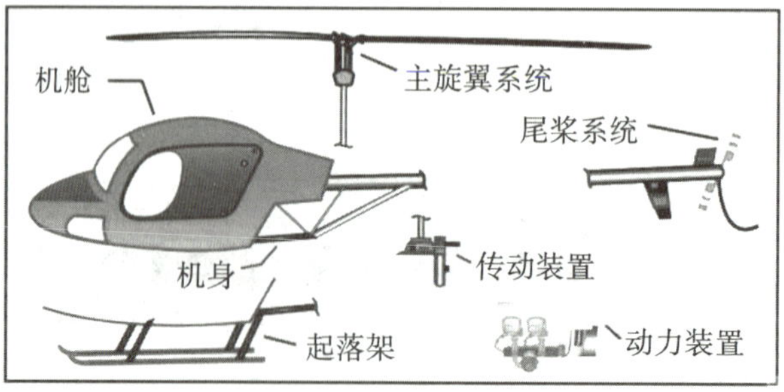

图 2-16 单旋翼带尾桨无人直升机

2）共轴无人直升机

共轴无人直升机采用了上下共轴反转的两组旋翼用来平衡旋翼扭矩，所以不需要尾桨，消除了单旋翼无人直升机存在的尾桨故障隐患、飞行中因尾桨的振动和变形而引起的尾桨传动机故障隐患，如图 2-17 所示。

图 2-17　共轴无人直升机

2.1.3　多轴飞行器

1）多轴飞行器的概念

多轴飞行器是一种具有 3 个及以上旋翼轴的特殊直升机。其通过每个轴上的电动机转动，带动旋翼，从而产生上升拉力。旋翼的总距固定，而不像一般直升机那样可变。通过改变不同旋翼之间的相对转速，可以改变单轴推进力的大小，从而控制飞行器的运行轨迹。

由于多轴飞行器的结构简单，便于小型化生产，近年来在小型无人直升机领域大量应用。常见的有四轴飞行器（图 2-18）、六轴飞行器（图 2-19）和八轴飞行器（图 2-20）。它体积小、重量轻、携带方便，出现飞行事故时破坏力小，不容易损坏，对人也更安全，通过这几年的快速发展，已在各个行业广泛应用。

2）多轴飞行器结构

（1）机身，是指多旋翼无人机的机身架，主要用来安装各类设备、动力蓄电池或燃料，同时也是其他结构零件的安装基础，用来将脚架、机臂和云台等连接成一个整体。

（2）机臂，机臂是机架的延伸，用于安装电机，可延长轴距。

图 2-18　四轴飞行器

图 2-19　六轴飞行器

图 2-20　八轴飞行器

(3)脚架，支撑整个无人机的重量，避免螺旋桨与地面发生碰撞，吸收和消化无人机在着陆时的撞击能量。

(4)云台，是安装、固定摄像机的支撑设备。

(5)螺旋桨，是指靠桨叶在空气中旋转，将发动机转动功率转化为推进力的装置。

(6)GNSS 接收机，有了 GNSS 后，无人机能够悬停飞行(定点)，操作员操作的复杂性大大降低；同时，为了能够执行一些航迹飞行任务，定位信息也是必要的。

多轴飞行器结构示意图如图 2-21 所示。

图 2-21　多轴飞行器结构

2.1.4　其他飞行平台

1) 自旋翼机

自旋翼机的外形和直升机很像，但是系统结构完全不同，自旋翼机的旋翼没有动力驱动装置，仅依靠前进时的气流吹动旋翼自转而产生升力，如图 2-22 所示。自旋翼机大多由独立的推进或拉进螺旋桨提供前飞动力，用尾舵控制方向。自旋翼机必须像固定翼航空器那样滑跑加速才能起飞，少数安装弹射装置的能够原地弹射起飞。但自旋翼机不能像直升机那样进行稳定的垂直起降和悬停，其结构非常简单，一般用于通用航空或运动类飞行。

图 2-22　自旋翼机

2）扑翼机

扑翼机主要是通过仿昆虫或鸟类上下扑动翅膀而实现飞行，其外形结构与所模仿的对象很接近，飞行时的推力和升力由其翅膀扇动产生，如图 2-23 所示。

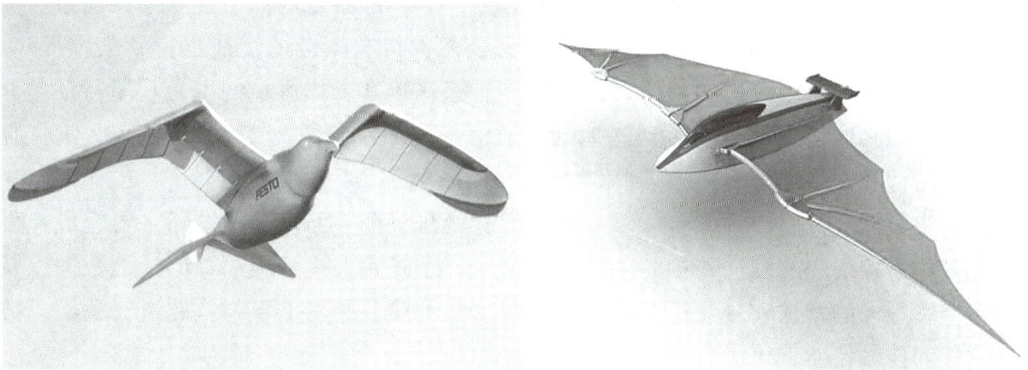

图 2-23　扑翼机

3）倾转旋翼机

倾转旋翼机整体结构和固定翼飞机类似，主要区别在于倾转旋翼机有一套旋翼倾转系统，实现旋翼在水平面和垂直面内的旋转，如图 2-24 所示。倾转旋翼机在动力装置旋转到垂直位置时相当于横列式直升机，可进行垂直起降、悬停、低速空中盘旋等直升机的飞行动作；而在动力装置旋转至水平位置时相当于固定翼螺旋桨式飞机，可实现比直升机更快的巡航航速。

图 2-24　倾转旋翼机

2.2　通信系统

2.2.1　无人机数据链

无人机数据链是无人机系统的重要组成部分，是飞行器与地面系统联系的纽带。随着无线通信、卫星通信和无线网络技术的发展，无人机数据链的性能也得到大幅提高。无人机数据链是一个多模式的智能通信系统，能够感知其工作区域的电磁环境特征，并根据环境特征和通信要求，实时动态地调整通信系统工作参数(包括通信协议、工作频率、调制特性和网络结构等)，达到可靠通信或节省通信资源的目的。

无人机数据链按照传输方向可以分为上行链路和下行链路。上行链路主要完成地面站到无人机遥控指令的发送和接收；下行链路主要完成无人机到地面站的遥测数据以及红外或摄影图像的发送和接收，并根据定位信息的传输，利用上下行链路进行测距。数据链信号的传输特性直接影响到无人机性能的优劣。

2.2.2　我国民用无人机通信链路

无人机通信链路需要使用无线电资源，目前世界上无人机的频谱使用主要集中在 UHF、L 和 C 波段，其他频段也有零散分布。目前我国工信部无线电管理局初步制定了《无人机系统频率使用事宜》，规划 840.5～845MHz、1430～1444MHz 和 2408～2440MHz 频段用于无人驾驶航空器系统。

其中规定：①840.5～845MHz 频段可用于无人机系统的上行遥控链路，其中 841～

845MHz 也可采取时分方式用于无人机系统的上行遥控链路和下行遥测信息传输链路。②1430~1446MHz频段可用于无人机系统下行遥测信息传输链路，其中 1430~1434MHz 频段应优先保证警用无人机和直升机视频传输使用，必要时 1434~1442MHz 也可以用于警用直升机视频传输。无人机在市区部署时，应使用 1442MHz 以下频段。③2408~1440MHz 频段可用于无人机系统下行链路，该无线电台工作时不得对其他合法无线电业务造成影响，也不能寻求无线电干扰保护。

2.2.3　机载链路设备

机载链路设备是指无人机上用于通信联络的电子设备。无人机系统通信链路机载终端常被称为机载电台，集成于机载设备中。机载电台一般由发信机、收信机、天线、控制盒和电源等组成，发信机和收信机是电台的主体，一般安装在无人机电子舱或靠近天线处，通过电缆与控制盒连接。视距内通信的无人机多数安装全向天线，需要进行超视距通信的无人机一般采用自跟踪抛物面卫通天线。

2.2.4　地面链路设备

民用通信链路的地面终端硬件一般会被集成到控制站系统中，称作地面电台，部分地面终端会有独立的显示控制界面。视距内通信链路地面天线采用鞭状天线(图 2-25)、八木天线(图 2-26)和自跟踪抛物面天线，需要进行超视距通信的控制站还会采用固定卫星通信天线如图 2-27 所示。

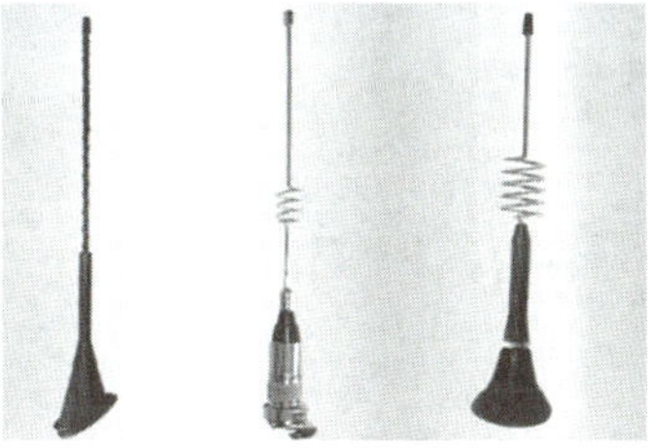

图 2-25　鞭状天线

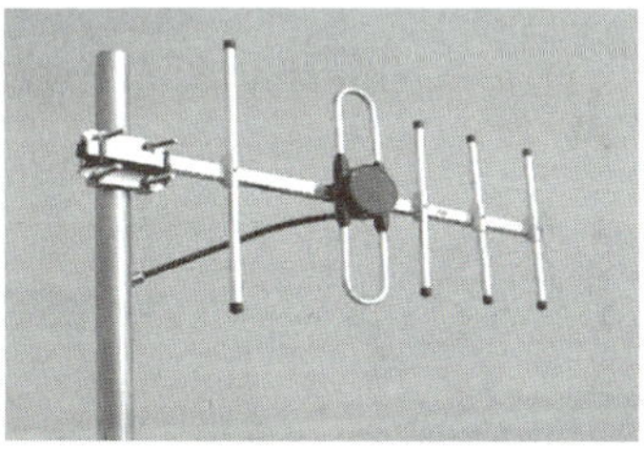

图 2-26　八木天线

图 2-27　卫星通信天线

2.3　飞行控制系统

无人机飞行控制系统是指可以稳定无人机的飞行姿态，且能控制无人机实现半自主或自主飞行的控制系统，既是无人机的大脑，也是无人机区别于航模的本质所在，简称飞控系统。根据功能区分，飞控系统硬件主要包括主控制模块、数据采集模块、信号调理及接口模块和舵机驱动模块等。主控制模块是飞控系统的核心，通过与其他系统的组合，在只改变外围电路和修改软件的基础上，便能满足一系列小型无人机的飞行控制和管理功能，从而实现一次开发，多个型号使用，降低系统的开发成本。

2.3.1 飞控系统工作过程

飞控系统通过数据采集模块，实时采集各传感器测量的飞行状态数据，接收由地面测控站上行链路传输的控制命令及数据，经计算处理，输出控制指令给舵机驱动模块，从而实现对无人机各种飞行状态的控制和任务设备的管理；同时，将无人机的状态数据及发动机、机载电源系统、任务设备的工作状态参数实时传送给机载无线电数据终端，经无线电下行链路发送回地面测控站。

2.3.2 飞控系统的组成

飞控系统一般由主控模块、IMU（惯性测量单元）、GNSS 指南针模块、LED 指示灯模块和 PMU 电源管理模块等组成。

1）主控模块

主控模块是飞行控制系统的核心，通过它将 IMU、GNSS 指南针、舵机和遥控接收机等设备接入飞行控制系统，从而实现飞行器自主飞行功能，如图 2-28 所示。除了辅助飞行控制之外，某些主控制器还具备记录飞行数据的黑匣子功能，如 DJI 的 Ace One。主控单元还能通过 USB 接口，进行飞行参数调节和系统固件升级。

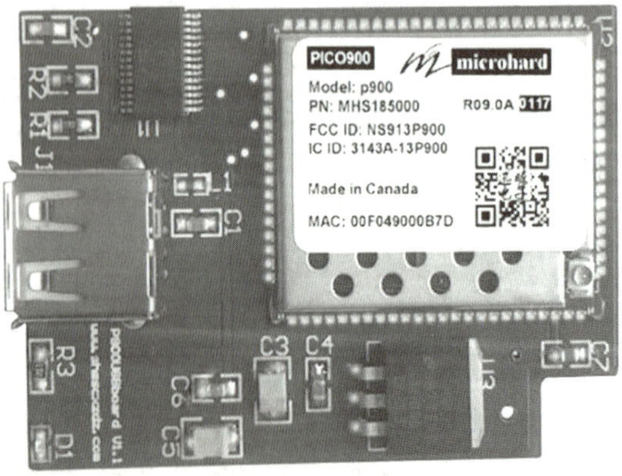

图 2-28　主控模块

2) IMU 惯性测量单元

图 2-29　IMU 单元

IMU 包括三轴加速度计、三轴陀螺仪、三轴磁力计，目的是得到飞行器在飞行过程中的姿态信息，如图 2-29 所示。市面上常见的 6 轴 IMU 包含三轴加速度计和三轴陀螺仪，9 轴 IMU 包含三轴加速度计、三轴陀螺仪和三轴磁力计，而 10 轴 IMU 则是在 9 轴 IMU 基础上多了气压高度计这一轴。IMU 是高精度感应飞行器姿态、角度、速度和高度的元器件集合体，在飞行辅助功能中充当极其重要的角色。

3) GNSS 指南针模块

GNSS 指南针模块包括 GNSS 模块和指南针模块，用于精确飞行器的方向及经纬度，如图 2-30 所示。对于失控保护、自动返航、精准定位和悬停等功能的实现至关重要。

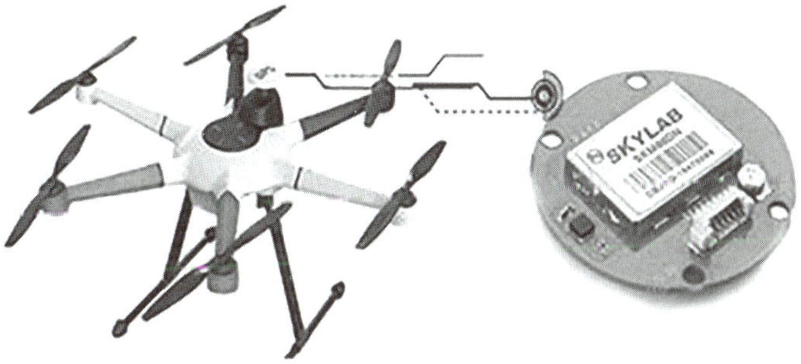

图 2-30　无人机 GNSS 模块

4) LED 指示灯模块

LED 指示灯模块用于实时显示飞行状态，是飞行过程中必不可少的，它能帮助操作员实时了解飞行状态，如图 2-31 所示。此外，通过该模块还可以进行参数调整。

5) PMU 电源管理模块

PMU 电源管理模块能够给飞控主控器、ESC 电调单元等组件进行供电，以保证飞控单元正常、稳定地工作，如图 2-32 所示。

图 2-31　LED 指示灯模块

图 2-32　PMU 电源管理模块

2.3.3　飞控系统工作原理

现在飞控所适用的IMU(惯性测量单元)都是由三轴陀螺仪、三轴加速度计、三轴地磁传感器和气压计组成的。其中，三轴就是无人机左右、前后、上下(垂直方向)这三个轴，一般都用(x，y，z)来表示。左右方向在无人机中叫作横滚，前后方向在无人机中叫作俯仰，垂直方向为z轴。最早的陀螺仪是一个高速旋转的陀螺，通过这三个灵活的轴将陀螺固定在一个框架中，无论外部框架怎么转动，中间高速旋转的陀螺始终保持一个姿态。通过三个轴上的传感器就能够计算出外部框架的度数等数据。但因其成本高、机械结构复杂，现在都被电子陀螺仪代替，电子陀螺仪的优势是成本低、体积小、重量轻，只有几克重，而且它的稳定性和精度都比机械陀螺仪高。

陀螺仪在飞控中所起的作用就是测量x、y、z三个轴的倾角。三轴加速度计用来测量无人机x、y、z三个轴的加速度。地磁传感器用于感知地磁，就是一个电子指南针，它可以让无人机知道自己的飞行朝向、机头朝向，找到任务位置等。气压计用于测量当前位置的大气压。因为高度越高，气压越低，用气压计测量不同位置的气压，计算压差可获得当前的高度。以上描述的就是整个IMU惯性测量单元，它在无人机中的作用就是感知无人机姿态的变化，如无人机当前是前倾还是左右倾斜，以及机头朝向、高度等最基本的姿态数据。

飞控系统最基本的功能是控制一架无人机在空中飞行时的平衡，是由IMU测量感知飞机当前的倾角数据通过编译器编译成电子信号，将这个信号实时传输给飞控内部的单片机，由单片机负责运算，根据飞机当前的数据，计算出一个补偿方向或补偿角；然后单片机将这个补偿数据编译成电子信号，传输给舵机或电机，电机或舵机再去执行命令，完成补偿动作；当传感器感知到无人机平稳了，将实时数据再次给单片机，单片机会停止补偿信号，这就形成了一个循环。这就是飞控系统最基本的功能，如果没有这个功能，一旦某一个角倾斜，那么无人机就会迅速失去平衡而导致坠机；或者说若没有气压计，飞机测量不到自己的高度位置就会一直加油门或者一直降油门。

有了最基本的平衡、定高和指南针等功能，还不足以让无人机实现自主导航。飞控还需要知道自己所处的位置，即定位，也就是我们常说的 GNSS（全球导航卫星系统）。目前全球范围内有影响的全球导航卫星系统有美国全球定位系统（GPS）、欧洲伽利略系统（Galileo）、俄罗斯格洛纳斯系统（GLONASS）以及中国的北斗系统。由于 GPS 定位系统较早，再加上是开放的，所以大部分飞控采用的都是 GPS，也有少数采用北斗定位。这几种卫星定位系统的精度基本都在 3m 内，一般开阔地的精度都是 50cm 左右，因环境干扰或建筑物、树木之类的遮挡，定位可能会差，很有可能定位的是虚假信号。这也是民用无人机频频坠机、飞丢的一个主要原因。

GNSS 利用三点定位原理，在地球上的任意一点，都能同时收到 3 颗以上的 GNSS 卫星信号。卫星在运动的过程中会一直不断地发出电磁波信号，信号中包含数据包，其中就有时间信号。GNSS 接收机通过解算来自多颗卫星的数据包及时间信号，可以清楚地计算出自己与每一颗卫星的距离，使用三角向量关系计算出自己所在的位置。该信号也会通过一个编译器再次编译成一个电子信号传给飞控，让飞控知道自己所在的位置、目标的位置和距离、返航点的位置和距离以及当前的速度和高度，然后再由飞控系统操纵无人机飞向目标位置或返航点。

2.4　任务载荷系统

2.4.1　无人机任务载荷

大多无人机系统升空执行任务，通常需要搭载任务载荷。任务载荷一般与侦察、武器投射、通信、遥感或货物有关。无人机的设计通常围绕所应用的任务载荷进行。有些无人机可携带多种任务载荷。任务载荷的大小和重量是无人机设计时所考虑的最重要因素。大多数小型商用无人机要求任务载荷的重量不超过 2.27kg。有部分小型无人机制造商采用可快速拆卸和替换的任务载荷。

就侦察任务和遥感任务而言，传感器任务载荷根据不同任务可采取多种不同的形式，包括光电摄像机、红外摄像机、合成孔径雷达、激光测距仪等。光学传感器组件既可永久安装在无人机上，以便传感器操作员获得固定的视角，也可安装在万向节或转塔上。万向节或转塔安装系统使传感器能够在预定范围内转动，通常绕两个轴转动。万向节或转塔既可通过自动驾驶系统，也可以通过独立的接收机来接收输出信号，有些万向节还装有震动隔离装置。震动隔离方法有两种，一种是采用弹性/橡胶安装座，另一种是采用电子陀螺仪稳定系统。

2.4.2 无人机任务载荷分类

1）可见光载荷

无人机搭载的可见光载荷主要分为光学相机和视频摄像机。光学相机是一种经典的光学成像设备，也是最早装在无人机上使用的，其最大的优点是具有极高的分辨率，目前其他成像探测器还无法达到。而无人机上使用的视频摄像机应用广泛，其主要优点是体积小、质量轻、功耗低、灵敏度高、抗冲击震动和寿命长。该载荷常和红外成像仪组成双光吊舱系统，满足全天候实时图像监测需要，如图 2-33 所示。

2）红外热像仪载荷

无人机搭载的红外热像仪（图 2-34）通过探测目标的红外辐射，将目标的红外图像转换为可见光图像，发现并获取目标参数。红外热像仪通常和电视跟踪器、激光测距器等组成综合探测系统，用于探测、跟踪目标，向飞控计算机输送目标的方位、仰角、距离信息。在这种综合探测系统中，红外热像仪的主要作用是昼夜探测、监视、跟踪目标。

3）紫外热像仪载荷

无人机的紫外热像仪就是利用特殊的仪器接收放电产生的紫外线信号，经处理后成像并与可见光图像叠加，达到确定电晕位置和强度的目的，从而为进一步评价设备的运行情况提供依据。电晕是一种发光的表面局部放电，由于空气局部高强度电场而产生电离。该过程引起微小的热量，通常红外成像仪检测不能发现。红外成像仪检测通常是在高电阻处产生热点。紫外成像仪可以检测到的现象往往红外成像仪不能发现，而红外成像仪可以检测到的现象往往紫外成像仪不能发现。因此，紫外成像技术与红外成像技术是互补关系，紫外成像仪检测放电异常，红外成像仪检测发热异常，原理完全不同，各自具有不可互替的优点。

4）多光谱相机

无人机搭载的多光谱相机是在普通航空照相机的基础上发展而来的。多光谱照相是指在可见光的基础上向红外光和紫外光两个方向扩展，并通过各种滤光片或分光器与多种感光胶片的组合，使其同时接收同一目标在不同窄光谱带上所辐射或反射的信息，即可得到目标的几张不同光谱带的照片，如图 2-35 所示。

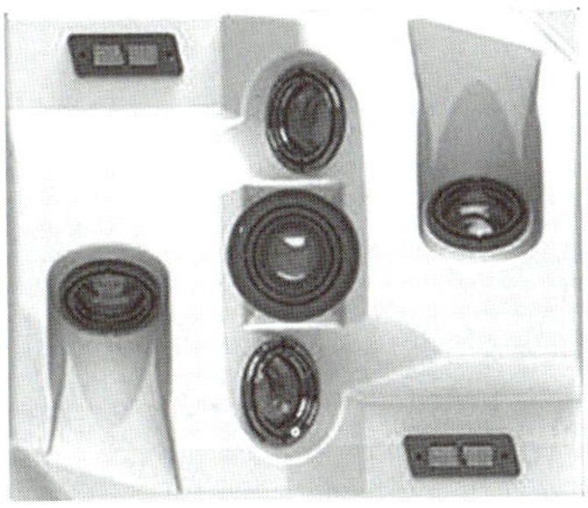

图 2-33　可见光载荷

图 2-34　红外热像仪载荷

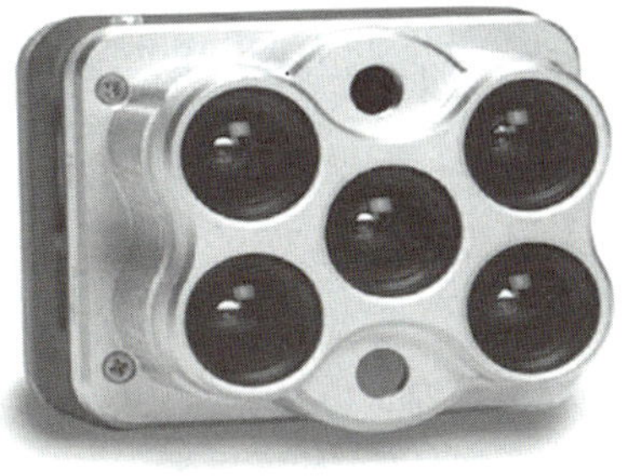

图 2-35　多光谱相机

2.5　动力系统

无人机的动力系统，通常有电动机和内燃机两种，其中以电动机为主。而电动的动力系统主要包含电机、电调(控制电机转速)、螺旋桨以及电池。动力系统各个部分之间是否匹配，动力系统与整机是否匹配，直接影响整机效率、稳定性，所以说动力系统是至关重要的。

无人机根据动力来源的不同可分为油动无人机、电动无人机、固态氧化物燃料无人机、太阳能无人机、混合动力无人机。

1)油动无人机

根据燃料的不同，油动无人机又可分为甲醇、汽油、重油无人机三种类型。它具有抗风能力强、续航能力强、飞行速度快、效率高等特点。

2)电动无人机

电动无人机的电动系统主要包含电机、电调、螺旋桨以及电池。它具有清洁能源、电机结构简单、造价低、事故率低等特点，但它的续航时间比较短。

3)固态氧化物燃料无人机

固态氧化物燃料无人机，使用固态氧化物燃料作为动力，比如氢燃料。

4)太阳能无人机

太阳能无人机的关键技术有两种：一要有效地将太阳能收集起来，并高效地转换为电能；二是解决夜间和太阳光微弱时的能源供应，但在高空低温的条件下有时不能正常工作，还会遇到高空结冰等问题。

5）混合动力无人机

这是一种新型双动力无人机。其动力系统由电驱动和常规发动机两种动力系统构成，由汽油发电机为电池充电，电池再发动电力引擎，如图 2-36 所示。动力可来自电池、汽油发电机，或者由两者同时提供，比单一的汽油引擎更小型、更高效。但它不像混合动力汽车一样，能从刹车中收集能量。混合动力无人机能够实现良好的起飞、爬升性能和静音、超长航时的结合。

图 2-36　混合动力无人机

2.6　发射与回收

2.6.1　无人机的发射

1）手抛发射

手抛是指采用人力手掷起飞，一般用于微型无人机，如图 2-37 所示。这种发射方式最简单，由 1~2 人操作，靠无人机自身动力起飞。

2）弹射式发射

弹射式起飞是指采用压缩空气或橡皮筋等方式发射无人机，一般用于轻、小型无人机，如图 2-38 所示。轨道弹射需要借助轨道仪器，靠外力（气压、液压、电磁等），使滑车支撑着无人机在导轨上加速，从而让无人机获得平飞速度，顺利出架。轨道弹射起飞机动灵活，适用于民用领域，但弹射前准备和调试的时间较长，且弹射设备体积较大，运载比较麻烦。

3）零长发射

无人机安装至零长发射装置上，在一台或多台助飞火箭发动机推力作用下飞离发射装置，无人机起飞后，抛掉助飞火箭，由机上主发动机完成飞行任务。零长发射一般适用于小型、轻型无人机，如图 2-39 所示。

4）母机携带空中发射

无人机由有人机携带到空中，当飞行到某飞行高度和速度时，在空中发射无人机，一般适用于小型、轻型无人机，如图 2-40 所示。

5）容器式发射

容器式发射装置是一种封闭式发射装置，兼备发射与储存无人机功能，如图 2-41 所示。它具有单室式和多室式两种类型。

6）滑跑起飞

滑跑起飞是指采用跑道滑跑起飞方式发射无人机，一般适用于各类大、中、小型无人机，如图 2-42 所示。滑跑起飞是固定翼无人机最常见的起飞方式，安全性能高，机动灵活性差，适合军用无人机。

7）垂直起飞

垂直起飞是指利用旋翼产生的升力可以使无人机垂直起飞，该起飞方式不受场地面积和地理条件的限制，使用范围非常广。

图 2-37　手抛发射

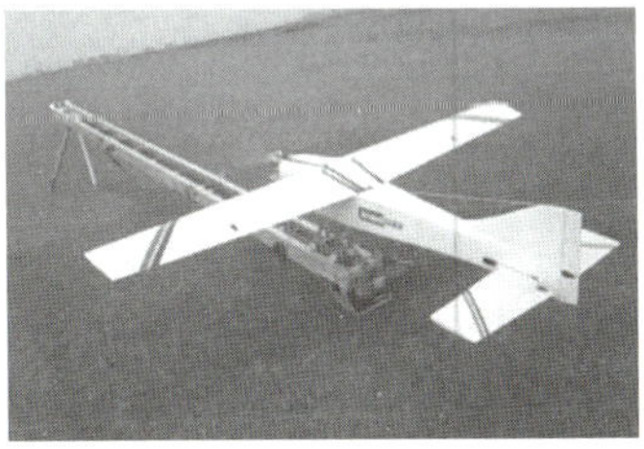

图 2-38　弹射式发射

图 2-39　零长发射

图 2-40　母机携带空中发射

图 2-41　容器式发射装置发射

图 2-42　起落架滑跑起飞

2.6.2 无人机的回收

1）伞降回收

伞降回收是指利用机载降落伞回收无人机，一般用于小、轻、微型无人机，是经常采用的回收方式之一，如图 2-43 所示。在回收过程中，当无人机到达预定回收区中心点上空时，其所配备的降落伞会按照预定程序或者在地面站的指挥下开伞，使无人机缓慢着陆。

2）撞网回收

撞网回收是指利用地面回收网，引导无人机撞网回收，一般适用于轻、微型无人机，如图 2-44 所示。整个过程为无人机在地面无线设备和自动引导设备的引导下，逐渐降低高度，减小速度，然后正对着拦截网飞去，从而达到回收的目的。

3）气囊回收

气囊回收是指利用机载气囊装置回收无人机，一般用于微型无人机。这种方式不需要起落架和降落伞，无人机在着陆前打开气囊，然后直接触地，即可借此达到缓冲目的。

4）滑跑降落

滑跑降落是指利用地面跑道滑跑降落，一般适用于各种大、中、小型无人机。其原理与有人机驾驶飞机类似，需要专门的跑道或者开阔的场地，灵活性差。

5）垂直着陆回收

垂直着陆回收和垂直起飞相对应，两者的原理和特点类似，如图 2-45 所示。

图 2-43　伞降回收

图 2-44　撞网回收

图 2-45　垂直着陆

6) 其他回收方式

其他回收方式还有拦阻网回收、气垫着陆回收、空中回收、引导追降回收等。

思政点滴

民族品牌，大疆无人机

——中国创造和中国智造的代表

深圳市大疆创新科技有限公司(DJI-Innovations，DJI，以下简称“大疆”)，是全球领先的无人飞行器控制系统及无人机解决方案的研发和生产商，用户遍布全球100多个国家。通过持续的创新，大疆致力于为无人机工业、行业用户以及专业航拍应用提供性能最强、体验最佳的革命性智能飞控产品和解决方案。

大疆在全球的无人机市场占有率已经占到72%，公司估值已达150亿美元，是当之无愧的无人机行业独角兽。据资料显示，2013—2017年大疆的销售收入不断增加，且呈现每年约1倍的速度增长。2013年，大疆科技的销售收入仅为8.2亿元，2014年销售额实现了近4倍的增长，达到30.7亿元。2015—2017年，大疆营收分别达59.8亿元、97.8亿元、175.7亿元，增速维持在60%以上。

2014—2017年，大疆的专利申请数一直位居行业首位，2016年大疆的专利申请数量为874项，而当年的专利公开数量达到605项。2017年大疆的专利申请数虽有一定的下降，但是在上年专利申请的积累下，大疆的专利公开数达到916项；2018年1—4月中旬，专利公开数也达到288项。大疆拥有如此高的专利申请和公开数，体现在大疆作为新时期创新公司对专利重视之外，更表现出公司研发实力雄厚和对无人机技术高水平的创新能力。

大疆的成功，最重要的因素离不开他们的创新，大疆无人机(图2-46~图2-50)就是时代所提倡的中国创造的代表，让国人为之自豪、骄傲。

图2-46　精灵4 Pro V2.0

图2-47　御 Mavic Air 2

图2-48　DJI FPV

图 2-49　经纬 Matrice 300 RTK

图 2-50　T30 植保无人飞机

大疆无人机成为提供无人机测绘最常用的搭载平台。

资料来源：大疆官网、搜狐网、百度百科。

作业习题

一、选择题

1. 以下不属于航空器的是________。

A. 飞艇　　B. 直升机　　C. 卫星

2. 无人机系统飞行器平台主要是________空气的动力驱动的________。

A. 轻于、航空器　　B. 重于、航空器　　C. 重于、航天器

3. 下列不属于固定翼平台组成部分的是________。

A. 机身　　B. 机翼　　C. 螺旋桨

4. 不常见的多轴飞行器有________。

A. 四轴飞行器　　B. 五轴飞行器　　C. 六轴飞行器

5. 以下不属于无人机数据链的是________。

A. 中转链路　　B. 上行链路　　C. 下行链路

6. 目前无人机的频谱使用主要集中在 UHF、L 和________波段。

A. C　　B. VHF　　C. 任意

7. 若一架无人机在飞行过程中可以进行舵面操作，但无实时图像信号，地面站有各类仪表信息，但无法编辑航点航线，请问该无人机的遥控器________正常，图传________故障，数传电台________正常，________故障。

A. 下行链路、上行链路、下行链路、上行链路

B. 上行链路、下行链路、下行链路、上行链路

C. 上行链路、上行链路、下行链路、下行链路

8. 无人机________是指可以稳定无人机的飞行姿态，且能控制无人机实现半自主或自主飞行。

A. 通信系统　　B. 任务载荷系统　　C. 飞控系统

9. 无人机系统中________模块用于精确确定飞行器的方向及经纬度。

A. IMU（惯性测量单元）　　B. GNSS 指南针模块　　C. 主控模块

10. 无人驾驶航空器系统必要的组成部分包括________。

A. 飞行器平台、控制站

B. 飞行器平台、控制站、通信链路

C. 飞行器平台、通信链路

二、简答题

1. 固定翼飞行平台主要由哪几部分组成？分别有什么作用？

2. 多轴飞行器的定义是什么？由哪几部分组成？

3. 无人机飞控系统由哪几部分组成？各部分作用是什么？

（选择题答案：C B C B A A B C B B）

模块 3

无人机飞行原理

思维导图

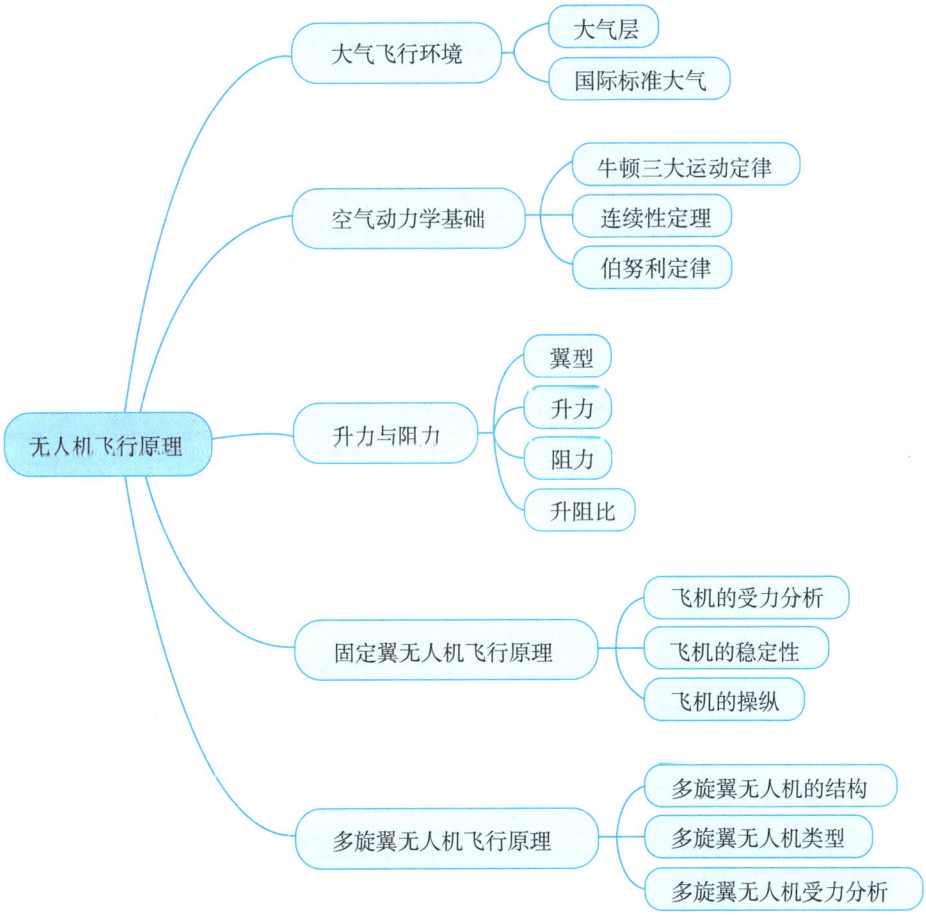

3.1 大气飞行环境

大气飞行环境，主要指飞行器在大气层内飞行时所处的环境条件。

3.1.1 大气层

大气层的成分主要有氮气，占 78.1%；氧气，占 20.9%；氩气，占 0.93%；还有少量的二氧化碳、稀有气体(氦气、氖气、氩气、氪气、氙气、氡气)和水蒸气。大气层的空气密度随高度的升高而减小，越高处空气越稀薄。自地表起垂直向上，大气层通常分为 5 层：对流层、平流层、中间层、热层和散逸层，如图 3-1 所示。

1)对流层

对流层是大气层中贴近地面的最底层，也是大气中最活跃、与人类关系最密切的一层，它的高度因纬度和季节而异，在低纬度地区平均为 17~18km，在中纬度地区为 10~12km，在高纬度地区为 8~9km。我们常见的风、雨、雷、电等天气现象就发生在这一层。该层中温度随高度的升高而逐渐降低。

2)平流层

从对流层顶至 55km 左右为平流层，该层大气主要以平流运动为主，有利于高空飞行，飞机一般在这一层中飞行；另外，平流层中的臭氧层可以吸收太阳紫外线，保护地球上的生物免受太阳有害辐射。该层中温度随高度的上升而迅速增高。

3)中间层

自平流层顶至 85km 左右为中间层，该层内因臭氧含量低，同时，能被氮、氧等直接吸收的太阳短波辐射大部分已经被上层大气所吸收，所以温度垂直递减率很大，对流运动强盛。

4)热层

自中间层顶至 800km 左右，这一层的空气密度很小，声波难以传播，气温随高度增加而上升。热层又在电离层范围内，在电离层中各高度上空气的电离程度是不均匀的，电离层的变化会影响飞行器的无线电通信。

5）散逸层

热层以上的大气层，空气极为稀薄，其密度几乎与太空密度相同，故又常称为外大气层。散逸层是地球大气的最外层，航天器脱离这一层后便进入太空飞行。

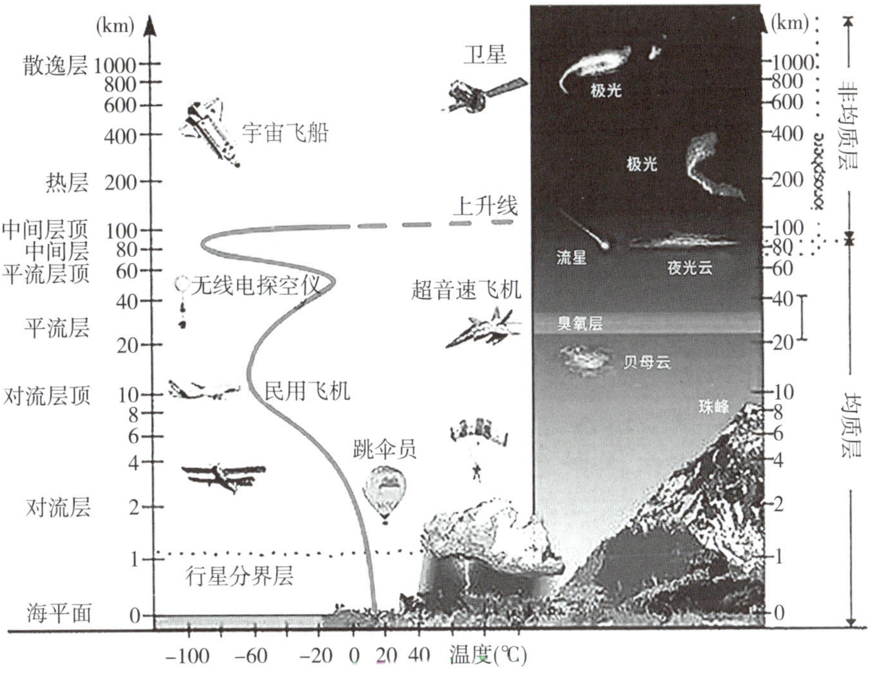

图3-1　大气层示意图

3.1.2　国际标准大气

为了准确描述飞行器的飞行性能，就必须建立一个统一的标准，即标准大气。国际标准大气，是指为比较航空器性能和设计仪表而在国际飞行活动中统一采用的已规定空气特性的大气。

使用国际标准大气，其目的是使空中飞行的各航空器有统一的高度标准，从而避免因高度基准不同导致垂直间隔不够而出现事故。

国际标准大气的规定：

气温 $T=15℃$；

压强 $P=$一个标准大气压（即 $P_0=1013.25\text{hPa}=760\text{mmHg}=1$ 个大气压）；

密度 $\rho=1.225\text{kg/m}^3$；

音速 $a=341\text{m/s}$。

3.2 空气动力学基础

3.2.1 牛顿运动定律

1)牛顿第一定律

一切物体总保持匀速直线运动状态或静止状态，直到有外力迫使它改变这种状态为止，物体都有维持静止和做匀速直线运动的趋势，物体的这种性质称为惯性。此为牛顿第一定律，也称为惯性定律。

第一定律说明了力的含义：力是改变物体运动状态的原因。

2)牛顿第二定律

物体在受到合外力的作用会产生加速度，加速度的方向和合外力的方向相同，加速度的大小与合外力的大小成正比，与物体的质量成反比，此为牛顿第二定律。

牛顿第二定律指出力的作用效果：力使物体获得加速度。

3)牛顿第三定律

两个物体间的作用力和反作用力总是大小相等，方向相反，并且作用在同一直线上，此为牛顿第三定律。

牛顿第三定律揭示出力的本质：力是物体间的相互作用。

3.2.2 连续性定理

1)空气流的描述

空气动力是空气相对于飞机运动时产生的，要学习和研究飞机的升力和阻力，首先要研究空气流动的基本规律。

流体模型化：

(1)理想流体，不考虑流体黏性的影响；

(2)不可压流体，不考虑流体密度的变化；

(3)绝热流体，不考虑流体温度的变化。

模型化之后的空气，我们可以称之为理想气体。

2）连续性定理描述

假设条件：不可压缩，无黏流体的一维定常流动。

定理描述：流体流过流管时，在同一时间流过流管任意截面的流体质量相等，如图 3-2 所示。质量守恒定律是连续性定理的基础。

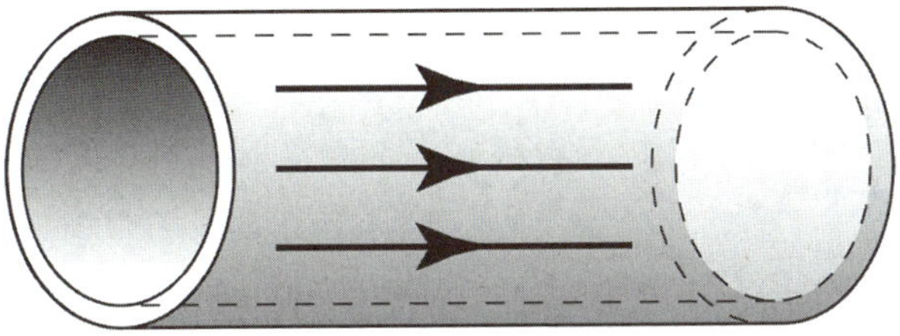

图 3-2　流体流过流管示意图

3）连续性定理结论

如图 3-3 所示：

单位时间流过截面 1 的流体体积为 $v_1 \cdot A_1$；

单位时间流过截面 1 的流体质量为 $\rho_1 \cdot v_1 \cdot A_1$；

单位时间流过截面 2 的流体质量为 $\rho_2 \cdot v_2 \cdot A_2$；

由质量守恒定律可得：$\rho_1 \cdot v_1 \cdot A_1 = \rho_2 \cdot v_2 \cdot A_2$。

在低速情况下，空气不可压，所以 $\rho = C$，常数：

$$v_1 \cdot A_1 = v_2 \cdot A_2 = C_{常数} \tag{3-1}$$

$$A\text{大} \rightarrow v\text{小}$$

$$A\text{小} \rightarrow v\text{大}$$

式中：A 为横截面积；v 为空气流速；ρ 为密度。

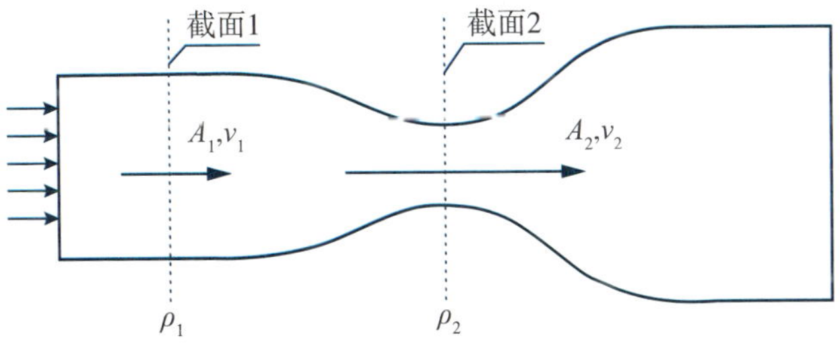

图 3-3　连续性定理示意图

结论：空气流过一流管时，流速大小与截面积成反比。

4）日常生活中的连续性定理

连续性定理在我们日常生活中也有广泛应用，可以解释一些自然现象的产生，例如：山谷里的风速通常大于平原区域的风速；城市中高楼大厦之间的空气对流强度比空旷地带的对流更大；河水在河道窄的地方流得快，在河道宽的地方流得慢等。

3.2.3 伯努利定律

1）伯努利定律描述

在一个流体系统，比如气流、水流中，流速越快，流体产生的压强就越小，这就是被称为“流体力学之父”的丹尼尔·伯努利在1738年发现的伯努利定理。

2）伯努利方程

假设条件：不可压缩，无黏流体的一维定常流动。

伯努利方程：

$$P+\frac{1}{2}\rho v^{2}=P_{0}(\text{常数}) \tag{3-2}$$

式中：P为静压，流动或静止空气垂直作用于物体表面的压强；$\frac{1}{2}\rho v^{2}$为动压，单位体积空气的动能；P_0为全压。

3）伯努利定律结论

空气密度是常数（密度不会改变），压力和速度因此就变成变量，如果其中一个增加，另一个就减少。

v大 → P小，v小 → P大

连续性定理和伯努利定律相结合，便有：

A小 → v大 → P小；A大 → v小 → P大

4）日常生活中的伯努利定律

向两张纸中间吹气，发现两张纸向中间相互靠拢，因为两张纸之外的空气流速没有变化，但两张纸之间的气流速度加大了，这时两张纸之间的压强就变小了，纸外面的大气压就压着这两张纸向中间运动，如图3-4所示。

图 3-4　伯努利定律示意图

3.3　升力与阻力

3.3.1　翼型

1) 基本翼型

飞机在飞行中，机翼产生升力和阻力，机翼的效率受翼型影响极大，在一定程度上是受翼型弯度和厚度的影响。

(1) 平面形状：机翼的平面形状常见矩形、梯形、后掠翼和三角翼等(图 3-5)。无人机一般采用矩形和梯形机翼，高速飞机一般采用后掠翼和三角翼等。

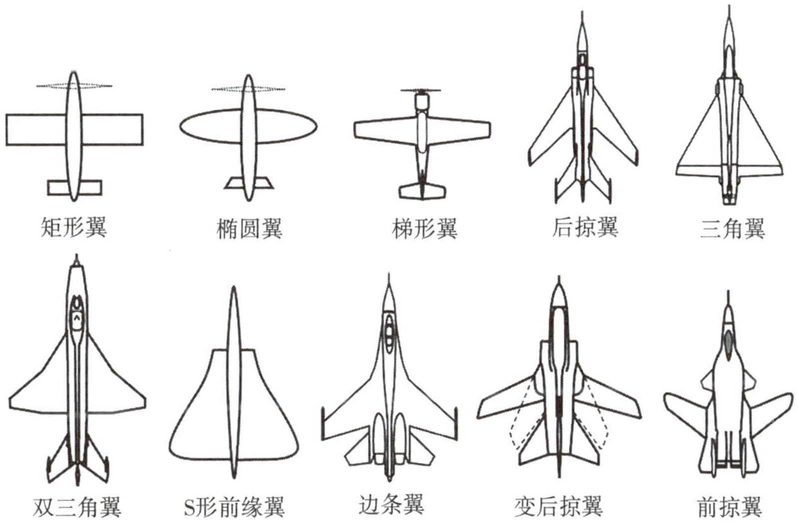

图 3-5　机翼的平面形状

(2)截面形状：机翼的截面形状通常称为翼型(图 3-6)。无人机常用翼型有平凸型、双凸型和对称型(图 3-7)。

图 3-6 机翼截面

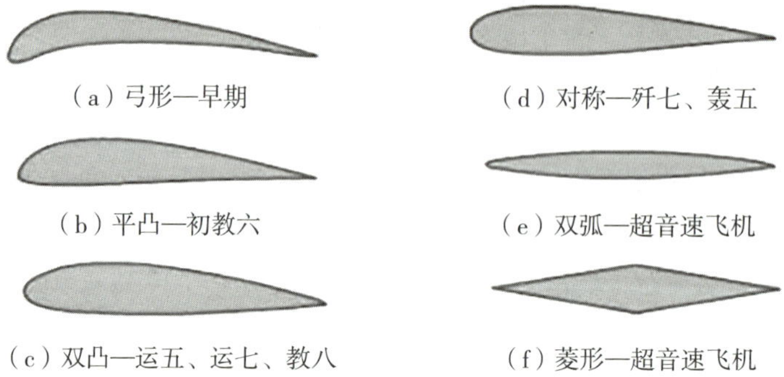

图 3-7 基本翼型截面图

2) 翼型参数

用来表明翼型特点的数据，叫翼型参数，如图 3-8 所示。

(1)中弧线：翼型上下表面内切圆圆心的光滑连线。

(2)前缘：中弧线的前端点。

(3)后缘：中弧线的后端点。

(4)翼弦：前缘与后缘的连线。

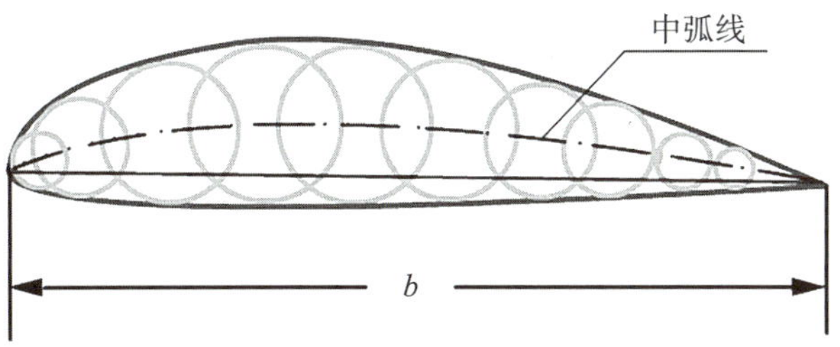

图 3-8　翼型参数示意图

(5)相对弯度($\bar{f}$)：翼型中弧线与翼弦之间的距离叫弧高或弯度 f，最大弧高 f_{max} 与弦长 b 的比值，叫相对弯度。

$$\bar{f}=\frac{f_{max}}{b}\times 100\% \tag{3-3}$$

相对弯度的大小表示翼型的弯曲程度：相对弯度越大，表示翼型弯曲程度越大；相对弯度越小，表示翼型弯曲程度越小，如图 3-9 所示。

(6)相对厚度($\bar{c}$)：上下翼面在垂直于翼弦方向的距离叫翼型厚度(c)，翼型最大厚度 c_{max} 与弦长的比值，叫翼型的相对厚度。

$$\bar{c}=\frac{c_{max}}{b}\times 100\% \tag{3-4}$$

相对厚度的大小表示翼型厚薄程度：相对厚度越大，表示翼型越厚；相对厚度越小，表示翼型越薄，如图 3-9 所示。

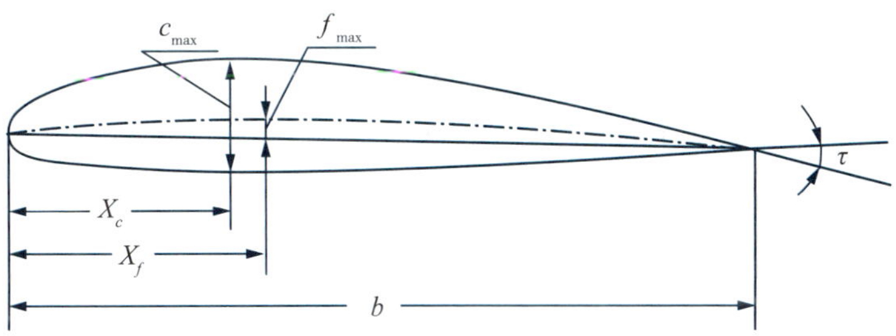

图 3-9　相对弯度与相对厚度示意图

(7)展弦比(λ)：展长与平均弦长之比。展弦比的计算：用翼展的平方除以翼面积，如图 3-10 所示。

$$\lambda=\frac{L}{b_{av}}=\frac{L^2}{S},\ b_{av}=\frac{1}{2}(b_x+b_t) \tag{3-5}$$

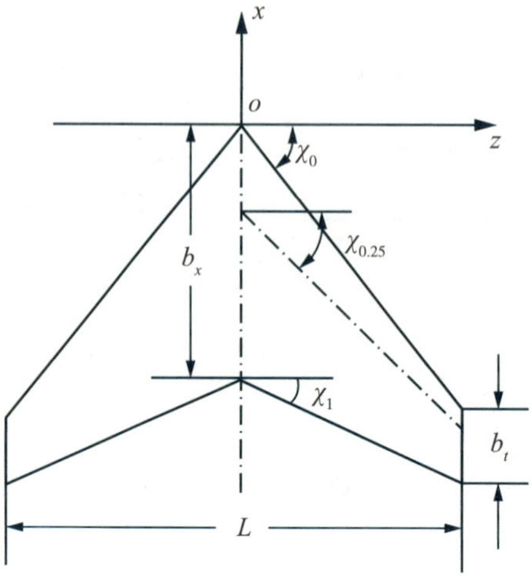

图 3-10 展弦比的计算

越是外观细长的机翼，其展弦比越大；同理，看起来短宽的机翼，其展弦比的数值较小。短宽的机翼适合高速飞行，长航时无人机多采用大展弦比。

在动物界，需要进行长距离飞行或长时间翱翔的鸟类，如信天翁和鹰，通常具有大展弦比的翅膀，如图 3-11 所示。相比之下，需要良好机动性的鸟类，其翅膀的展弦比较小。

图 3-11 鸟类翅膀的不同展弦比

3.3.2 升力

鸟如果没有翅膀是飞不起来的，飞机也是一样的。支托飞机飞行的升力，绝大部分是由机翼产生的，飞机其他部分产生的升力很小。因此可以认为机翼产生的升力就是飞机的升力，升力垂直于飞行速度方向，它将飞机支托在空中，克服飞机受到的重力影响，使其自由翱翔，如图 3-12 所示。

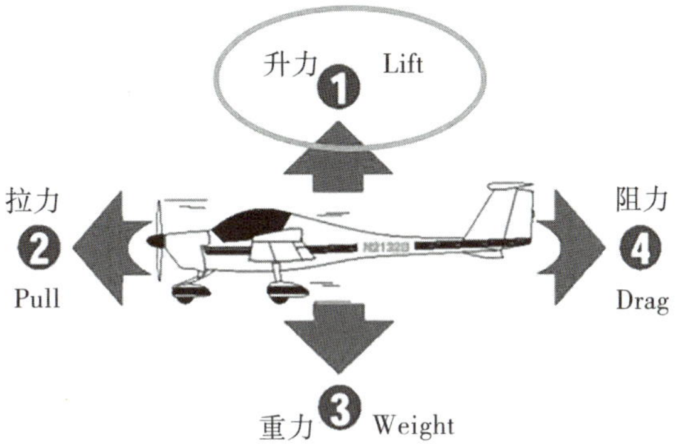

图 3-12 飞机升力示意图

1) 升力的来源

飞机在飞行过程中，观察空气流过机翼的现象，机翼四周的流管出现了变形。空气流到机翼的前缘，分成上、下两部分，分别沿机翼上、下表面流过，然后在机翼的后缘重新汇合向后流去。在机翼的上表面，因上表面凸起的影响，流管比流经机翼前变细，气流的流速加快，机翼上表面的压力降低；在机翼的下表面，气流受到阻挡作用，气流的流管变粗，流速减慢，压力增大。由此在机翼的上、下表面就出现压力差，垂直于飞行速度方向的压力差的总和，就形成了升力，如图 3-13 所示。

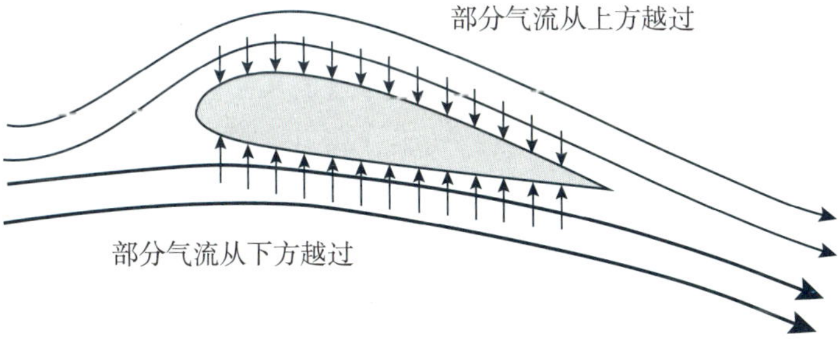

图 3-13 飞机升力的来源

由伯努利定律可知：

机翼上表面：
$$P_1 + \frac{1}{2}\rho \cdot v_1^2 = P_0 \tag{3-6}$$

机翼下表面：
$$P_2 + \frac{1}{2}\rho \cdot v_2^2 = P_0 \tag{3-7}$$

则有：
$$P_1+\frac{1}{2}\rho\cdot v_1^2=P_2+\frac{1}{2}\rho\cdot v_2^2 \tag{3-8}$$

由于机翼上表面空气流速比机翼下表面空气流速更快，即 $v_1>v_2$，则机翼上表面压强小于机翼下表面压强，即 $P_1<P_2$。上下表面出现的压力差，在垂直于相对气流方向的分量，就是升力。

2) 影响升力的因素

(1) 迎角对升力的影响。

相对气流方向与翼弦所夹的角度叫迎角。在飞行速度等其他条件相同的情况下，得到最大升力的迎角，叫作临界迎角。在小于临界迎角范围内增大迎角，升力增大；超过临界迎角后，再增大迎角，升力反而减小，如图 3-14 所示。

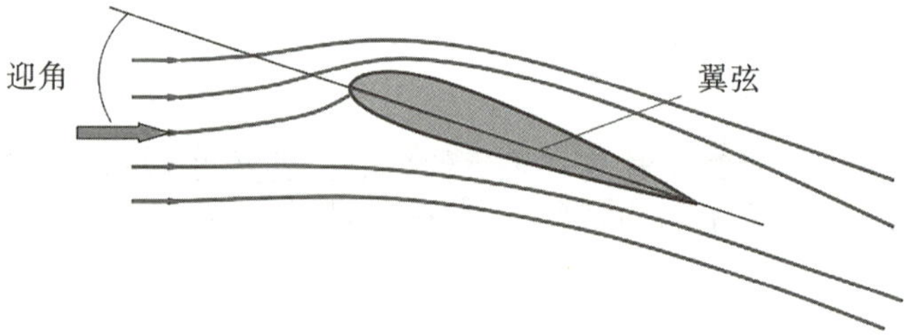

图 3-14　迎角示意图

迎角增大时，一方面，在机翼上表面前部，流线更为弯曲，流管变细，流速加快，压力降低，吸力增大。与此同时，在机翼下表面，气流受到阻挡，流管变粗，流速减慢，压力增大，使升力增大。但是，另一方面，当迎角增大时，由于机翼上表面最低压力点的压力降低，因此，后缘部分的压力比最低压力点的压力大得更多，于是在上表面后部的附面层中，空气向前倒流的趋势增强，气流分离点向前移动，涡流区扩大，就会破坏空气的平顺流动，从而使升力降低。在中、小迎角，增大迎角时，分离点前移缓慢，涡流区只占机翼后部的一小段范围，这对机翼表面空气的平顺流动影响不大，前一方面起主要作用。因此，在小于临界迎角的范围内，迎角增大，升力是增大的；到临界迎角，升力达到最大。

超过临界迎角后，迎角再增大，则分离点迅速前移，涡流区迅速扩大，严重破坏空气的平顺流动，在机翼上表面前段，流管变粗，流速减慢，吸力降低。从分离点到机翼后缘的涡流区内，压力大致相同，比大气压力稍小。在靠近后缘的一段范围内，吸力虽稍增加，但很有限，补偿不了前段吸力的降低。所以，超过临界迎角以后，迎角再增大，升力反而减小。

(2) 相对气流速度对升力的影响。

相对气流速度取决于飞行速度，飞行速度增大，即相对气流速度增大，机翼上表面的气流速度比下表面的气流速度增大得更多。所以，上表面压力比下表面压力减小得更多，上、下压力差增大，升力随之增大。

实验证明：速度增大到原来的 2 倍，升力增大到原来的 4 倍；速度增大到原来的 3 倍，升力增大到原来的 9 倍，即升力与飞行速度的平方成正比。

(3)空气密度对升力的影响。

空气密度大，空气动力大，升力自然也大。这是因为空气密度增大，则当空气流过机翼，速度发生变化时，动压变化也大，作用在机翼上表面的吸力和下表面的正压力也都增大。所以，机翼的升力随空气密度的增大而增大。

实验证明：空气密度增大为原来的 2 倍，升力也增大为原来的 4 倍，即升力与空气密度成正比。随着飞行高度升高，空气密度减小，升力也就会减小。

(4)机翼面积和形状对升力的影响。

机翼面积大，升力也大，即升力与机翼面积的大小成正比。

机翼形状即翼型，对升力有很大影响。翼型不同，机翼流线谱和压力分布也不同，因而升力大小也不一样。例如，平凸型和双凸型相比，平凸型机翼上下表面的弯曲程度相差较大，使得上、下表面流管粗细的差别变大，所以在其他因素相同的条件下，平凸型机翼的升力比双凸型的大，如图 3-15 所示。

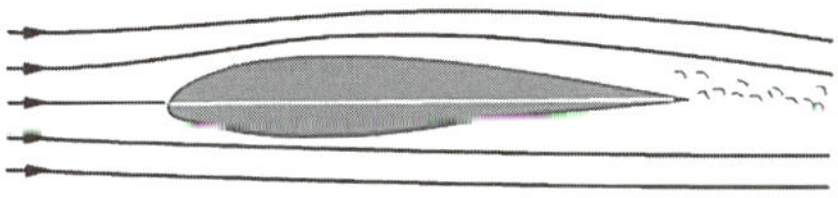

(a) 双凸型

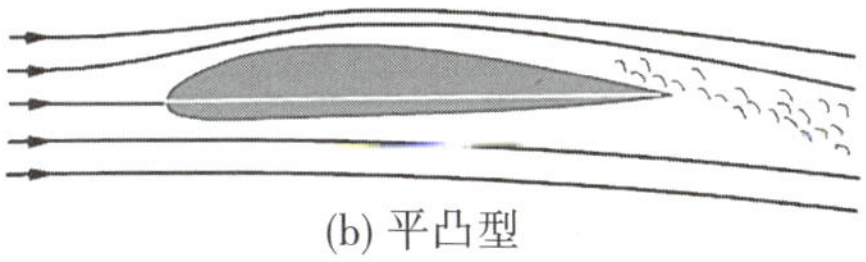

(b) 平凸型

图 3-15 平凸型机翼的升力比双凸型的大

3)升力公式

将各种影响升力的因素归纳起来，可以用一个数学公式来表达，即升力公式。

$$L = C_L \cdot \frac{1}{2}\rho v^2 \cdot S \tag{3-9}$$

式中：L 为机翼升力(kg)；C_L 为飞机的升力系数；ρ 为空气密度(kg/m^3)；v 为飞行速度(m/s)；S 为机翼面积(m^2)。

飞机的升力系数综合表达了机翼形状、迎角等对飞机升力的影响。从升力公式中可以看出，在飞行速度、空气密度一定的情况下，对于某一架飞机来说，要增大升力，只有增大升力系数。

需要注意的是，升力的方向总是与相对气流方向垂直，如图 3-16 所示。

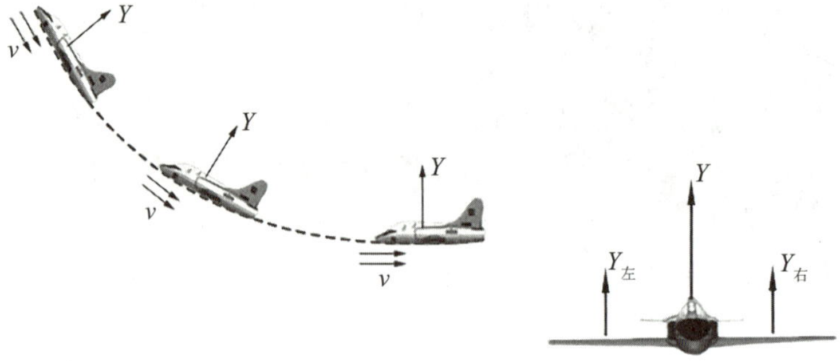

图 3-16　升力示意图

3.3.3　阻力

1）阻力的来源

阻力是与飞机运动轨迹平行，与飞行速度方向相反的力。阻力阻碍飞机的飞行，但没有阻力，飞机又无法稳定飞行。

飞机的所有部件，包括机翼、尾翼、机身以及每一个暴露在空气中的部件都会产生阻力，如图 3-17 所示。即使在发动机罩、机轮整流罩里面的部件，只要有空气流过，就会产生阻力。

图 3-17　飞机各部件都会产生阻力

2)阻力的分类

对于低速飞机，根据阻力的形成原因，可将阻力分为：摩擦阻力、压差阻力、干扰阻力和诱导阻力。

(1)摩擦阻力。

空气的物理特性之一就是黏性。当空气流过飞机表面时，由于黏性，空气同飞机表面发生摩擦，产生一个阻止飞机前进的力，这个力就是摩擦阻力。摩擦阻力的大小，决定于空气的黏性，飞机的表面状况，以及同空气相接触的飞机表面积。空气黏性越大，飞机表面越粗糙，飞机表面积越大，摩擦阻力就越大。

(2)压差阻力。

人在逆风中行走，会感到阻力的作用，这就是一种压差阻力。压差阻力是由处于流动空气中的物体前后的压力差，导致气流附面层分离，从而产生的阻力。飞机的机身、尾翼等部件都会产生压差阻力。

(3)干扰阻力。

飞机各部分之间因气流相互干扰而产生的一种额外阻力，称为干扰阻力。这种阻力容易产生在机身和机翼、机身和尾翼、机翼和发动机短舱、机翼和副油箱之间。飞机各部件之间的平滑过渡和整流包皮，可以有效地减小干扰阻力。

(4)诱导阻力。

由于翼尖涡的诱导，导致气流下流，在平行于相对气流方向出现阻碍飞机前进的力，这就是诱导阻力，如图3-18所示。

图3-18　飞行中产生的诱导阻力

3）阻力公式

阻力和升力都是空气动力，影响升力变化的因素也同样影响阻力的变化。飞行速度和空气密度增大，都会引起阻力增加，这和它们对升力的影响是一样的。机翼面积大，产生阻力的地方就多，所以阻力也大。迎角增大，机翼和飞机其他部分后部的涡流增多，这会导致阻力增加。特别是超过临界迎角以后，机翼后部的涡流显著增多，压差阻力将迅速变大。阻力的大小还与飞机的外形和表面光洁度有关，表面光洁度越好，阻力越小；如果飞机的表面变得不光洁，空气与飞机的摩擦就会加剧，摩擦阻力也就增大。如果飞机外形改变了，空气不能顺利地流过，产生的涡流就会增多，压差阻力随之加大。

上述影响阻力大小的因素与阻力的关系，可用如下阻力公式表示：

$$D = C_D \cdot \frac{1}{2}\rho v^2 \cdot S \tag{3-10}$$

式中：D 为飞机阻力；C_D 为阻力系数；ρ 为空气密度（kg/m^3）；v 为飞行速度（m/s）；S 为机翼面积（m^2）。

其中，阻力系数 C_D 综合表示了迎角、飞机的外形、飞机表面光洁度和密封性因素对阻力的影响。

3.3.4 升阻比

飞机飞行时升力与阻力之比，也即升力系数与阻力系数之比，简称升阻比，是表示飞机气动效率的一个重要飞机空气动力品质参数。如果飞机以最大升阻比速度下滑，下降同样高度，前进距离最长。

$$K = \frac{L}{D} = \frac{C_L}{C_D} \tag{3-11}$$

式中：K 为升阻比；L 为飞机升力；D 为飞机阻力；C_L 为升力系数；C_D 为阻力系数。

3.4 固定翼无人机飞行原理

固定翼无人机飞行原理和民航客机一样，利用发动机产生的推力或拉力使飞机向前运动，机翼产生升力，通过对各个舵面的操控实现对无人机的控制。

3.4.1 飞机的受力分析

飞机主要受升力、重力、拉力和阻力四个作用力。其中，升力克服重力，拉力克服阻力。

1) 飞机平飞的作用力

飞机在空中稳定直线飞行时，升力等于重力，高度不变；拉力等于阻力，速度不变。

2) 飞机上升的作用力

飞机在空中稳定上升时，受到四个力的作用：升力(L)、重力(W)、拉力(P)、阻力(D)。通常把重力再进行分解，如图3-19所示。

$$\begin{cases} P = D + W\sin\theta_{上} \\ L = W\cos\theta_{上} \end{cases} \tag{3-12}$$

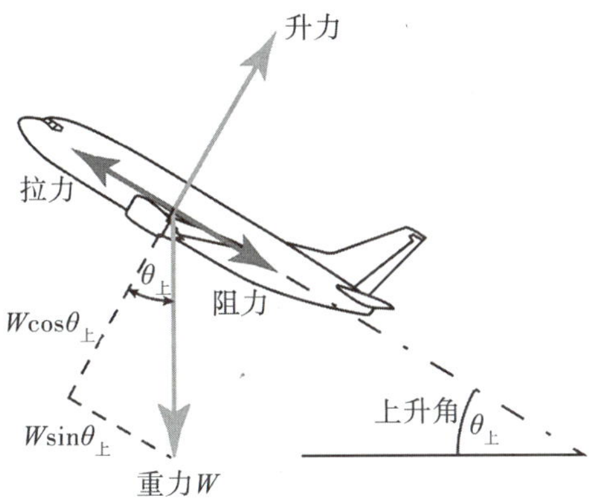

图3-19 受力分析图

分析：同速度上升时，上升拉力大于平飞拉力；上升升力小于平飞升力。

3) 飞机下降时的作用力

飞机在空中稳定下降时，受到四个力的作用：升力(L)、重力(W)、拉力(P)、阻力(D)。通常把重力再进行分解，如图3-20、图3-21所示。

下降运动方程：

$$\begin{cases} L = G\cos\theta_{下} \\ D = G\sin\theta_{下} \end{cases} \tag{3-13}$$

$$\begin{cases} D = P + G\sin\theta_{下} \\ L = G\cos\theta_{下} \end{cases} \tag{3-14}$$

4) 飞机转弯时的作用力

飞机和任何其他物体运动类似，需要一个侧向力使它转弯。在一个正常的转弯中，这个力是通过飞机的倾斜得到的。转弯时，升力被分解为两个分力，竖直作用的分力和重力成对，称为垂直升力分量；另一个是水平指向转弯的中心，称为水平升力分量，也叫向心力，把飞机从直线航迹上拉动到转弯航迹上，水平转弯时，飞机具有一定的斜角（坡度）γ，升力与垂线之间也构成 γ 角，如图 3-22 所示。

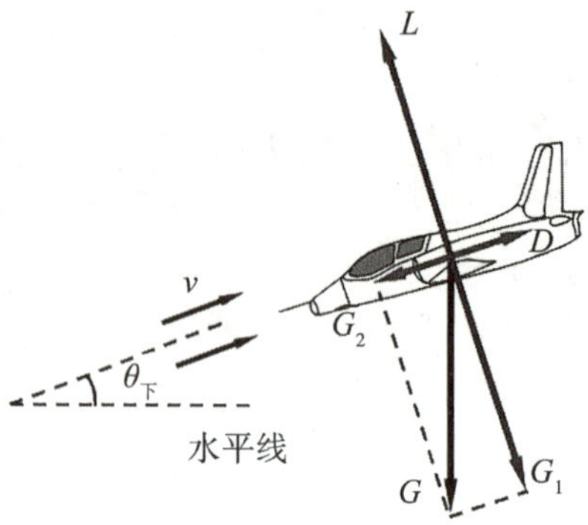

图 3-20　闭油门下降时的作用力

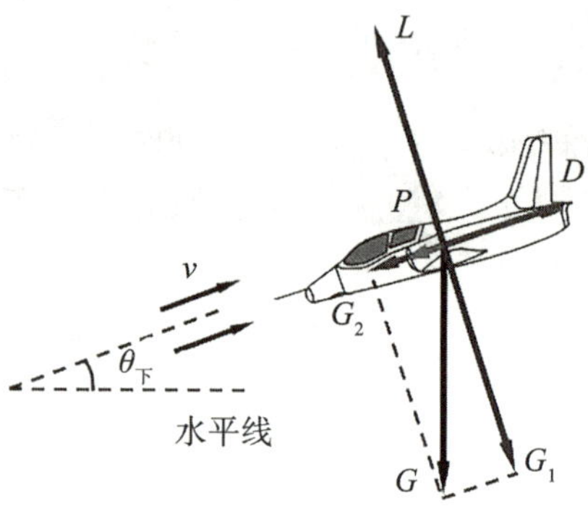

图 3-21　带油门下降时的作用力

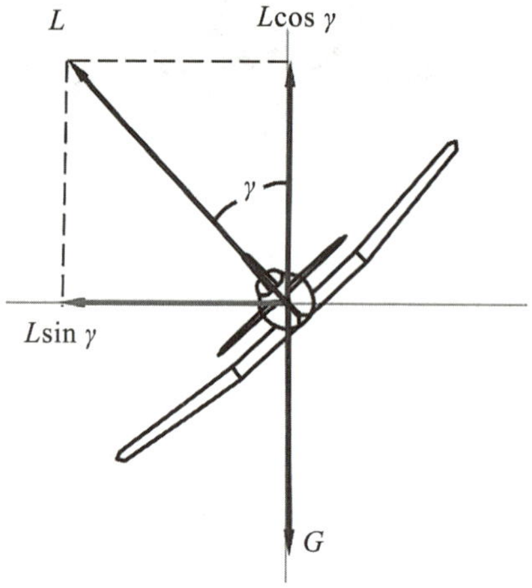

图 3-22　飞机转弯时作用力分析图

转弯运动方程：

$$\begin{cases} P = D \\ L\cos\gamma = G \\ L\sin\gamma = \dfrac{Gv^2}{gR} \end{cases} \tag{3-15}$$

3.4.2　飞机的稳定性

飞机的稳定性是指在飞行过程中，飞机受到外界干扰而偏离原来的平衡状态，待干扰消失后，无需人为操控，飞机自动恢复到原先平衡状态的性能。假如可以恢复，表示飞机是稳定的；假如不可以恢复或是更加偏离原来的平衡状态，表示飞机是不稳定的。

飞机在空中飞行时，会产生俯仰运动、偏航运动和滚转运动。例如，飞机绕横轴的运动为俯仰，绕立轴的运动为偏航，绕纵轴的运动为滚转，如图 3-23 所示。对应地，飞机的稳定性分别是纵向稳定性、航向稳定性和横向稳定性。

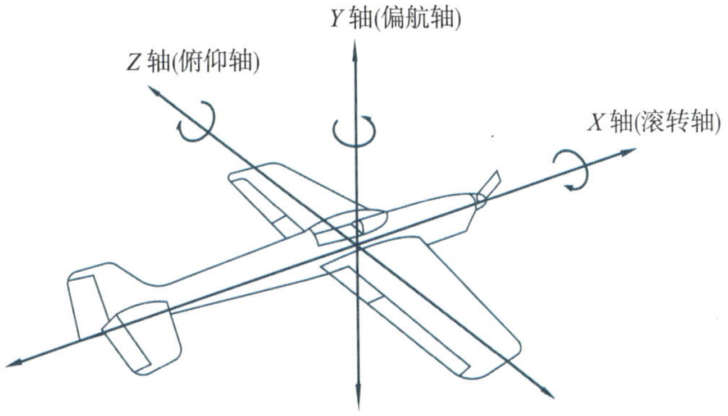

图 3-23　飞机绕三个转动轴的运动

1) 纵向稳定性

飞机受到干扰后偏离原来的纵向平衡状态（俯仰方向），待干扰消失后飞机自动回到之前的纵向平衡状态的性能，称为飞机的纵向稳定性。飞机的俯仰力矩主要来自机翼升力矩和尾翼升力矩。

机翼上所产生升力的合力作用在机身纵轴上的一点，对亚音速飞机，这一点在 1/4 弦线和纵轴的交点，位于重心后面。所以机翼的升力矩会使飞机低头，为了平衡，则需要飞机的水平尾翼产生向下的力，从而对飞机产生一个向下的力矩，以平衡机翼升力矩，保持飞机稳定。当飞机受到干扰使飞机抬头时，机翼和水平尾翼的迎角变大，两者都产生向上的附加升力，附加升力的合力矩将对飞机产生一个下俯的力矩，使飞机趋向原来的状态，经过一段时间的摆动后，飞机回到原来的姿态。当飞机受到干扰，机头向下时，机翼和水平尾翼的迎角变小，则机翼和水平尾翼产生向下的附加升力，附加升力的合力矩使飞机抬头回到原来的状态。如图 3-24 所示。

2) 航向稳定性

飞机的航向稳定性是指飞机受到干扰后偏离原来的航向稳定状态，待干扰消失后，飞机恢复到之前航向平衡状态的性能。飞机的航向稳定性也叫作方向稳定性，主要依靠飞机的垂直尾翼的转动实现。

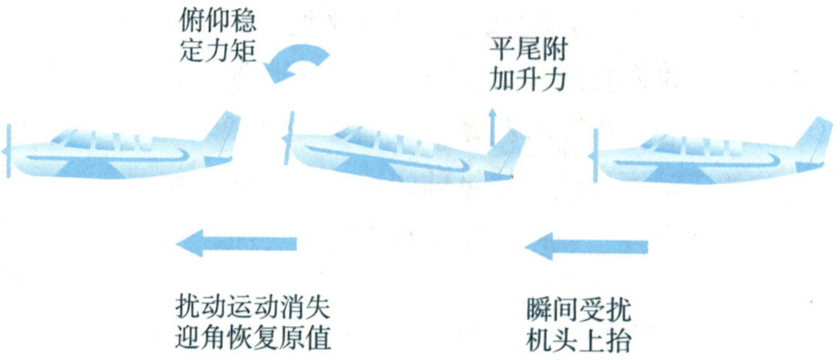

图 3-24 飞机纵向稳定性

在飞行中，受到阵风的干扰，飞机向右偏转，气流从飞机的左前方作用在垂直尾翼上，产生向右的力，这个力产生的恢复力矩使飞机恢复到原来的航向；相反，当阵风干扰使飞机向左偏转时，气流则从飞机右前方作用在垂直尾翼上，产生的恢复力矩使飞机回到原来的航向，如图 3-25 所示。随着飞行马赫数的增加，航向的稳定性减弱，因而有些高速大型飞机的垂直尾翼做得很大，有的做成双垂尾。

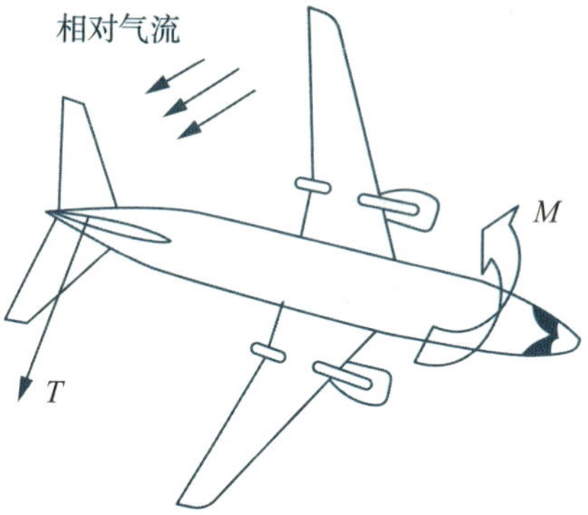

图 3-25 飞机航向稳定性

3）横向稳定性

飞机的横向稳定性是指受到干扰后飞机的横向平衡状态被打破，干扰消失后，飞机恢复到之前横向平衡状态的性能。飞机的横向稳定性主要依靠机翼上反角、后掠角和垂直尾翼的运动实现。

如图 3-26 所示，当干扰作用到飞机上，使飞机左翼抬起，右翼下沉时，飞机向右倾斜，此时飞机升力和重力的合力偏向右下方，飞机还沿这个方向发生侧滑。由于上反角的原因，当气流从右侧吹向机翼时，右翼的有效迎角增加，升力也增加；左翼有效迎角和升力则均降低。两侧机翼产生的升力差形成滚转力矩，使飞机向左横滚，逐渐消除倾斜和侧滑，使飞机恢复横向稳定性。相反，下反角则会降低飞机的横向稳定性。

机翼的后掠角也会增强飞机的横向稳定性，如图 3-27 所示。飞机受到阵风的干扰时，左翼抬起，右翼下沉，飞机向右倾斜并侧滑。此时相对风速 V 在右翼可分解为垂直右翼的速度 V_1 和沿右翼的速度 V_2，在左翼可分解成垂直左翼的速度 V_3 和沿左翼方向的速度 V_4。由于沿着机翼方向的风速对升力不起作用，垂直机翼方向的风速 V_1 明显大于 V_3，所以右翼的升力大于左翼的升力，两侧的升力差同样会逐渐消除倾斜和侧滑，使飞机恢复之前的状态。

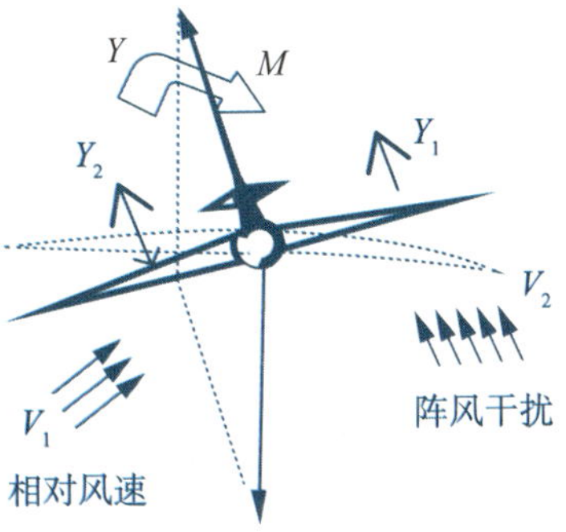

图 3-26　机翼上反角与横向稳定性

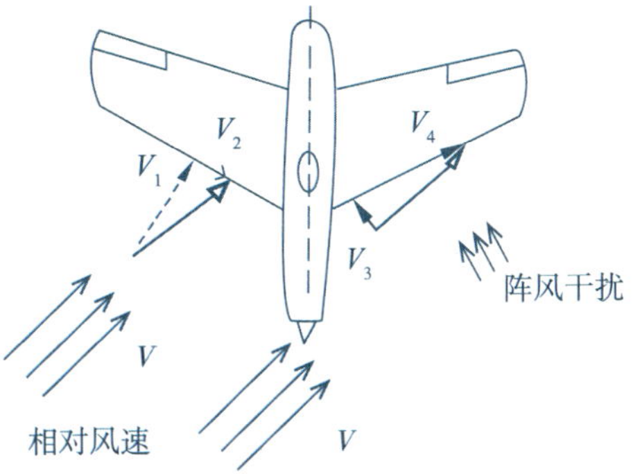

图 3-27　机翼后掠角与横向稳定性

飞机的稳定性并不是越强越好，稳定性强意味着抗干扰性强，让飞机能够保持比较稳定的飞行状态，但同时也意味着改变飞机的飞行状态越难，操纵飞机需要的力矩越大。对于上单翼飞机或是一些大后掠翼飞机，由于不希望有太强的横向稳定性，而采取下反角机翼。如果横向稳定性过强而方向稳定性较差，飞机在侧倾时容易产生较大的方向改变，从而引发飞机自发地周期性作侧滑、滚转和偏航运动，这种运动称为荷兰滚。若是飞机航向稳定性太强，横向稳定性差，飞机在方向不稳时自动产生倾斜，又会引起螺旋形下降。

3.4.3　固定翼无人机的操纵

操纵是指人为地操纵无人机的相关舵面，从而改变无人机的飞行状态。无人机的操纵性与稳定性相互对立，无人机的操纵性好，则意味着其稳定性差；反之，无人机的稳定性好，则意味着其操纵性差。因此无人机设计时根据实际情况在两者之间进行一定的权衡。

无人机主操纵系统舵面包括副翼、升降舵和方向舵。它们主要用于操纵无人机绕三个转轴的运动。副翼用于操纵无人机绕纵轴的滚转运动；升降舵用于操纵无人机绕横轴的俯仰运动；方向舵用于操纵无人机绕立轴的偏航运动。

1) 滚转操纵

滚转操纵是通过副翼实现的，副翼位于机翼外侧后缘处，左右各一片。两侧副翼的运动方向相反，右侧往上，则左侧往下；反之，右侧往下，则左侧往上。若想无人机向左侧滚转，则操作左侧副翼往上偏转，右侧副翼往下偏转。左侧副翼往上偏转，机翼弯曲度降低，升力降低；右侧副翼往下偏转，机翼弯曲弧度增加，升力增加，无人机向左滚转。反之，当无人机向右滚转时，则操纵左侧副翼往下偏转，右侧副翼往上偏转即可。

2）俯仰操纵

俯仰操纵主要通过升降舵实现。当升降舵向上偏转时，水平尾翼迎角减小，升力降低，尾翼产生的力矩降低，无人机上仰；当升降舵往下偏转时，水平尾翼迎角增加，升力变大，尾翼产生的力矩变大，无人机下俯。

3）偏航操纵

偏航操纵主要通过方向舵实现。当操纵方向舵向右偏转时，相对风从右侧吹向方向舵，产生向左的力，该力对重心形成右转的力矩，使无人机绕立轴右转；同样当操纵方向舵向左偏转时，可使无人机绕立轴向左转。

3.5 多旋翼无人机飞行原理

3.5.1 多旋翼无人机的结构

多旋翼无人机的结构主要包括：机身、螺旋桨、脚架、云台、GNSS 接收机、电池、电调、电机、遥控器等。

螺旋桨是一个旋转的翼面，提供必要的拉力或推力使无人机在空气中移动，如图3-28所示。螺旋桨产生升力的大小依赖于桨叶的形态、螺旋桨叶迎角和发动机的转速。云台是无人机用于安装、固定摄像机等任务载荷的支撑设备，如图 3-29 所示。

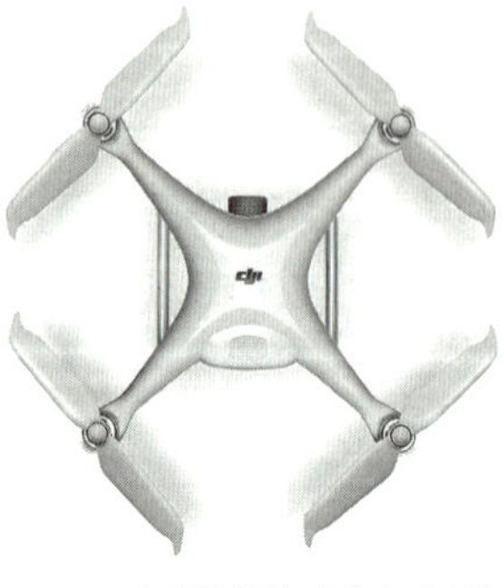

图 3-28　大疆精灵无人机螺旋桨

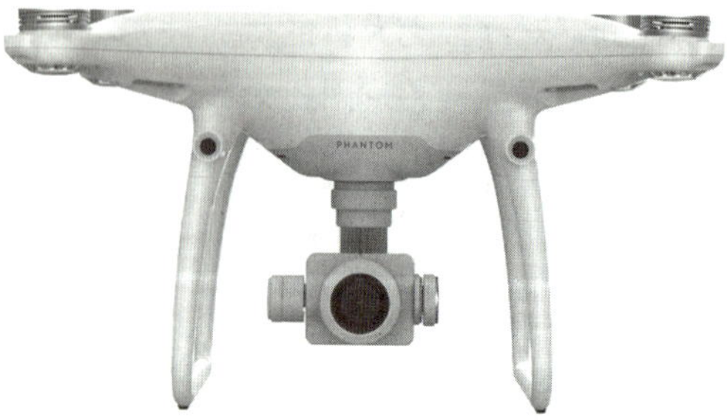

图 3-29　大疆精灵无人机云台

目前主流民用无人机采用的动力系统是电动动力系统，主要由电机、电池和电调组成。电机俗称“马达”，是无人机的动力来源，无人机通过改变电机的转速来改变无人机的飞行状态，如图 3-30 所示。电机的工作需要电池来提供电能，无人机主要使用锂聚合物动力电池，如图 3-31 所示。电调全称是电子调速器，是电机的调速系统，在无人机上的主要作用是将直流电转换为交流电、控制电机的转速，如图 3-32 所示。

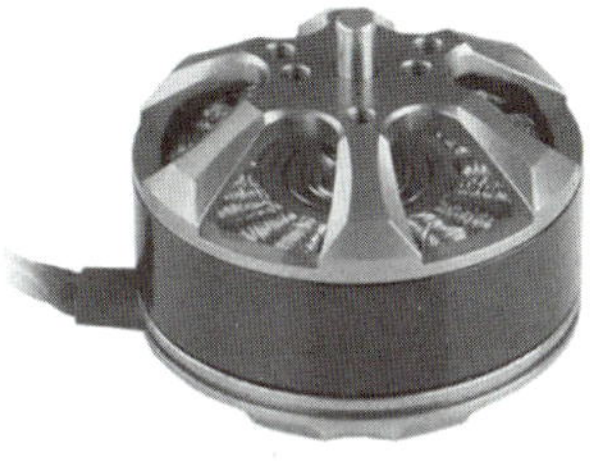

图 3-30　无人机电机

图 3-31　锂聚合物动力电池

图 3-32　电子调速器

3.5.2　多旋翼无人机类型

多旋翼无人机的机身结构类型主要有 I 型四旋翼(图 3-33)、X 型四旋翼(图 3-34)、I 型六旋翼(图 3-35)、V 型六旋翼(图 3-36)、I 型八旋翼、V 型八旋翼等。

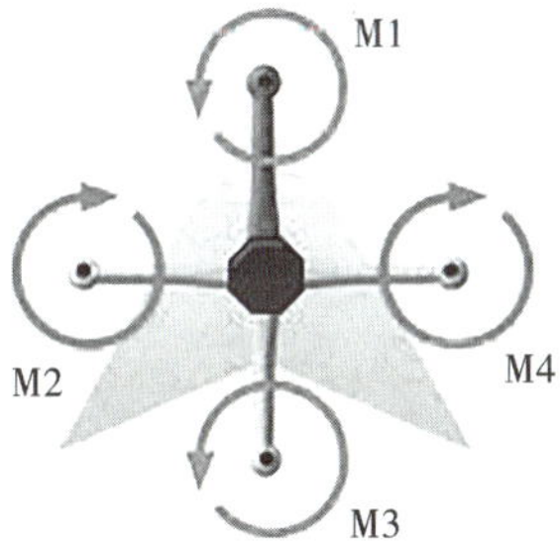

图 3-33　I 型四旋翼无人机

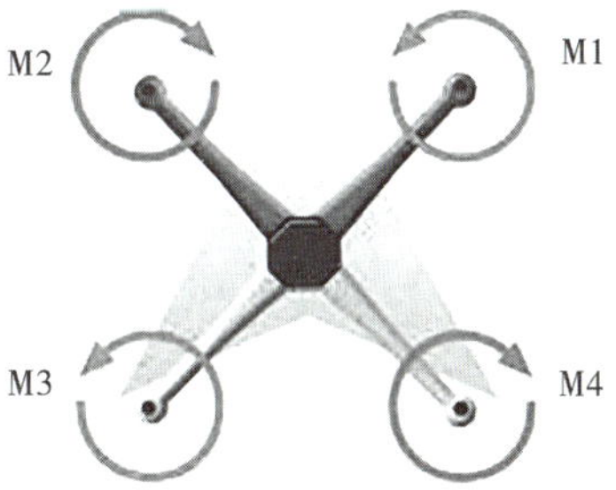

图 3-34　X 型四旋翼无人机

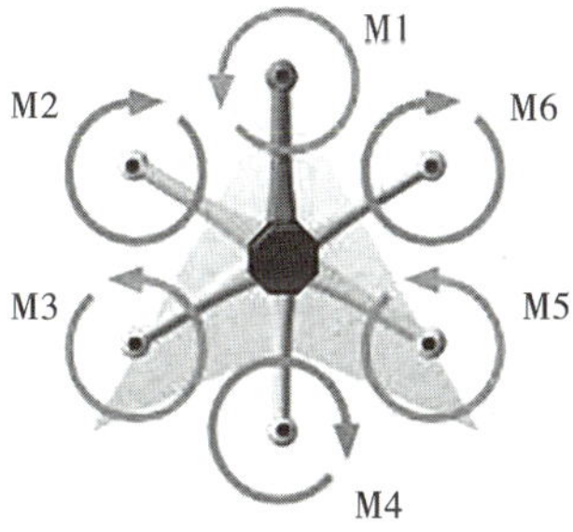

图 3-35　I 型六旋翼无人机

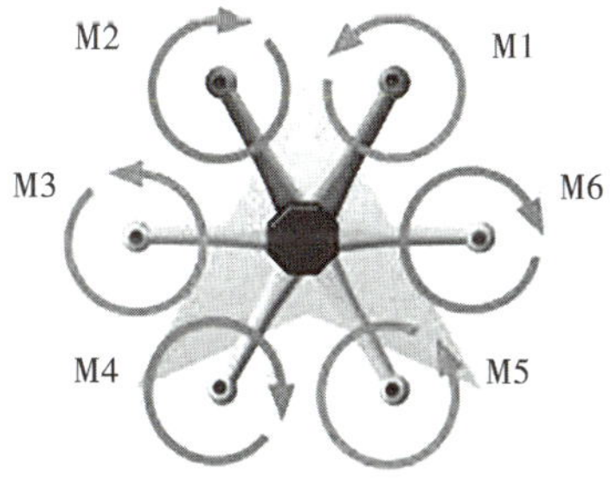

图 3-36　V 型六旋翼无人机

3.5.3 多旋翼无人机受力分析

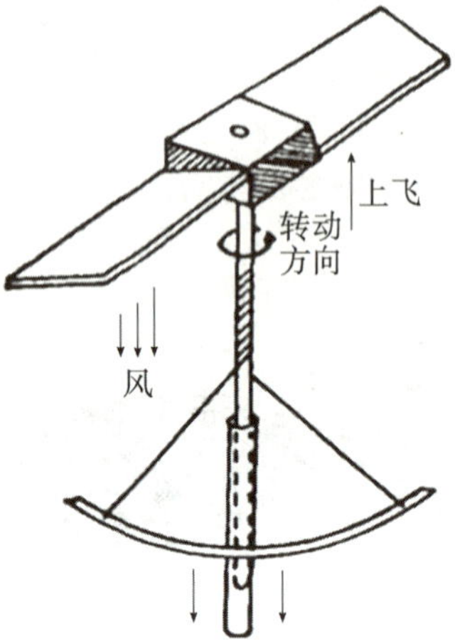

图 3-37　竹蜻蜓与多旋翼无人机螺旋桨结构相同

我们玩竹蜻蜓时，手的搓动给竹蜻蜓一个旋转速度，产生升力，竹蜻蜓飞起来。多旋翼无人机的螺旋桨与竹蜻蜓飞行原理相似，电机转动，带动螺旋桨旋转产生升力，无人机起飞如图 3-37 所示。

根据牛顿第三定律，旋翼在旋转的同时，也会向机身施加一个反作用力(反扭矩)，促使机身向反方向旋转。为了避免多旋翼无人机疯狂自旋，多旋翼无人机的螺旋桨中，相邻的两个螺旋桨旋转方向是相反的。

以四旋翼无人机(图 3-38)为例，三角形箭头表示飞机的机头朝向，螺旋桨 M1、M3 的旋转方向为逆时针，螺旋桨 M2、M4 的旋转方向为顺时针。当飞行时，M2、M4 所产生的逆时针反作用力(反扭矩)和 M1、M3 产生的顺时针反作用力(反扭矩)相抵消，无人机机身保持稳定。

图 3-38　无人机受力分析

1)空中悬停

多旋翼无人机螺旋桨升力之和等于无人机总重量，螺旋桨的升力与重力平衡时，无人机悬停在空中。

2)垂直升降

螺旋桨同时加速旋转，升力加大，无人机上升；螺旋桨同时降低转速，无人机下降。

3)空中旋转

无人机利用反作用力(反扭矩)完成空中旋转。M2、M4 顺时针旋转的电机转速增加，M1、M3 逆时针旋转的电机转速降低，无人机逆时针方向旋转。

同理，M2、M4 顺时针旋转的电机转速降低，M1、M3 逆时针旋转的电机转速增加，无人机顺时针方向旋转。

4) 水平移动

无人机水平移动，机头向前，M3、M4 螺旋桨提高转速，同时 M1、M2 螺旋桨降低转速，无人机后部升力加大，无人机向前倾斜飞行。

同理：

M1、M2 电机加速，M3、M4 电机减速，无人机向后倾斜飞行。

M1、M4 电机加速，M2、M3 电机减速，无人机向左倾斜飞行。

M2、M3 电机加速，M1、M4 电机减速，无人机向右倾斜飞行。

作业习题

一、选择题

1. 飞机一般在________层中飞行。

A. 对流层　　B. 平流层　　C. 中间层

2. ________揭示出力的本质：力是物体间的相互作用。

A. 牛顿第一定律　　B. 牛顿第二定律　　C. 牛顿第三定律

3. 连续性定理和伯努利定律相结合，可得________。

A. A 小—v 大—P 小　　B. A 小—v 大—P 大　　C. A 小—v 小—P 小

4. 伯努利方程的使用条件是________。

A. 只要是理想的不可压缩的流体

B. 只要是理想的与外界无能量交换的流体

C. 必须是理想的、不可压缩的、且与外界无能量交换的流体

5. 飞机在飞行时，升力方向总是________。

A. 与相对气流方向垂直　　B. 与地面垂直　　C. 与翼弦垂直

6. 没有保护好飞机表面的光洁度，将增加飞机的________。

A. 压差阻力　　B. 摩擦阻力　　C. 干扰阻力

7. 飞机转弯的向心力是________。

A. 飞机的拉力　　B. 方向舵上产生的气动力　　C. 飞机升力的水平分量

8. 相同迎角，飞行速度增大一倍，阻力增加为原来的________。

A. 1 倍　　B. 2 倍　　C. 4 倍

9. X 模式的四轴飞行器，从悬停转换到前进，________需要加速。

A. 后方两轴　　B. 左侧两轴　　C. 右侧两轴

10. 六轴飞行器安装有________。

A. 6 个顺时针旋转螺旋桨

B. 3 个顺时针旋转螺旋桨、3 个逆时针旋转螺旋桨

C. 4 个顺时针旋转螺旋桨、2 个逆时针旋转螺旋桨

二、简答题

1. 飞机的飞行原理是什么？请自己组织语言进行阐述。

2. 写出升力和阻力的影响因素。

3. 分析多旋翼无人机和固定翼无人机在起飞阶段的受力情况。

4. 以四旋翼无人机为例，分析无人机原地旋转和水平移动时，4 个螺旋桨的运行状态。

（选择题答案：B C A C A B C C A B）

模块 4
无人机操纵技术

思维导图

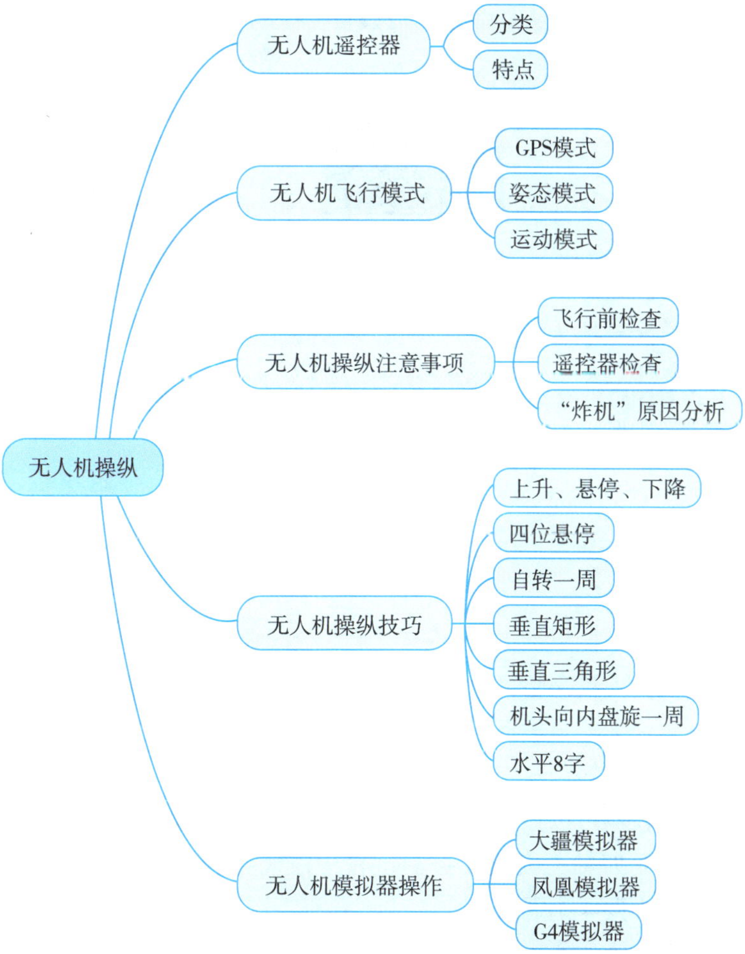

掌握一定的无人机操纵技术，无论对于专业的无人机操作员，还是无人机爱好者，都是必不可少的一项技能，也是确保无人机安全飞行的必要条件。同时对于无人机相关驾驶证的考试来说，无人机实操考核内容就是考察无人机的操纵技能。本章将以多旋翼无人机为例，引入 AOPA 民用无人机驾驶员实操考试标准要求，详细介绍多旋翼无人机的操纵技术。

4.1 无人机遥控器

遥就是远距离，控就是可以控制设备，器是指一个电子器件。无人机的遥控器就是像电视机遥控器、空调遥控器一样可以不用接触到被控设备，而通过一个手持器件，使用无线电与被控设备进行通信，从而达到对设备的控制，如图 4-1 所示。

图 4-1 各种类型的无人机遥控器

4.1.1 遥控器的通道

遥控器想达到与无人机通信的功能，需要有两部分配合完成，即发射器与接收机。遥控器上的控制杆转为无线电波并发送给接收机，而接收机通过接收无线电波，读取遥控器上控制杆的读数，并转为数字信号发送到无人机的控制器中。

通道其实就是遥控器可以控制的动作路数。比如遥控器控制四轴无人机上下飞，那么就是 1 个通道。但是四轴无人机在控制过程中需要控制的动作路数有：上下、左右、前后、旋转，所以最少要 4 个通道。

遥控器具有以下 4 个主通道：

第一通道，指副翼(Aileron)，用来控制和改变机身横滚方向的姿态变化；

第二通道，指升降舵(Elevator)，用来控制机身前进与后退；

第三通道，指油门(Throttle)，用来控制发动机或电机转速；

第四通道，指方向舵(Rudder)，用于改变机头朝向。

4.1.2　美国手与日本手

美国手、日本手的区别就在于通道排列不一样，它们命名的缘由，其实是沿用了航模领域固定翼的叫法。

1) 美国手

右边摇杆：

向上拨动，机身向前飞行；
向下拨动，机身向后飞行；
向左拨动，机身向左飞行；
向右拨动，机身向右飞行。

左边摇杆：

向上拨动，机身上升；
向下拨动，机身下降；
向左拨动，机头向左旋转；
向右拨动，机头向右旋转。

美国手

2) 日本手

右边摇杆：

向上拨动，机身上升；
向下拨动，机身下降；
向左拨动，机身向左飞行；
向右拨动，机身向右飞行。

左边摇杆：

向上拨动，机身向前飞行；
向下拨动，机身向后飞行；
向左拨动，机头向左旋转；
向右拨动，机头向右旋转。

日本手

3) 美国手与日本手各自特点

美国手的特点是控制飞行器姿态的两个舵面统一由右手控制，油门和方向控制在左手。正常无人机飞行建议使用美国手，因为美国手的右手能直接控制飞机的前后左右飞行，比较符合中国人常用右手的习惯，而且正常作业的时候操作也比较简单。

日本手的特点是控制飞行器姿态的两个舵面(升降和副翼)分别由左手和右手控制，油门控制在右手，方向控制在左手。日本手遥控器适合需要大舵量精准控制的飞行情况，比如很多航模比赛队员都喜欢用日本手遥控器。

4.2 无人机飞行模式

无人机飞行中，飞行模式至关重要。在什么情况下切换什么飞行模式抢夺控制权？在什么时候用什么飞行模式可以安全省事地飞行？下面以大疆精灵 4 飞行模式为例，讲述飞行模式的区别。

4.2.1 GPS 模式

GPS 模式，大疆无人机称“P 挡模式”，如图 4-2 所示。顾名思义，就是无人机使用 GPS 模块或多方位视觉系统实现精确悬停，指点飞行、规划航线等都需要在该模式下进行。GPS 信号良好时，无人机可以实现精准定位；GPS 信号较差但光照良好时，无人机利用视觉系统实现定位，但悬停精度会变差；GPS 信号较差并且光照条件也差的时候，无人机不能实现精确悬停，仅提供姿态增稳，此时相当于姿态模式。

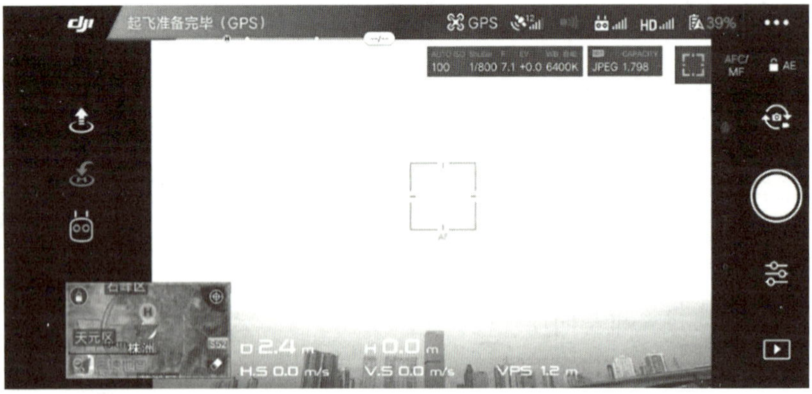

图 4-2　大疆精灵 4 的 GPS 模式

4.2.2 姿态模式

姿态模式，大疆无人机称为“A 挡模式”，如图 4-3 所示。在该模式下，不使用 GPS

模块和视觉系统进行定位，无人机仅提供姿态增稳。实际操作中，无人机会出现明显的漂移，无法悬停，需要操作员通过遥控器来不断修正无人机的位置。姿态模式考验的是操作员对于无人机的操控性。在一些紧急情况下，需要切换姿态模式。

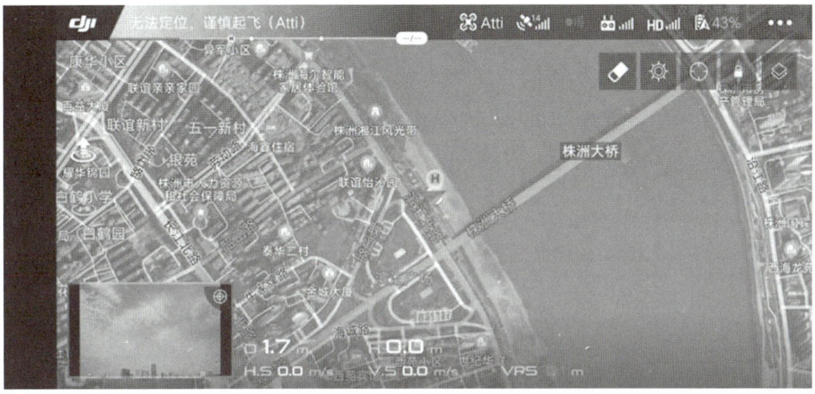

图 4-3　大疆精灵 4 的姿态模式

4. 2. 3　运动模式

运动模式，大疆无人机称“S 挡模式”，如图 4-4 所示。在该模式，无人机通过 GPS 模块或下视视觉系统实现精确悬停；相比于 GPS 模式，该模式下操作无人机时灵敏度更高、速度更快。该模式主要是为满足部分熟练操作员体验竞速而设置的，不建议新手尝试。

图 4-4　大疆精灵 4 的运动模式

4.3 无人机操纵技巧

在进行无人机操纵练习时，应注意遥控器的打杆动作要柔和、轻推，避免打杆过猛、打错杆、带杆等危险动作的发生。飞行过程中尽量控制飞行器不超出直径为2m的圆范围。为了提高操控水平，经过一段时间的飞行训练后，可以尝试不使用GPS模式，选择姿态或手动飞行模式进行训练，但要注意安全。

4.3.1 上升、悬停、下降

▸ 上升/悬停/下降

方法：飞行器由1m高度悬停开始，垂直上升至4m高度，转入悬停2s后转入垂直下降过程，在1m高度上停止下降并转入悬停，如图4-5所示。

要求：上升、下降匀速，速率为1m/s，悬停时间为2s，飞行器不能超出直径为2m的圆范围，无明显的大幅修正动作。

难点：飞行器在上升和下降阶段由于受气流的影响，如果不操纵副翼和升降舵，只是单一地加减油门，这个上升和下降的轨迹就不会是垂直的，所以需要及时的修正飞行器姿态，这时的打舵方向和舵量大小是保证垂直的关键。

4.3.2 四位悬停

▸ 四位悬停

方法：飞行器在2m高度悬停2s后，每悬停2s后原地转90°(左右均可)直至完成对尾→对右侧面对头→对左侧面，如图4-6所示。

要求：悬停旋转时高度不变，旋转过程中机体无偏航，停止时角度正确，无提前或滞后现象，旋转速率为90°/s匀速，整个过程中无错舵现象发生。

难点：旋转的过程中由于螺旋桨的反扭矩影响，在不操纵前翼机和升降舵的时候会有偏航。而且由于操纵者所面对的飞行器的视角不同，故需要操纵者及时调整思维，做出正确的判断和及时的修正。

4.3.3 自转一周

方法：飞行器在2m高度悬停，然后绕自身重心点纵轴旋转360°(左右均可)，如图4-7所示。

要求：悬停旋转时高度不变，旋转速率 90°/s，停止时无提前或滞后现象，过程中无错舵发生，不能超出直径 2m 的圆，掉高不超过 0.5m。

难点：旋转的过程中由于螺旋桨的反扭矩影响，在不操纵前翼机和升降舵的时候会有偏航。而且由于操纵者所面对的飞行器的视角不同，故需要操纵者及时调整思维，做出正确的判断和及时的修正。

▸ 自转一周

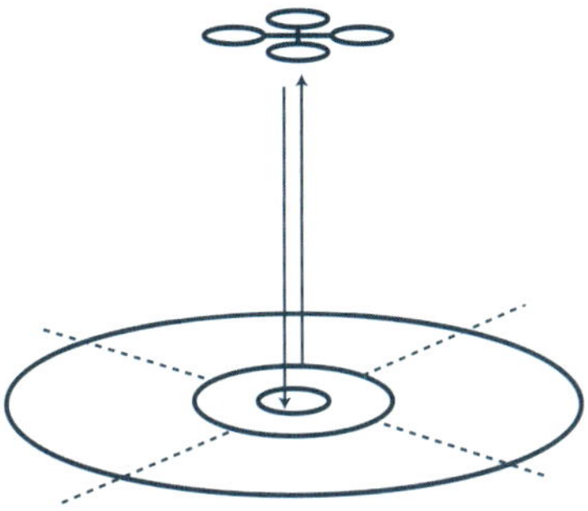

图 4-5　上升、悬停、下降

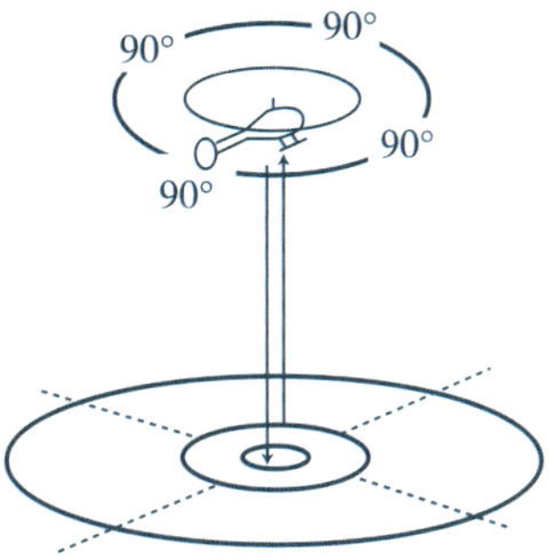

图 4-6　四位悬停

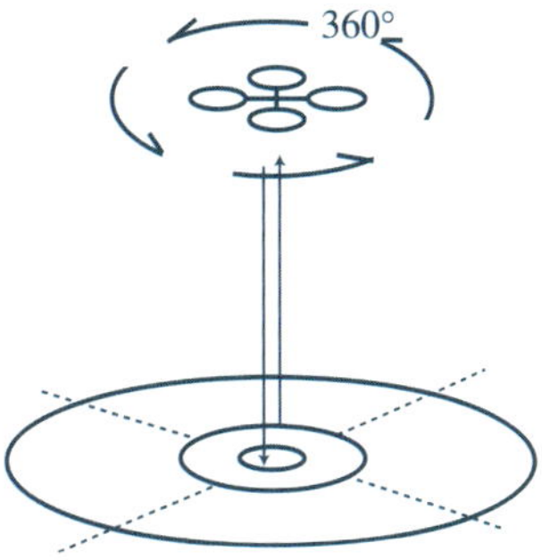

图 4-7　自转一周

4.3.4　垂直矩形

方法：飞行器从 O 点起飞上升至 E 点悬停，向右平移 4m 后至 A 点悬停，后垂直上升 5m 至 B 点悬停，后向左平移 8m 至 C 点悬停，后垂直下降 5m 至 D 点悬停，后向右平移 4m 至 E 点结束，返回降落起点，无人机飞行轨迹呈垂直矩形，如图 4-8 所示。

▸ 垂直矩形

要求：平移时高度保持不变匀速（1m/s），上升下降段垂直匀速（1m/s），悬停时无明显移动。

难度：视觉差会引起整条航线偏移，上升、下降段由于要修正位置，易造成这段航线有停顿现象。

4.3.5　垂直三角形

方法：飞行器从 O 点起飞上升至 E 点悬停，向右运动至 A 点悬停，向左上方运动至 B 点悬停，向左下方运动至 C 点悬停，向右运动至 E 点结束，返回降落起点，无人机飞行轨迹呈垂直三角形，如图 4-9 所示。

▸ 垂直三角形

要求：平移时高度保持不变匀速（1m/s），停止时干脆利落，上升下降角度为 45°匀速（1m/s）。

难点：视觉差会影响整个路线的偏移，上升下降和平移组合时会造成航线呈阶梯状，需多加练习，总结不足之处并加以改善。

4.3.6 机头向内盘旋一周

▸向内盘旋一周

方法：飞行器从 O 点起飞上升至 E 点悬停，机头对向圆心 O 点，压副翼使飞行器横移，同时打方向舵使机头始终对向 O 点，控制升降舵保持合理的运动半径，绕 O 点旋绕一周回到起点，无人机飞行轨迹呈圆形，如图 4-10 所示。

要求：飞行高度保持不变，飞行速度为匀速(1m/s)飞行器对 O 点距离保持不变，机头指向正确。

难点：副翼的使用可能会受风的影响，不会是始终如一的舵量，需要根据现实情况做出及时调整；升降舵的使用要根据飞行速度来确定舵量的大小。在除了控制副翼和升降舵外，还需要保证机头始终指向 O 点，这时就需要合理地调整和分配思维，达到一心多用。

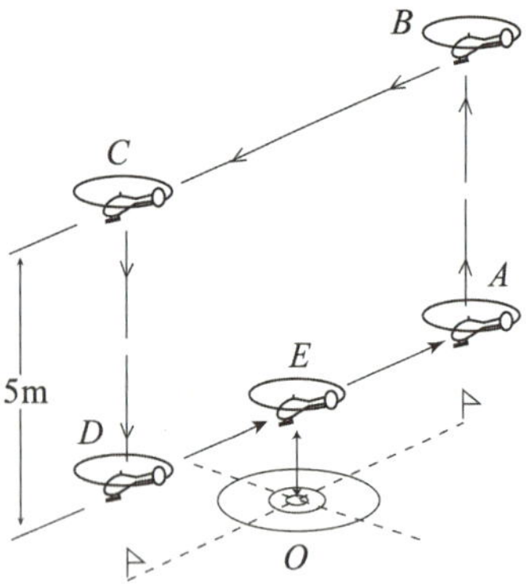

图 4-8　垂直矩形

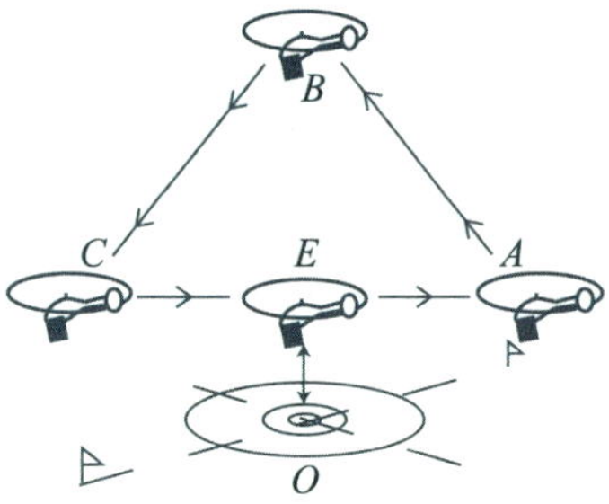

图 4-9　垂直三角形

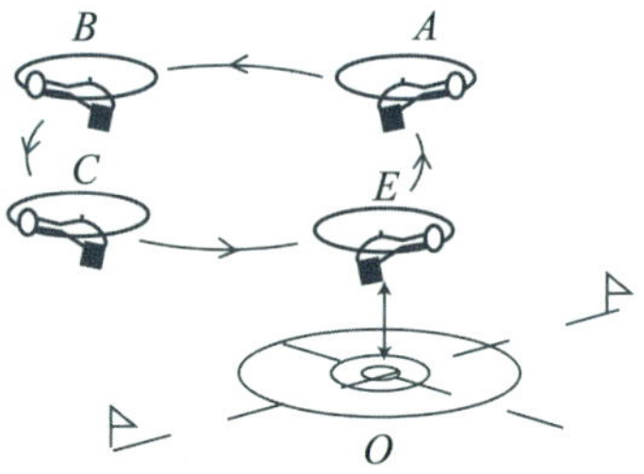

图 4-10　机头向内盘旋一周

4.3.7 水平 8 字

▸水平 8 字

方法：首先飞行器要有一定的前进速度，过 C 点后压副翼使机头向转弯方向倾斜，然后拉升降舵使飞行器进行转弯，同时控制方向舵使机头始终朝着前进方向，如图 4-11 所示。

要求：飞行速度匀速，左右转弯半径相等，高度保持不变。

难点：刚开始练习时同一个方向的转弯会比较顺手，导致另一个方向不太敢转，这样就会使飞行器进入侧滑状态，加重操纵者紧张的情绪而不能正确、及时地做出反应，使动作失败。另外，进入转弯时控制升降舵和副翼，与油门的配合不熟练也会使飞行器转弯时进入爬升状态，或者转弯完成时飞行速度也降低很多。所以水平 8 字飞行需要各舵面和油门相配合完成，各舵面和油门的配合合理性决定水平 8 字飞行完成的准确度。

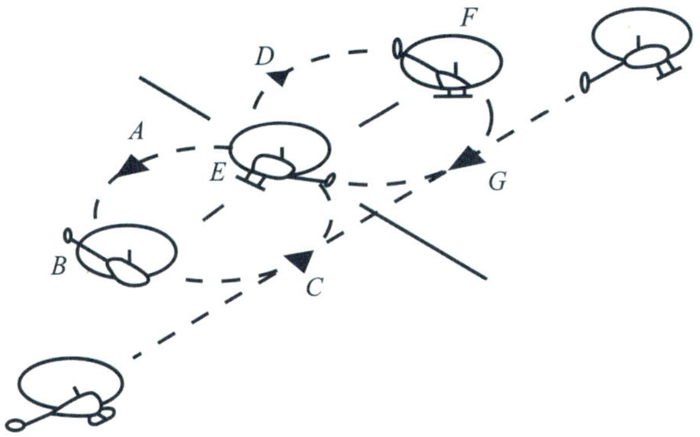

图 4-11　水平 8 字飞行示意图

4.4　无人机操纵注意事项

4.4.1　飞行前检查

1) 起降地点

无人机起飞要选择水平且视野开阔的地方，要计划好降落的地点。降落地点同样要求空旷且没有人、动物、树木等障碍物。同时留意起降点附近的一些金属物，它们可能会干扰无人机指南针的工作。

2) 飞行条件

确保风力、雨水等气象条件不会影响无人机安全飞行。无人机的飞行对能见度也有一定要求，要在视线范围内飞行。除了气象条件，还要注意查看航飞区域是否为禁飞区，要合法合规地飞行。

3) 电池状态

要确保所有设备的电池都已充满电，包括遥控器的电池、移动设备的电池和无人机的电池等。同样，还要确定电池的工作状态良好，检查电池是否膨胀或者出现损坏。

4）磨损程度

确保无人机及其他装置上没有可见的损坏，包括螺旋桨上没有缺口，无人机外壳上没有裂纹等。

5）零件固定

确保无人机的所有零部件紧紧固定且状态良好，尤其是螺旋桨。确保无人机在飞行过程中不会有部件脱落。

6）参数检查

通过软件检查无人机相关参数设置是否正确，包括无人机指南针是否需要进行校准，周边电磁干扰情况，GPS 卫星信号是否正常，是否为美国手等。

4.4.2 “炸机”原因分析

“炸机”是航模术语，一般来说是指由于操作不当或机器故障等因素导致飞行航模不正常坠地，且坠地后航模损伤较严重，影响了内部结构，或坠地后航模完全被摔碎分解，导致航模完全无法飞行，如图 4-12 所示；坠地后航模无损伤叫作摔机，摔机后不影响航模内部结构仍可飞行。

“炸机”的发生一般是多种不良因素综合作用的结果，下面列出几点原因。驾驶员在操纵过程中需提高警惕，有效避免“炸机”事故的发生。

图 4-12　无人机“炸机”现场

1）飞行前跳过检查步骤

松动的电池，不正确的螺旋桨安装都会导致飞行的失败。在飞行前，确保通过转动来确认每个螺旋桨是否安全，还需要正确连接电池到无人机。另一个常见错误是 RC 天线没有对准。

2) 定位系统未锁定

消费级无人机需要连接多颗卫星才能确保精确飞行。在连接到 GNSS 卫星之前飞行可能使无人机容易发生漂移等情况。应等待几秒钟，直到无人机在飞行前锁定至少 7 颗卫星，才可以继续飞行。

3) 只关注飞行时飞控参数信息

视距内飞行时，如果驾驶员只盯着屏幕看飞行参数，而不观测无人机空中飞行姿态，可能会使无人机发生意外，导致造成直接经济损失。驾驶员定期地关注无人机的飞行姿态等才能确保飞行安全。

4) 超视距飞行

大多数消费级无人机的设计目的是飞行距离能达到数千米远，但在超视距飞行的无人机比较危险。尽管可以使用应用程序显示无人机的飞行路线，但如果平板等移动设备在飞行中死机或闪退，那么无人机驾驶员将很难确定无人机当前飞行状态。

5) 干扰

无人机只有在几乎没有干扰的情况下才能充分发挥其潜力。无人机很容易在城市或某些地方丢失信号，诸如信号塔附近等干扰环境，如果发生这种情况，则容易发生碰撞事故。一些无人机设计有可切换的操作频道，因此在起飞前务必检查哪个频道最适合本地区域。

6) 驾驶员操作失误

即使驾驶最新型的无人机，有时也会因为驾驶员错误操作而出现意外。所以需多练习飞行并逐渐增加飞行次数直至获得足够的信心，进行安全飞行。

4.5 无人机模拟器练习

大量训练是练就过硬的无人机操控技能的基础，真实的无人机训练风险较大，并且客观条件也不允许过度进行真机训练。为解决无人机真机训练存在的问题，可借助无人机模拟器进行辅助训练。模拟器是帮助初学者培养正确打舵方向和打舵时机的一种电脑模拟软件。驾驶员通过模拟器的练习，能够大大节约入门的时间和成本，培养出强烈的条件反射。市场上常用的有大疆模拟器(图 4-13)、凤凰模拟器、G4 模拟器。

▸ 模拟飞行

图 4-13　模拟器界面

无人机模拟器的优势包括以下几方面。

(1)模拟器训练的可逆性，有效避免学员的恐惧心理。

在模拟器训练时无人机模型具有可逆性，坠毁后可即时生成新模型。学员刚开始练习模拟器时，由于对无人机的操控比较陌生，在短时间内就会发生坠机。如果这种情况发生在真机训练时，学员会产生比较紧张的情绪。如果发生在真机训练的带飞阶段，教员会提前接管无人机以防发生坠机事件，这样学员的操作权力就被剥夺了，从而导致学员无法体会到在多种情况下无人机的操作手法。在无人机模拟器训练时，坠机后会马上生成新的模型，学员不会产生坠机的恐惧心理，可以保持比较平和的心态。

(2)模拟器训练可实现单通道控制，便于学员选择训练动作。

无人机在空中飞行，可以产生俯仰运动、偏航运动和滚转运动。在真实飞行过程中，这些动作需要同时完成，无人机操控者需要迅速完成手部动作，以达到无人机的平稳控制。这对于刚开始进行无人机驾驶培训的学员是无法同时完成的，需要分别进行训练，而在真机训练中是无法实现的。模拟器训练可以实现单通道控制，模拟器操控者可以选择单升降舵操作、单副翼操作和单方向操作。在单通道训练熟练后，模拟器操控者还可以选择双通道训练，即升降加副翼操作、升降加方向操作和副翼加方向操作等，操作难度逐渐增大，符合学习习惯。

(3)模拟器训练可降低成本，有效提高无人机操纵技能。

经过初级阶段无人机模拟器的训练，无人机驾驶学员可以形成快速准确的对无人机动作反馈的条件反射。这样可以有效避免真机训练的弊端，大大降低风险，避免操作失误而造成无人机坠机等损失，减少油料、电池等消耗，节约经费，降低训练成本。无人机操控人员可以通过模拟器不断进行可逆性操作，强化特定动作的训练效果，不断提高自身无人机操控技能。

思政点滴

英雄中国机长，我们的榜样

9800m 高空，驾驶舱挡风玻璃爆裂脱落，随即遭遇的是速度为 800km/h 的强气流，零下 40℃的极低温，飞行仪表多数失灵，整架飞机开始剧烈抖动，失压，强噪音……眼看就是一场机毁人亡的巨大灾难。

2018 年 5 月 14 日，在这生死关头，川航 3U8633 航班责任机长刘传健没有慌乱，迅速恢复理智，在十几秒的时间内无一失误地完成 36 个完整动作；与机组、乘务组有序配合，忍受 34 分钟的极端低温、缺氧、强风条件，全手动操纵飞机飞越高原高山地形，最终平安着陆，保住了 119 名旅客与 9 名机组人员的性命，创造了航空史上的奇迹。

这是一次史无前例的突发状况，是一次以英勇无畏精神和高超业务本领力挽狂澜的英雄壮举，是一次坚持生命至上、与时间赛跑的生死营救。关键时刻，他敢于挑战飞行极限，勇当国家财产、人民生命的守护者。

因在事故处置中的出色表现，刘传健荣获“中国民航英雄机长”“最美退役军人”等荣誉称号，获“全国五一劳动奖章”。机组全体成员被授予“中国民航英雄机组”称号。

学习中国机长的勇敢，练就精准操控无人机的技能，采集精准的测绘数据。

资料来源：新华网。

作业习题

一、选择题

1. 遥控器想达到与无人机通信的功能需要由________部分配合完成。

   A. 发射器、接收机　　B. 发射器、转换机　　C. 转换器、接收机

2. 遥控器具有________主通道。

   A. 2 个　　B. 4 个　　C. 6 个

3. 用来控制和改变机身横滚方向的姿态变化的通道是________。

   A. 第一通道指副翼　　B. 第二通道指升降舵　　C. 第四通道指方向舵

4. 用来控制机身前进与后退的通道是________。

   A. 第一通道指副翼　　B. 第二通道指升降舵　　C. 第三通道指油门

5. 用来控制发动机或电机转速的通道是________。

   A. 第二通道指升降舵　　B. 第三通道指油门　　C. 第四通道指方向舵

6. 关于美国手的说法正确的是________。

   A. 右边摇杆，向下拉，机身下降

   B. 右边摇杆，向上推，机身向前飞行

   C. 左边摇杆，向上推，机身向前飞行

7. 关于美国手的说法错误的是________。

   A. 左边摇杆，向上推，机身上升

   B. 左边摇杆，向下拉，机身向后飞行

   C. 左边摇杆，向下拉，机身下降

8. 在________下，无人机不使用 GPS 模块和视觉系统进行定位，仅提供姿态增稳。

   A. GPS 模式　　B. 姿态模式　　C. 运动模式

9. 无人机操纵错误的做法是________。

   A. 打杆动作柔和、轻推

   B. 飞行器进行检查

   C. 先用真机练熟后再用模拟器

10. ________不属于无人机模拟器的优势。

    A. 不会发生坠机

    B. 避免学员的恐惧心理

    C. 可降低成本

二、简答题

1. 阐述无人机遥控器的四个通道的作用。
2. 阐述美国手和日本手的区别。
3. 分析引起“炸机”的因素有哪些。

（选择题答案：A B A B B C B B C A）

模块 5

民用无人机法律法规

思维导图

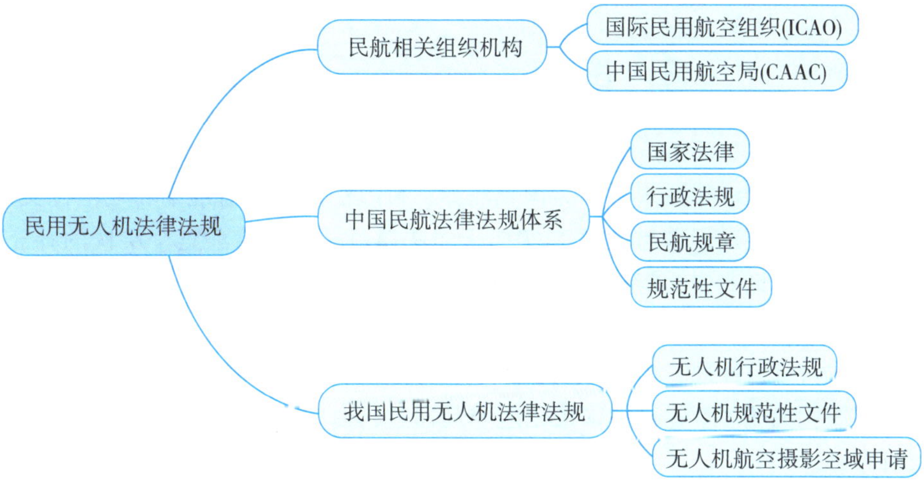

5.1 民航相关组织机构

5.1.1 国际民用航空组织(ICAO)

国际民用航空组织(International Civil Aviation Organization, ICAO)前身为根据1919年《巴黎公约》成立的空中航行国际委员会(ICAO)。第二次世界大战对航空器技术发展起到了巨大的推动作用，使得世界上形成了一个包括客货运输在内的航线网络，但随之也引起了一系列急需国际社会协商解决的政治和技术上的问题。因此，在美国政府的邀请下，52个国家于1944年11月1日至12月7日参加了在芝加哥召开的国际会议，签订了《国际民用航空公约》(通称《芝加哥公约》)，按照公约规定成立了临时国际民用航空组织

(PICAO)。1947年4月4日,《芝加哥公约》正式生效，国际民用航空组织也因之正式成立，并于5月6日召开了第一次大会。同年5月13日，国际民用航空组织正式成为联合国的一个专门机构。1947年12月31日,“空中航行国际委员会”终止，并将其资产转移给“国际民用航空组织”。

5.1.2 中国民用航空局(CAAC)

中国民用航空局(简称中国民航局或民航局，英文缩写为CAAC)是中华人民共和国国务院主管民用航空事业的由部委管理的国家局，归交通运输部管理。其前身为中国民用航空总局，在1987年以前曾承担中国民航的运营职能，2008年3月，由国务院直属机构改制为部委管理的国家局，同时更名为中国民用航空局。

5.2 中国民航法律法规体系

中国民用航空的法律法规可分为国家法律、行政法规、民航规章和规范性文件四个层次。其中第四个层次规范性文件其实属于非法律范畴，作为前三个层次的补充说明，包括管理程序、咨询通告、管理文件、工作手册和信息通告等。

第一层次：国家法律，由国家主席签署主席令颁布。

第二层次：行政法规，由国务院总理签署国务院令或授权中国民用航空局颁布。

第三层次：民航规章，由中国民用航空局通过，由中国民用航空局局长以民航局令的形式颁布。

第四层次：规范性文件。

中国民用航空的法律法规文件，均可在中国民用航空局官网查询下载(图5-1)。

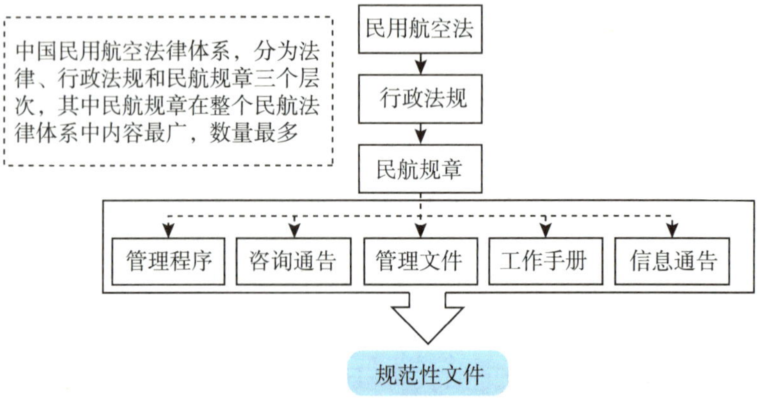

图5-1 中国民用航空法律法规体系结构图

5.2.1 国家法律

1)《中华人民共和国民用航空法》

中国民航法律法规的第一层次是民航国家法律《中华人民共和国民用航空法》，由全国人民代表大会常务委员会会议审议通过、国家主席签署主席令颁布，是我国民用航空法律法规体系的龙头，是制定民航行政法规、民航规章和规范性文件的依据。

《中华人民共和国民用航空法》是为了维护国家的领空主权和民用航空权利，保障民用航空活动安全和有秩序地进行，保护民用航空活动当事人各方的合法权益，促进民用航空事业的发展而制定的法律。

2)法律修订过程

1995年10月30日，第八届全国人民代表大会常务委员会第十六次会议通过。

根据2009年8月27日第十一届全国人民代表大会常务委员会第十次会议《关于修改部分法律的决定》第一次修正。

根据2015年4月24日第十二届全国人民代表大会常务委员会第十四次会议《关于修改〈中华人民共和国计量法〉等五部法律的决定》第二次修正。

根据2016年11月7日第十二届全国人民代表大会常务委员会第二十四次会议《关于修改〈中华人民共和国对外贸易法〉等十二部法律的决定》第三次修正。

根据2017年11月4日第十二届全国人民代表大会常务委员会第三十次会议《关于修改〈中华人民共和国会计法〉等十一部法律的决定》第四次修正。

根据2018年12月29日第十三届全国人民代表大会常务委员会第七次会议通过，对《中华人民共和国民用航空法》(以下简称《民用航空法》)作出第五次修正。

5.2.2 行政法规

中国民航法律法规的第二层次是民航行政法规。民航行政法规由国务院总理签署国务院令或授权中国民用航空局颁布，它的效力次于法律、高于民航规章和地方性法规。

中国民航行政法规主要有：

《中华人民共和国民用航空器适航管理条例》；

《中华人民共和国民用航空器权利登记条例》；

《中华人民共和国民用航空器国籍登记条例》；

《中华人民共和国飞行基本规则》(以下简称《飞行基本规则》)；

《中华人民共和国民用航空安全保卫条例》；

《外国民用航空器飞行管理规则》;
《国务院关于保障民用航空安全的通告》;
《通用航空飞行管制条例》。

5.2.3 民航规章

由中国民用航空局局长以民航局令的形式发布，其效力次于民航国家法律和行政法规。民航规章的全称为中国民用航空规章(China Civil Aviation Regulations，CCAR)，故其部号编码以 CCAR 开头，具体形式为

CCAR-××××-RX

其中，CCAR 为中国民航规章的英文首字母缩写；××××代表规章部号编码；RX 代表版本号。

中国民航规章共有 400 部，分为 15 类(表 5.1)。

表 5.1 **中国民用航空规章分类**

1-20	行政程序规则	190-199	航空保险
21-59	航空器	201-250	综合调控规则
60-70	航空人员	251-270	航空基金
71-120	空域、导航设施、空中交通规则和一般运行规则	271-325	航空运输规则
121-139	民用航空企业合格审定及运输	326-355	航空保安
140-149	学校、非航空人员及其他单位的合格审定及运行	356-390	科技和计量标准
150-179	民用机场建设和管理	391-400	航空器搜寻援救和事故调查
180-189	委任代表规则		

现行我国民航规章举例:
《民用航空标准化管理规定》(CCAR-375SE-R2);
《民用航空通信导航监视工作规则》(CCAR-115TM-R1);
《民用航空导航设备开放与运行管理规定》(CCAR-85-R1);
《民用运输机场突发事件应急救援管理规则》(CCAR-139-Ⅱ-R1);
《民用航空安全信息管理规定》(CCAR-396-R2);
《一般运行和飞行规则》(CCAR-91-R2);
《通用航空经营许可管理规定》(CCAR-135TR-R3);
《民用航空器事故和飞行事故征候调查规定》(CCAR-395-R1)。

5.2.4　规范性文件

中国民航法律法规的第四层次是民航规范性文件。民航规范性文件已明确不属于法律法规范畴之内，不向法庭提供，不具备法律效力。但其作为民航法律法规前三个层次的补充说明，与民航国家法律、行政法规和民航规章的规定保持一致，且更加细化。

规范性文件包括管理程序(AP)、咨询通告(AC)、管理文件(MD)、工作手册(WM)和信息通告(IB)等。

管理程序(Aliation Procedure，AP)，文件编号通常以 AP 开头，是指有关民用航空规章的实施办法或具体管理程序，是民航行政机关工作人员从事管理工作和法人、其他经济组织或者个人从事民用航空活动应当遵守的行为规则。

咨询通告(Advisory Circular，AC)，主要是民航规章条文的具体阐述。

管理文件(Management Document，MD)，主要是民用航空管理工作的重要事项通知、决定或政策说明。

工作手册(Working Manual，WM)，主要是民航行政机关工作人员的规范和指导性文件。

信息通告(Information Blletin，IB)，主要是官方通报文件，内容包括民用航空活动中出现的新情况、民用航空技术上存在的信息问题等。

5.3　我国民用无人机法律法规

民用无人机作为民用航空器的一员，民航法律法规均适用于民用无人机。但是民用无人机有别于其他航空器，专门针对民用无人机的法律法规也陆续出台。

5.3.1　无人机行政法规

专门针对无人机的行政法规目前只有一个文件：《无人驾驶航空器飞行管理暂行条例(征求意见稿)》(以下简称《暂行条例》)。

《暂行条例》由国家空管委(国务院、中央军委空中交通管制委员会)组织起草，于 2018 年初面向社会公开征求意见，是我国无人机法律法规零的突破。将对进一步规范无人驾驶航空器飞行以及相关活动，保障飞行管理工作顺利高效开展发挥积极的作用。

《暂行条例》共分为总则、无人机系统、无人机驾驶员、飞行空域、飞行运行、法律责任和附则 7 个部分。

1)《暂行条例》的法律定性

《暂行条例》涉及的不仅有民用无人驾驶航空器的飞行管理，还涉及国家无人驾驶航空器(含军用无人驾驶航空器的飞行管理)。同时，无人驾驶航空器的飞行空域也涉及民用航空用空域和军队、警察等国家航空用空域，同时还涉及国家安全和国防建设。因此，根据《中华人民共和国立法法》，应当由国务院和中央军委共同起草制定，在性质上属于行政法规。该行政法规在涉及地方管理无人驾驶航空器飞行活动时，国务院民航管理部门和地方管理部门应当遵守；在涉及军队管理无人驾驶航空器飞行活动时，军队管理部门也应当遵守。

2)《暂行条例》与《民用航空法》的关系

根据《中华人民共和国立法法》，法律的效力高于行政法规。《民用航空法》是全国人大常委会制定的法律，其效力高于作为行政法规的《暂行条例》。因此，《暂行条例》与《民用航空法》不一致的规定，应当认定为无效。但是，这样做显然就与无人驾驶航空器飞行管理作出特殊规定的初衷不一致。因此，就必须先修改《民用航空法》，至少在其中增加一条，授权国务院和中央军委针对无人驾驶航空器作出特殊规定。

3)《暂行条例》与平行法规《飞行基本规则》《通用航空飞行管制条例》《国务院关于通用航空管理的暂行规定》的关系

从位阶上来看，将来通过的《暂行条例》与《飞行基本规则》都属于行政法规，具有相同的法律位阶。但是，《暂行条例》是对于无人驾驶航空器的飞行的特殊管理规则，而《飞行基本规则》是航空器飞行的基本规则，二者又同属一个部门所制定。故此，根据《中华人民共和国立法法》，暂行规定《暂行条例》属于《飞行基本规则》的特别法。根据特别法优先及后法优先适用原则，在暂行规定通过以后，其与《飞行基本规则》不一致的地方，适用《暂行条例》。

此外，《通用航空飞行管制条例》《国务院关于通用航空管理的暂行规定》主要规范通用航空活动，而无人驾驶航空器作为民用航空活动，属于我国现行立法所定义的通用航空活动。因此，《暂行条例》中有关民用无人驾驶航空器飞行活动的规定是《通用航空飞行管制条例》《国务院关于通用航空管理的暂行规定》等，同时《暂行条例》在颁布后属于新的法规。故此，在与《通用航空飞行管制条例》《国务院关于通用航空管理的暂行规定》存在冲突时，应当按照特别法优于一般法、新法优于旧法的原则适用《暂行条例》。

4)《暂行条例》与地方性法规和规章的关系

根据《中华人民共和国立法法》，行政法规的效力高于地方性法规、规章。这就意味着，无论《暂行条例》生效(假设其可以通过并生效)之前还是之后，各地方人大及其常委会或地方政府制定的关于无人驾驶航空器管理的规定，无论是地方性法规还是规章，都应当符合《暂行条例》。地方性法规和规章只能就执行《暂行条例》的需要制定新的规定，而不能有任何违背。当然，存在的例外是，经济特区法规、民族自治地方制定的自治条例和单行条例如有必要，可以对暂行规定作变通规定，但仅限于该区域内适用变通规定。

5.3.2　无人机规范性文件

1)无人机管理程序(AP)

无人机管理程序(AP)目前只有一个文件:《民用无人驾驶航空器实名制登记管理规定》(AP-45-AA-2017-03)。

《民用无人驾驶航空器实名制登记管理规定》由中国民用航空局航空器适航审定局于2017年5月16日颁布并生效，主要是为了加强民用无人驾驶航空器(简称民用无人机)的管理，对民用无人机拥有者实施实名制登记。要求自2017年6月1日起，民用无人机的拥有者必须按照本管理规定的要求进行实名登记。2017年8月31日后，民用无人机拥有者，如果未按照本管理规定实施实名登记和粘贴登记标志的，其行为将被视为违反法规的非法行为，其无人机的使用将受影响，监管主管部门将按照相关规定进行处罚。

《民用无人驾驶航空器实名制登记管理规定》共分为总则、职责、民用无人机实名登记要求和附则等四部分。

2)无人机咨询通告(AC)

无人机咨询通告(AC)目前主要有三个文件，分别如下。

(1)《民用无人驾驶航空器系统驾驶员管理暂行规定》(AC-61-FS-2013-20)。

该咨询通告文件由中国民用航空局飞行标准司于2013年11月18日颁布，主要是为了加强对民用无人机驾驶人员的规范管理，促进民用无人机产业的健康发展。

该文件现已废止，被中国民用航空局飞行标准司于2016年7月11日下发的咨询通告《民用无人机驾驶员管理规定》(AC-61-FS-2016-20-R1)所替代。

(2)《轻小无人机运行规定(试行)》(AC-91-FS-2015-31)。

该咨询通告文件由中国民用航空局飞行标准司于2015年12月29日下发并生效，主要是为了规范民用无人机，特别是低空、慢速、微轻小型无人机的运行。

该文件内容在中国民用航空局飞行标准司于2016年7月11日下发的咨询通告《民用无人机驾驶员管理规定》(AC-61-FS-2016-20-R1)中进行了进一步的修正和完善。

(3)《民用无人机驾驶员管理规定》(AC-61-FS-2016-20-R1)。

该咨询通告文件由中国民用航空局飞行标准司于2016年7月11日下发，主要是为了进一步加强对民用无人机驾驶员的规范管理，完善我国民用无人机驾驶员监督体系，促进民用无人机产业的健康发展。

《民用无人机驾驶员管理规定(暂行)》共分为目的、适用范围、法律解释、定义、管理机构、行业协会对无人机系统驾驶员的管理、局方对无人机系统驾驶员的管理、修订说明和咨询通告施行9个部分。

3)无人机管理文件(MD)

无人机管理文件(MD)目前主要有以下3个文件。

(1)《民用无人机空中交通管理办法》(MD-TM-2009-002)。

该管理文件由中国民用航空局空中交通管理局、中国民用航空局空管行业管理办公室于2009年6月26日下发，主要是为了加强对民用无人机飞行活动的管理，规范其空中交通管理办法，保证民用航空活动的安全。

该文件现已废止，被中国民用航空局空管行业管理办公室于2016年9月21日下发的管理文件《民用无人驾驶航空器系统空中交通管理办法》(MD-TM-2016-004)所替代。

(2)《民用无人驾驶航空器系统空中交通管理办法》(MD-TM-2016-004)。

《民用无人驾驶航空器系统空中交通管理办法》由中国民用航空局空管行业管理办公室于2016年9月21日下发并施行，主要是为了加强对民用无人驾驶航空器飞行活动的管理，规范其空中交通管理工作。

《民用无人驾驶航空器系统空中交通管理办法》共分为总则、评估管理、空中交通服务、无线电管理和附则5个部分。

(3)《民用无人驾驶航空器经营性飞行活动管理办法(暂行)》(MD-TR-2018-01)。

该管理文件由中国民用航空局运输司于2018年3月21日下发，于2018年6月1日起生效，主要是为了规范使用民用无人驾驶航空器从事经营性飞行活动，加强市场监管，促进无人驾驶航空器产业安全、有序、健康发展。

《民用无人驾驶航空器经营性飞行活动管理办法(暂行)》共分为总则、许可证申请条件及程序、监督管理3个部分。

5.3.3 无人机航空摄影空域申请

1)无人机相关的管理规定

近年来民航管理部门发布了很多无人机相关的管理规定，例如《民用无人驾驶航空器系统驾驶员管理暂行规定》《民用无人驾驶航空器系统空中交通管理办法》《民用无人驾驶航空器实名制登记管理规定》等，要认真学习这些管理规定。

2) 空域申请相关材料

首先，我国所有空域都是由人民解放军空军负责实施管理，而为了保证民用航空空域使用，空军将民航机场本场空区域和民航航路航线划归民航负责，但是空军仍然拥有最高的使用权。从目前无人机飞行空域使用申请来看，无人机飞行任务申请函一般要提交到管理所在地飞行活动空域的战区空军航管处。

无人机提交空域使用申请需要的材料主要有：

(1) 飞行计划申请函(为申请单位正式函件，内容包括：任务描述、执行飞行单位、无人机型号、任务性质、飞行区域、飞行高度、起降点、空域使用日期、安全责任、相关承诺以及联系方式)；

(2) 飞行任务来源(飞行任务)；

(3) 飞行执行单位的情况(公司介绍、业务范围、资质证明等)；

(4) 操作人员信息(无人机驾驶员合格证)；

(5) 无人机信息(包括实名登记资料、参数性能、实体机照片、控制方式等)；

(6) 无人机保险以及任务相关材料。

无人机作为“低、慢、小”目标的管理重点，因近年来频繁发生无人机干扰民航飞行安全事件，各地在对无人机管理上也不尽相同。不管开展的是哪种性质的无人机飞行活动，目前在没有正式法规明确前无人机的飞行还是先要取得合法的飞行空域，否则就可能成为“黑飞”，带来不可估量的损失和后果。

思政点滴

依法飞行，禁止“黑飞”

“黑飞”是指一些没有取得私人飞行驾照或者无人机没有取得合法身份的飞行，也就是未经登记的飞行，这种飞行有一定危险性。

典型案例1：唐山无人机测绘“黑飞”案

2018年2月7日下午，郭某等4人，操纵油电混合动力无人机在河北省某地区上空约1000m高度，对矿区进行航空测绘。这4人不但都不具备操纵无人机资质，更严重的是没有申请空域。无人机起飞不久，中部战区及战区空军有关部门迅速通过技术手段掌握了所在空域的异常情况。这次违规飞行，扰乱了空中管理秩序，影响了民航安全飞行，干扰了部队正常的空中训练，占用了军队的战备资源，耗费了大量的人力、物力，给首都空防安全带来严重现实威胁。

2018年9月，4名被告人涉嫌过失以危险方法危害公共安全罪，被当地人民法院提起公诉。法院经审理认为，被告人郭某等4人的行为违反了航空管理法规，放飞无人机前未向相关部门做出飞行申请，扰乱了空中管制秩序，造成严重后果，危害了公共安全，已构成过失以危险方法危害公共安全罪。因其认罪态度较好，积极赔偿民航经济损失，4名被告人均被判处有期徒刑1年，缓刑1年。

典型案例2：无人机扰航事件频发

2017年4月26日下午6时许，成都双流机场发生无人机扰航事件，共造成22架航班备降。

2017年5月1日16时许，昆明市长水国际机场北端受到无人机扰航影响，导致至少8个航班备降。

2018年12月19日，伦敦枢纽盖威克机场遭受无人机入侵，整个机场瘫痪18小时以上，机场跑道全线关闭，760个航班共12万名乘客受到影响。

按照我国民用机场管理条例的规定，机场每条跑道中心线两侧各10km、跑道端外20km的区域为飞行管制区域，也就是“净空区”。在净空区，禁止施放无人机、风筝、孔明灯等飞行物，一旦被抓获，按照《民用机场管理条例》，将被处以2万元以上10万元以下的罚款，而如果施放的飞行器影响到航班安全或者造成重大安全事故，最高量刑可到死刑。

典型案例3：各地对无人机“黑飞”实施罚款

2021年4月21日，浙江杭州，有人在机场附近的禁飞区域操控无人机。经查，该无人机系某广告公司在拍摄广告时放飞。最终警方依法对该广告公司罚款20000元。

2020年4月9日，长沙市某传媒公司3人在拍摄宣传片过程中，在军用机场净空保护区范围放飞无人机。长沙市公安机关以扰乱公共场所秩序分别对 3 人作出罚款 200 元的处罚。

2020 年 5 月 4 日，深圳两名无人机爱好者在大剧院分别操作一部无人机，飞行高度分别为 320m 及 500m，已经超出了管理规定的上限高度，同时两名无人机操纵员没有无人机驾驶证，飞行前也没有航空部门的批准。二人被处以 1000 元人民币的行政处罚。

典型案例 4：无人机伤人事件触目惊心

2021 年 2 月 27 日，上饶市某广场，一操作员违反相关规定，在人口密集的广场人群上空飞行无人机，无人机在降落过程中割伤一名 5 岁幼童右脸颊，已经构成了二级伤残。

2020 年 11 月，宝应县某地农田里一位劳作的老奶奶突然“祸从天降”，被一架无人机撞伤，导致颅骨粉碎性骨折、颅内出血，伤势非常严重。

2018 年 9 月，浙江金华一位女士下班骑电瓶车回家路途中，突然被悬停在离地 1m 的无人机撞伤，伤势严重。

2018 年 3 月，外媒报道称在我国台湾日月潭景区发生无人机坠机伤人事件，受害者当场昏迷。

2017 年 9 月，湖北仙桃就发生过一起无人机电池自燃引起的火灾，房子被烧，人身及财产受到巨大的损害。

杜绝无人机“黑飞”现象，既需要政府完善相关法律法规，加大行政监管力度，更需要无人机使用者增强法律意识，遵守法律法规，时刻把飞行安全放在第一位。

新时代大学生，做遵纪守法的模范，依法飞行，杜绝“黑飞”。

资料来源：新华网、上观新闻网、搜狐网、今日头条。

作业习题

一、选择题

1. 国际民航组织的英文简称是________。

A. ICAO　　B. CAAC　　C. AOPA

2. 中国民用航空局发展主要历经________。

A. 三个阶段　　B. 四个阶段　　C. 五个阶段

3. 中国民航法律法规体系包括________。

A. 国家法律、行政法规、民航规章和规范性文件

B. 国家法律、行政法规和民航规章

C. 国家法律、行政法规和规范性文件

4. 由中国民用航空局通过，中国民用航空局局长以民航局令的形式颁布的是________。

A. 行政法规　　B. 民航规章　　C. 规范性文件

5. 民航________由国务院总理签署国务院令或授权中国民用航空局颁布。

A. 国家法律　　B. 民航规章　　C. 行政法规

6. 下列不属于中国民航行政法规的是________。

A.《中华人民共和国民用航空器适航管理条例》

B.《中华人民共和国飞行基本规则》

C.《中华人民共和国民用航空法》

7. 下列不属于民航规范性文件的是________。

A. 管理手册　　B. 管理程序　　C. 咨询通告

8. 关于我国民用无人机法律法规，下列说法正确的是________。

A. 民航法律法规均适用于民用无人机

B. 民航法律法规部分适用于民用无人机

C. 民航法律法规均不适用于民用无人机

9. 不属于法律法规范畴之内，不向法庭提供，不具备法律效力是________。

A. 民航规章　　B. 民航行政法规　　C. 民航规范性文件

10. 下列属于民用无人机行政法规的是________。

A.《民用无人驾驶航空器实名制登记管理规定》

B.《无人驾驶航空器飞行管理暂行条例(征求意见稿)》

C.《民用无人机空中交通管理办法》

二、简答题

1. 中国民航法律体系包括哪四个层次？

2. 无人机“黑飞”是什么意思？

(选择题答案：A B A B C C A A C B)

模块6

无人机摄影测量概述

思维导图

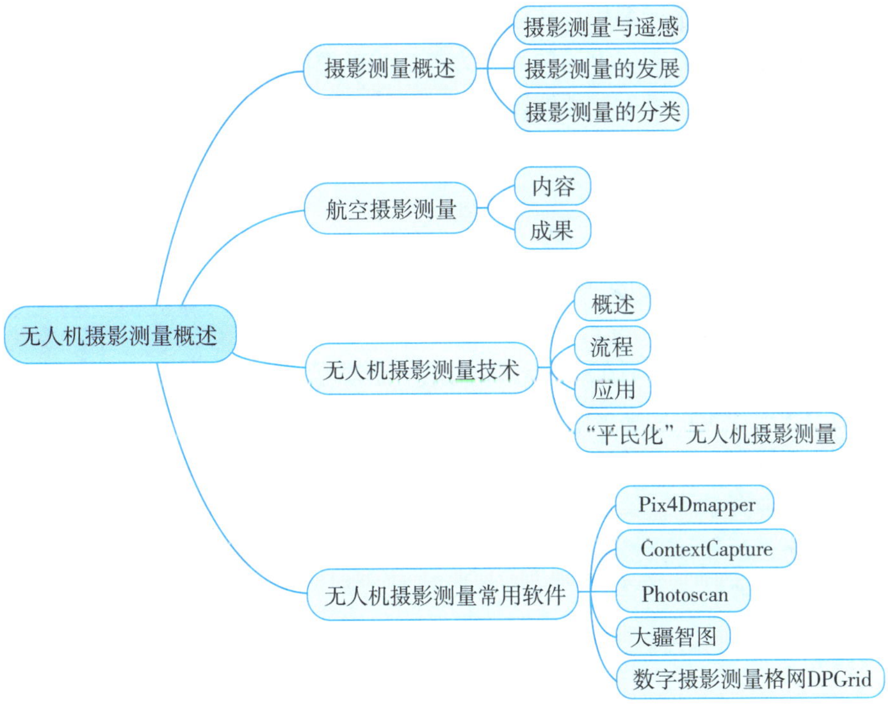

6.1 摄影测量概述

6.1.1 摄影测量与遥感定义

国际摄影测量与遥感协会(International Society for Photogrammetry and Remote Sensing,

ISPRS）1988年对“摄影测量与遥感”给出的定义是：“摄影测量与遥感是从非接触成像和其他传感器系统，通过记录、量测、分析与表达等处理，获取地球以及环境和其他物体可靠信息的工艺、科学与技术。其中，摄影测量侧重于提取几何信息，遥感侧重于提取物理信息。也就是说，摄影测量是利用非接触成像系统，通过记录、量测、分析与表达等处理，获取地球及其环境和其他物体的几何、属性等可靠信息的工艺、科学与技术。”

摄影测量与遥感学是研究利用摄影或遥感的手段获取目标物的影像数据，从中提取几何或物理的信息，并用图形、图像和数字形式表达的学科。其中，摄影测量主要包含的内容有：

（1）选择能够满足任务要求的设备获取目标物的影像；

（2）对所摄影像进行分析处理的理论、方法、设备和技术；

（3）将所测得的成果用图形、图像或数字等形式表示。

由于现代航天、电子计算机、传感器技术与制造能力的高速发展，遥感技术可以提供比以往传统的光学摄影所获得的像片更为丰富的影像信息资源（可见光以外的其他多光谱信息，如近紫外波段、反射红外波段、近红外波段、热红外波段和微波等），因此人们在摄影测量学中引进了遥感技术，使摄影测量学的研究范畴进一步扩展，进而发展成为摄影测量与遥感学。

6.1.2 摄影测量的发展

从照片获取位置信息，看似简单，实则是一个非常复杂的过程。摄影测量技术从其理论产生起，到一步步走向实际应用，不断地吸收、融合人类社会每一次科技发展所带来的新理论、新成果，得以持续更新迭代，使得它在现如今“新时代、新测绘”和测绘技术平民化的新行业背景下，依旧能够保持着旺盛的生命力，应用于多个行业服务社会大众，为国家经济建设和社会发展作出了重要贡献。纵观摄影测量技术发展史，大致经历了以下三个发展阶段。

1）模拟摄影测量

模拟摄影测量，也就是采用光学或机械手段对摄影过程进行几何反转，从而实现对摄影过程的模拟，使两个投影器恢复摄影时的位置、姿态和相互关系，重新建立一个相对于实际观测对象按一定比例缩小的几何模型，在这个新建的模型上进行量测，就相当于间接对原对象进行量测。通过机械或齿轮传动方式将所得结果直接在绘图桌上绘制出来，最终得到实际观测对象的地形图或各种专题图。

由于航空摄影比地面摄影在视场、拍摄角度等方面均有着得天独厚的优势，使得航空摄影测量成为20世纪以来大面积测制地形图最有效的快速方法。摄影测量技术在此期间有了较大的发展，尤其是从30年代到50年代末，各国主要测量仪器厂所研制和生产的各种类型模拟测图仪器，例如光学和机械投影仪器、简易型和精密型立体测图仪器等，都是完全针对航空地形摄影测量而设计生产的。该时期是模拟航空摄影测量的黄金时代，在我国，它一直延伸到 20 世纪 70 年代。

2）解析摄影测量

解析摄影测量，是指以电子计算机为主要手段，通过对摄影像片的量测和解析计算的方式来研究和确定被摄物体的形状、大小、位置、性质和相互关系，并提供各种摄影测量产品的技术。需要注意的是，这一时期，数码拍摄技术还没有真正出现，获得数字化图形的方法是在计算机辅助和计算机控制的摄影测量工作站上借助机助制图软件完成的，也可以直接在更高级的数据库系统下进行数据采集。对采集的数据一般要经过图形编辑工作站上的编辑加工和质量检查。

20 世纪 50 年代末，解析空中三角测量（精确测定点位的摄影测量方法）和解析测图仪与数控正射投影仪（利用数字投影方法进行量测、制图和制作正射像片）陆续出现。解析测图仪是世界上首先实现测量成果数字化的仪器。在机助测图软件控制下，将在立体模型上测得的结果首先存在计算机中，然后再传送到数控绘图机上绘出图件。这种以数字形式存储在计算机中的地图，构成测绘数据库和建立各种地理信息系统的基础。

解析空中三角测量是一种基于电子计算机数据处理，采用摄影测量方法快速、大面积地精确测定点位的方法，这项技术经历了航带法、独立模型法和光束法三个发展阶段，解决了像片系统误差的补偿和观测值粗差的自动检测，从而保证了成果的高精度和高可靠性。

解析摄影测量的发展，使得非地形摄影测量不再受模拟测图仪的限制，从而被赋予了新的生命力。这时的摄影测量技术不仅广泛应用于建筑、交通、地质、矿业方面，还在考古、医学、生物、制造、材料、基础学科研究等领域得到推广。

3）数字摄影测量

数字摄影测量，是解析摄影测量的进一步发展，首先从摄影测量和遥感所获取的影像数据中，即数字影像或数字化影像，采集方式有两种：①直接用数字摄影机，如 CCD 阵列扫描仪或摄影机获取的影像称为数字影像；②用各种数字化扫描仪对已得到的光学影像进行扫描，称为数字化影像。其次，通过计算机视觉代替人眼的立体量测与识别，完成影像的分析、处理与匹配，研究目标的几何和物理特性，自动确定所摄物体的三维坐标，最终获取各种形式的数字产品和目视化产品。

数字产品包括数字地图、数字高程模型、数字正射影像图、测量数据库、地理信息系统和土地信息系统等。可视化产品包括地形图、专题图、纵横剖面图、透视图、正射影像图、电子地图、动画地图等。

对数字影像或数字化影像在计算机中进行全自动化数字处理的方法又称为“全数字化

摄影测量”，它包括自动影像匹配与定位、自动影像判读两部分。这种技术的关键在于使用计算机视觉方法来代替人眼观测立体的过程，并能够代替人眼进行识别和区分目标，属于一项高科技研究领域，目前还在不断地研究与进步当中。因此，整个过程的部分工作仍需要技术人员采取人工干预，保证结果精度，但人工操作设备的结构较原先的测图仪已大为简化。

综上所述，摄影测量经历了模拟法、解析法和数字化三个发展阶段，尤其是当下这个“软件日益吞噬硬件”的时代，正在不断发展和完善的数字摄影测量，其技术手段相较于传统摄影测量发生了明显的变化：处理的对象不再局限于航空摄影像片，还可以是更为多样的航空、航天遥感数字影像，并以计算机视觉代替人眼立体观测，从而对专业设备的依赖大大减少，甚至主要设备只是高性能个人计算机及其集群(表 6.1)。

表 6.1　　摄影测量三个发展阶段技术特点一览表

发展阶段	原始资料	投影方式	仪器	操作方式	产品
模拟摄影测量	像片	物理投影	模拟测图仪	人工	模拟产品
解析摄影测量	像片	数字投影	解析测图仪	机助人工	模拟产品 数字产品
数字摄影测量	像片 数字化影像 数字影像	数字投影	计算机	自动化 + 少量人工干预	模拟产品 数字产品

6.1.3　摄影测量的分类

(1)按距离远近，可将摄影测量分为航天摄影测量、航空摄影测量、地面摄影测量、近景摄影测量和显微摄影测量；

(2)按用途可分为地形摄影测量和非地形摄影测量；

(3)按处理手段可分为模拟摄影测量、解析摄影测量和数字摄影测量；

(4)根据摄影机搭载平台工作位置的不同还可以分为航天摄影测量、航空摄影测量、地面摄影测量和水下摄影测量。

6.2　航空摄影测量主要工作及成果

航空摄影测量是根据在航空飞行器上拍摄的像片，获取地面信息，用以测绘地形图的技术。主要用于测绘 1∶1000~1∶100000 各类比例尺的地形图。如使用无人机作为飞行平台，还可测绘 1：500 比例尺的地形图。

6.2.1　航空摄影测量内容

航空摄影测量工作的内容主要分为航测外业与内业两个部分。

1）航空摄影测量外业

航空摄影测量外业主要包括像片控制测量和像片调绘两大项内容。它是为了保证航测内业加密或测图的需要而在野外实地进行的航测工作。

2）航空摄影测量内业

航空摄影测量内业是指在室内依据摄影测量原理与方法，利用数字摄影测量系统，对航测外业成果进行内业数据处理，生产摄影测量“4D”产品。航测内业主要包括空三加密（即电算加密，或称解析空中三角测量）、像片纠正和立体测图三大项工作。

6.2.2　航空摄影测量成果

航空摄影测量可以根据甲方（客户及用图单位）所提出的要求生产出多种测绘产品。以常见的“4D”产品为代表，有 DEM（数字高程模型）、DOM（数字正射影像图）、DLG（数字线划地图）、DRG（数字栅格地图），另外，还有 DTM（数字地形模型）、DSM（数字地表模型）、立体景观图、立体透视图、各种工程设计所需的三维信息及各种信息系统和数据库所需的空间信息等测绘产品。

1）数字高程模型 DEM

DEM（Digital Elevation Model）是一定范围内规则格网点的平面坐标（X，Y）及其高程（Z）的数据集，它主要是描述区域地貌形态的空间分布，是通过等高线或相似立体模型进行数据采集（包括采样和量测），然后进行数据内插而形成的，如图 6-1 所示。

DEM 是对地貌形态的虚拟表示，可派生出等高线、坡度图等信息，也可与 DOM 或其他专题数据叠加，用于与地形相关的分析应用，同时它本身还是制作 DOM 的基础数据。

2）数字正射影像图 DOM

DOM（Digital Orthophoto Map）是对航空（或航天）相片进行数字微分纠正和镶嵌，按一定图幅范围裁剪生成的数字正射影像集，同时具有地图几何精度和影像特征，如图 6-2 所示。

图 6-1　DEM 数字高程模型

图 6-2　DOM 数字正射影像图

DOM 具有精度高、信息丰富、直观逼真、获取快捷等优点，可作为地图分析背景控制信息，也可从中提取自然资源和社会经济发展的历史信息或最新信息，为防治灾害和公共设施建设规划等应用提供可靠依据；还可从中提取和派生新的信息，实现地图的修测更新。用 DOM 还可评价其他数据的精度、现实性和完整性，且效果都很优良。

3）数字线划地图 DLG

DLG（Digital Line Graph）是与现有线划基本一致的各地图要素的矢量数据集，且保存各要素间的空间关系和相关的属性信息。在数字测图中，最常见的产品就是数字线划图，外业测绘最终成果一般就是 DLG，如图 6-3 所示。

该产品较全面地描述地表现象，目视效果与同比例尺一致，但色彩更为丰富。本产品满足各种空间分析要求，可随机地进行数据选取和显示，与其他信息叠加，可进行空间分析、决策。其中部分地形核心要素可作为数字正射影像地形图中的线划地形要素。

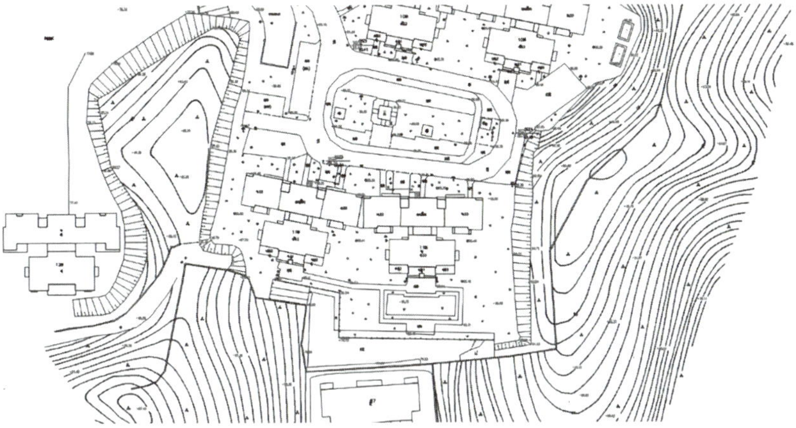

图 6-3　DLG 数字线划地图

4）数字栅格地图 DRG

DRG（Digital Raster Graph）是根据现有纸质、胶片等地形图经扫描和几何纠正及色彩校正后，形成在内容、几何精度和色彩上与地形图保持一致的栅格数据集，如图 6-4 所示。

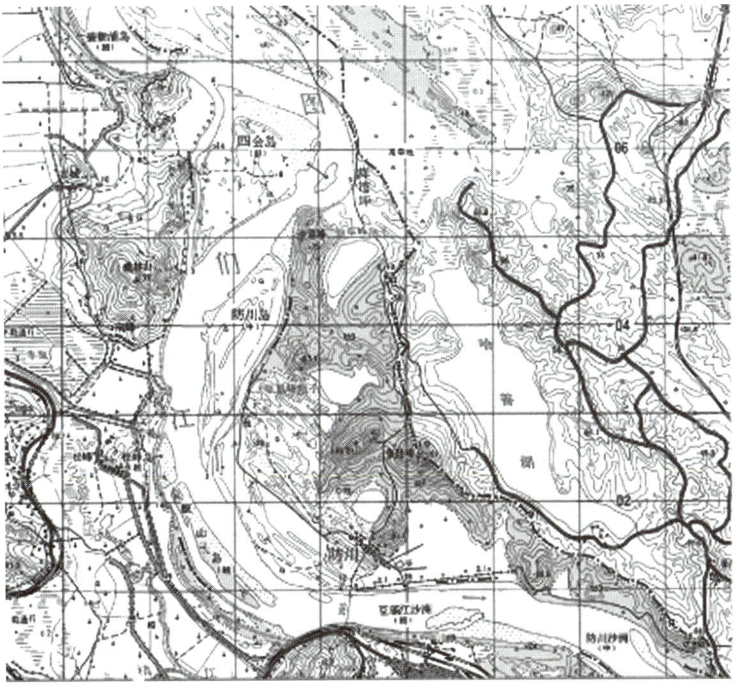

图 6-4　DRG 数字栅格地图

数字栅格地图(DRG)产品是模拟产品向数字产品过渡的产品，可作为背景参照图像与其他空间信息做相关参考与分析。可用于数字线划地图的数据采集、评价和更新，还可与数字正射影像图、数字高程模型等数据集成，派生出新的信息，制作新的地图。

6.3 无人机摄影测量技术

6.3.1 无人机摄影测量概述

在当前市场需求多元化的发展趋势下，受空域管制、天气变化、使用成本等主要因素的影响，以有人机为任务平台的传统航空摄影测量在面对用户提出的大比例尺、高分辨率的航空遥感影像需求，尤其是在面对测区面积小、成图周期短、实时性要求高的测绘项目时，愈加凸显出局限性。无人机与数码相机技术的发展打破了这一局限，无人机与航空摄影测量相结合使得无人机摄影测量技术成为传统航空摄影测量手段的有力补充。

自从大疆科技无人机火爆以来，2014 年起各路资本纷纷进入无人机领域，仅国内从事无人机行业的企事业单位就超过 200 家，在短短半年的时间里，无人机从“蓝海”变成了“红海”。与此同时，无人机需求也迅速增长，预计我国军用和民用无人机年营收将由 2013 年的约 37.63 亿元增至 2022 年的约 138.39 亿元，需求总额将超过 813.38 亿元，年均复合增长达 15.57%，无人机未来发展前景向好。

无人机具有机动灵活、高效快速、起降要求低、精细准确、作业成本低、适用范围广、生产周期短等特点，在小区域和飞行困难地区做高分辨率影像快速获取具有明显优势。随着无人机与数码相机技术的发展，基于无人机平台的数字航摄技术已显示出其独特的优势，无人机与航空摄影测量相结合使得“无人机数字低空遥感”成为航空遥感领域的一个崭新发展方向。

无人机摄影测量技术(无人机航测)以获取高分辨率数字影像为应用目标，以无人驾驶飞机为飞行平台，无需专用起降场地，以高分辨率数码相机为传感器，通过 3S 技术在系统中集成应用，最终获取小面积、真彩色、大比例尺、现势性强的航测遥感数据，如图 6-5 所示；主要用于基础地理数据的快速获取和处理，为制作正射影像、地面三维模型和基于影像的区域测绘提供最简洁、最可靠、最直观的应用数据。无人机航测可广泛应用于国家重大工程建设、灾害应急与处理、国土监察、资源开发、新农村和小城镇建设等方面，尤其在基础测绘、土地资源调查监测、土地利用动态监测、数字城市建设和应急救灾测绘数据获取等方面具有广阔前景。

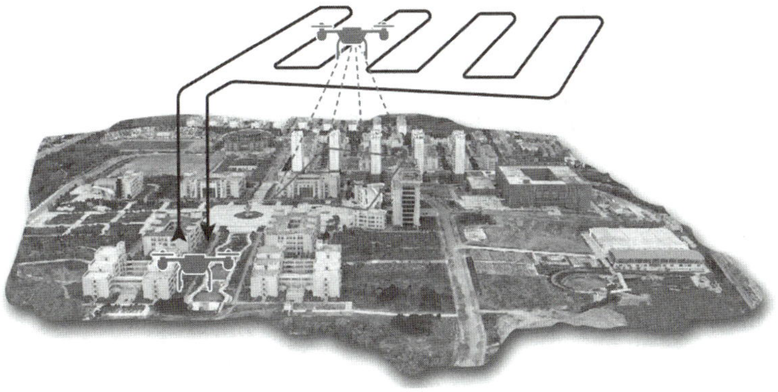

图 6-5　“小、灵、快”的无人机在小测区项目中的应用

6.3.2　无人机摄影测量流程

目前无人机摄影测量工作的基本工作流程如图 6-6 所示。

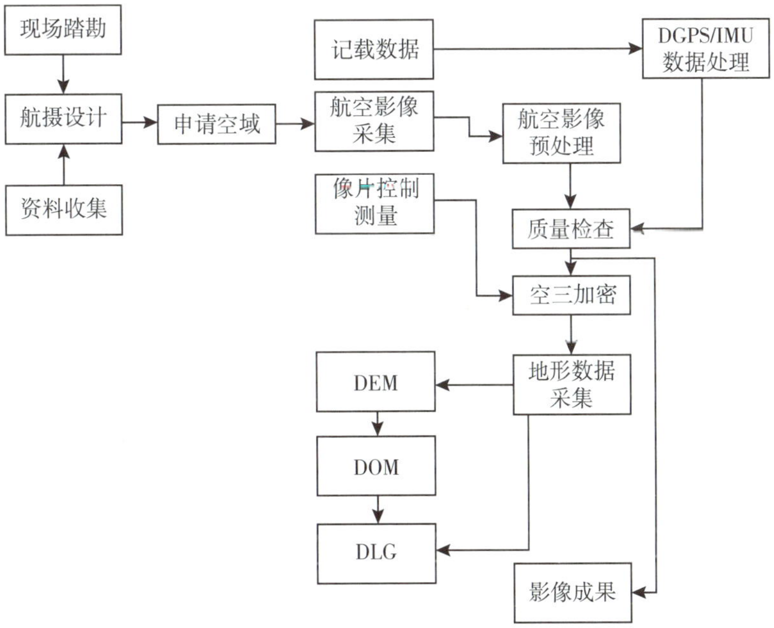

图 6-6　无人机摄影测量工作的基本工作流程

1) 前期准备

在项目合同签订后，应充分了解用户提出的具体需求，完成技术交底。做好现场踏

勘，了解当地的人文地理环境、气候特征、交通情况、地质地貌特点等；与用户进行技术上的沟通，并收集已有成果，为项目实施提供完整资料。

航摄设计应对测区概况、摄影机选型、摄影比例尺和航高、起降位置、任务日期和时间等内容做详细合理的计划安排。同时，为保证飞行安全，在执行航摄任务前，必须按照相关规定向航空管理部门申请测区空域飞行许可，申请通过后，必须严格按照飞行计划执行航摄任务。

2）外业实施

按照任务设计要求设置无人机及机载设备参数，在执行航摄任务前应对无人机进行严格的测试，在确认所有检查项目通过后，方可起飞。

做好像片控制测量工作，像控点是建立立体模型的基础，像片控制测量是内业采集的重要依据。检查员应认真检查像控点的选刺质量、整饰质量、记录质量、文字说明是否清楚、各项限差是否超限等。目前采用的测量方法主要有 GNSS 快速静态定位法、RTK 实时动态定位测量、光电测距导线等方法。

3）内业数据处理

内业数据处理主要包括影像数据预处理、质量检查、空三加密、DOM 制作、影像纠正、影像分幅、地形数据采集等工作。其中，空三加密也称为空中三角测量，就是在已有外业控制点的基础上，为满足内业测图的需要而进行的室内增测平面和高程控制点的工作，作用是为纠正和测图提供定向点或注记点，提供作业时所需要的立体模型。加密结束后，采集人员再调出立体模型进行全要素采集，生成数字化原图。立体测图主要有两种办法，一种是全野外像片调绘后测图的方法；另一种是根据模型全要素采集后，利用采集原图在外业对照、补测、补调的方法。

4）成果提交

按照技术要求对最终产品进行数据加工、转换后入库存盘，提交用户进行检查验收，再根据用户在验收中提出的问题及处理意见对数据进行修改，完毕后再提交最终的合格产品。

6.3.3 无人机摄影测量应用

目前，无人机摄影测量技术除了在建设工程项目上得到大量使用，还在多个行业推广使用，如以下几个方面。

（1）自然资源确权与调查。如对河流、森林、山岭、草原、荒地、滩涂、海域、无居民海岛及探明储量的矿产资源等自然资源的坐落、空间范围、面积、类型以及数量、质量等自然状况进行数据采集。

(2) 国土空间规划。如服务于集成基础地理、现状、规划等各类数据，提供包括数据处理、资源浏览、专题图制作、对比分析、查询统计、成果共享等功能。

(3) 基础设施工程勘察。如在电力选线、公路选线、铁路选线等项目中，利用无人机测绘获取的多种成果，根据路线基本走向和技术标准，结合地形、地质条件、施工条件和风险规避等因素，通过全面比较，确定最终路线方案。

(4) 环境监测。无人机灵活机动，具有快速反应能力，非常适用于河道排污监测、海洋监测、溢油监测、水质监测、湿地监测、固体污染物监测、海岸带监测、植被生态监测等，如图 6-7 所示。

图 6-7　无人机测绘在河流污染监测中的应用

(5) 应急救灾。无人机能够低风险、低成本地完成对山体滑坡、泥石流、堰塞湖、地震等地质灾害的现场实时勘测任务，如图 6-8 所示。

(6) 农林业保护。如对土地纹理、作物分类、植被健康/病虫害、水产养殖、森林覆盖率、森林火灾等进行数据采集与监控。

6.3.4　“平民化”无人机摄影测量

得益于我国经济建设的持续发展，在 5G、云计算、人工智能等新技术相互融合的技术背景下，测绘地理信息产品已成为许多政府部门、企业、组织业务运行的数据基础；市场对测绘产品需求量越来越大，对测绘服务的要求也越来越高，用户对测绘数据的需求正在从多尺度的数据库向非尺度地理实体全息数据库转变。

图 6-8　无人机对堰塞湖快速现场勘测

随着无人机技术的逐步成熟，民用无人机在日常生活中得到广泛的应用。对于预算有限的微小企业，甚至是个人来说，拥有一架能够完成航摄工作的飞行器，不再是遥不可及的梦想。结合当前计算机技术、传感器技术、数字摄影测量技术的发展，更加自动化、智能化的航测软件和图形工作站取代了以往笨重复杂、操作繁琐的测图专用设备，大大简化了内业处理过程。这些新技术、新产品促使航测技术因势而变，“平民化”无人机航测因时而生，航测技术学习门槛进一步降低，只需一架无人机，一台笔记本电脑，配合相应的软件，如图 6-9 所示，就可以开始操作，无人机航测不再仅仅是测绘相关从业人员必须掌握的专业技能，易学、易上手的特点使它同样适合电力、建筑、路桥、物流、农业、公安执法、森林防火等不同行业内，在工作中对快速精准获取地理信息数据有着迫切需求的工程技术人员学习。

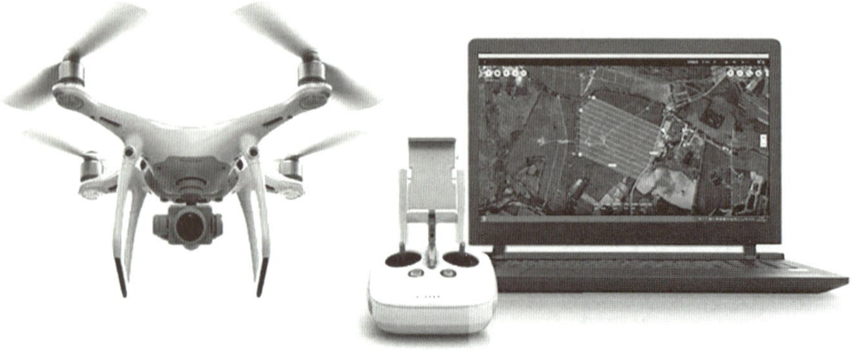

图 6-9　精灵 4RTK 测绘无人机系统

“平民化”无人机航测的推广，将会使大量原有的测绘数据消费者在掌握该技术后，同时也成为测绘数据的生产者，自己动手丰衣足食，大大提高了工作效率，节约了社会资源，增强了应用者的职业技能，有利于促进测绘手段和成果应用的进一步转型升级，更好地为国家建设服务。

6.4　无人机摄影测量常用软件

6.4.1　Pix4Dmapper

Pix4Dmapper 是瑞士 Pix4D 公司的全自动快速无人机数据处理软件，该软件是能够实现无人机自动航测功能的三维建模软件，软件集全自动、快速、专业精度的无人机数据和航空影像处理于一体，帮助用户实现云计算功能，快速地生成最精准的报告。软件还拥有自动正射影像的功能，从而能够自动进行三维建模，具有界面友好、操作易学、高度自动化处理的优点，操作界面如图 6-10 所示。

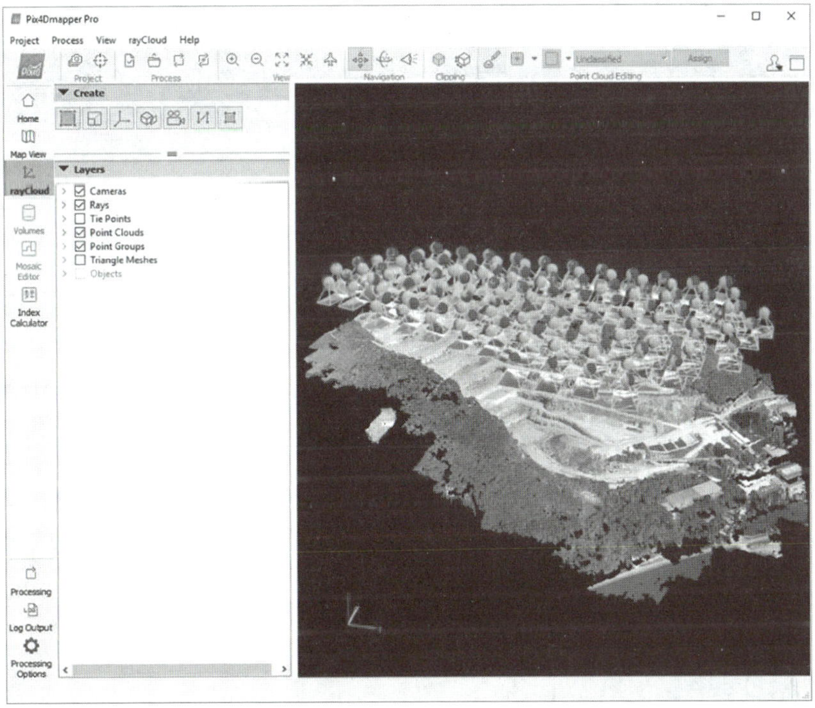

图 6-10　Pix4Dmapper 操作界面

6.4.2 ContextCapture

ContextCapture 是美国 Bentley 公司在其前身 Smart3D Capture 技术的基础上发展起来的一种新的软件解决方案，能实现从简单的照片到输出高分辨率的三维模型，无需任何人工干预。ContextCapture 通过先进的摄影测量、计算机视觉和计算几何算法实现高度自动化的影像处理和多类型的成果输出，这些算法在精度、可扩展性、效率、使用、健壮性和互操作性方面满足了工业质量的要求，操作界面如图 6-11 所示。

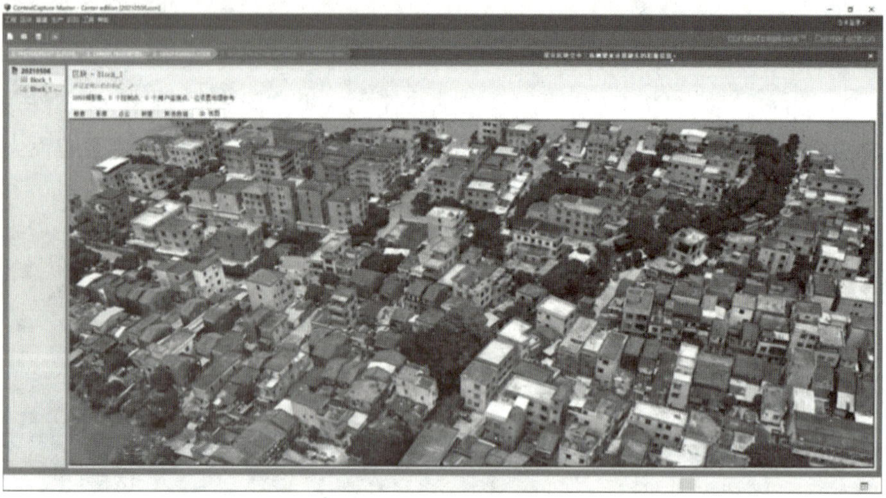

图 6-11　ContextCapture 操作界面

6.4.3 Photoscan

Photoscan 是 Agisoft 公司出品的一款根据数码照片，将 2D 图片转换为 3D 模型的三维重组软件。该软件最大的特色就是三维重组技术，无须设置任何初始值，用户只要将多张图片添加进去，软件便可以自动生成真实的三维坐标模型，将二维变为三维。另外，它还有精确的纹理网格模型重建功能，生成的真实的高分辨率的三维模型、加密点云和 DEM 可广泛用于展示及工程应用等，为用户的工程设计和工程操作施工带来非常大的帮助，操作界面如图 6-12 所示。

6.4.4 大疆智图

大疆智图是专为无人机航测应用领域设计的 PC 应用程序，可控制大疆飞行器(如精灵 4 系列）按照规划好的二维或三维航线自主执行航摄任务，还可进行二维地图重建、三维模型重建、农田规划等。大疆智图适用场景广泛，有助于提高农业植保、搜索救援、消防等领域任务的执行效率，操作界面如图 6-13 所示。

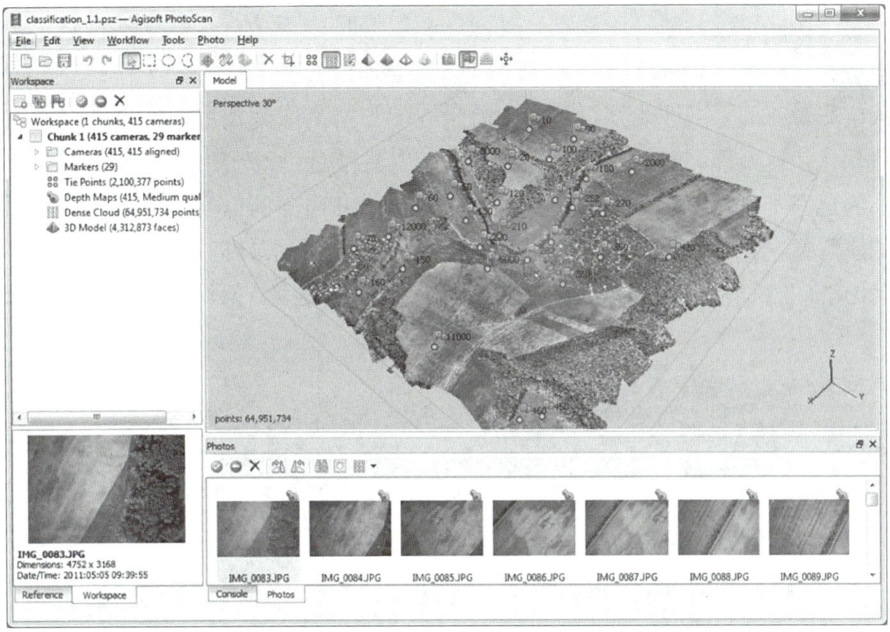

图 6-12　Photoscan 操作界面

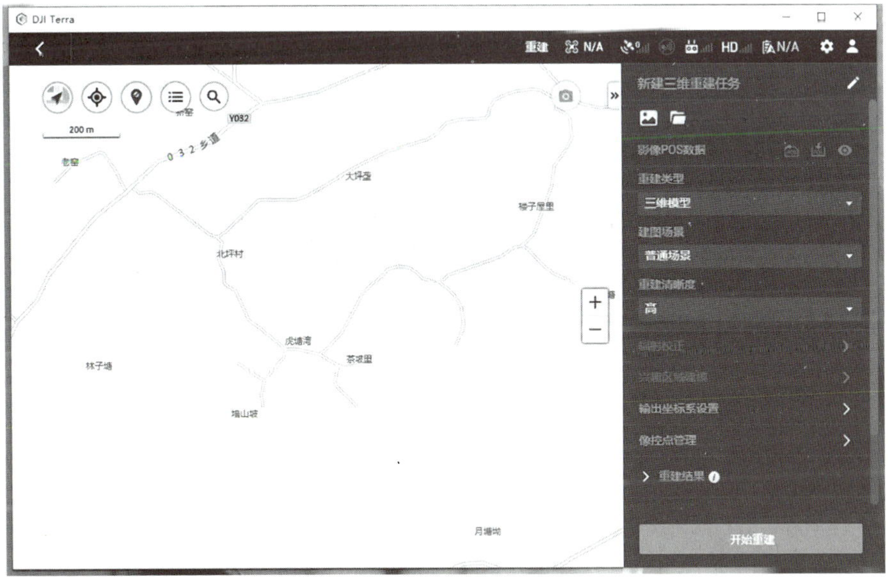

图 6-13　大疆智图操作界面

6.4.5 数字摄影测量格网 DPGrid

DPGrid(数字摄影测量格网)是由中国工程院院士张祖勋提出并指导研制的具有完全自主知识产权、国际首创的新一代航空航天数字摄影测量处理平台。该软件打破了传统的摄影测量流程，集生产、质量检查、管理于一体，合理地安排人、机的工作，充分应用当前先进的数字影像匹配、高性能并行计算、海量存储与网络通信技术，实现了航空航天遥感数据的自动化快速处理和空间信息的快速获取。其性能远远高于当前的数字摄影测量工作站，能够满足三维空间信息快速采集与更新的需要。DPGrid 的低空系统专门针对低空无人机航片的实际情况，能够处理飞行姿态与影像质量较差的无人机航片，实现了自动空三加密、自动 DEM 与正射影像自动生成，大大提高了自动化程度，操作界面如图 6-14 所示。

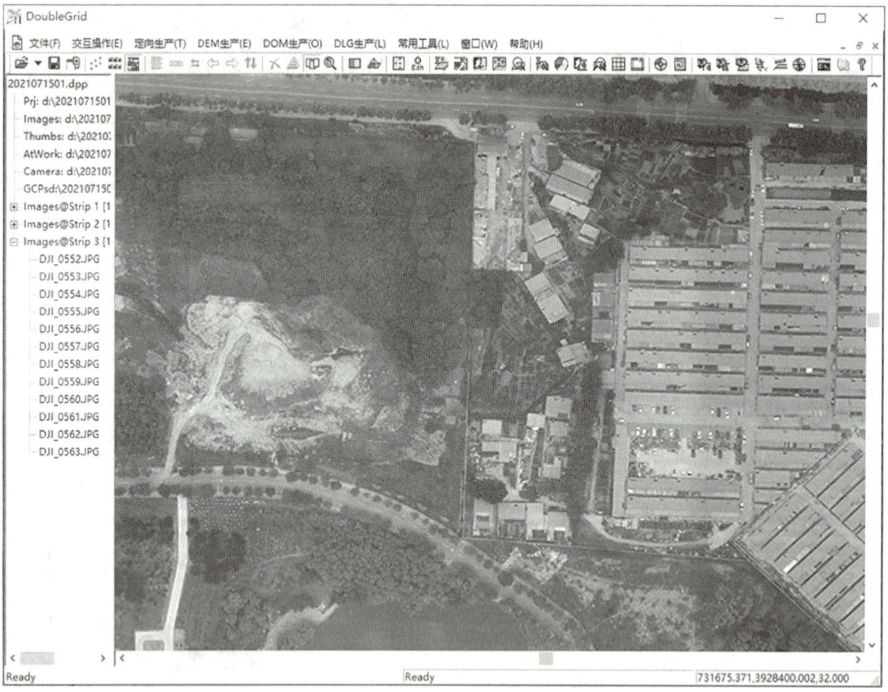

图 6-14 DPGrid 软件操作界面

思政点滴

平民化无人机测绘新技术让测绘高效快捷、 轻松和广泛应用

近年来，随着通信、飞控、传感、导航等各类软硬件技术的快速发展，无人机产业迎来了迅猛增长，行业应用也持续拓展和深化。在众多应用中，无人机在地理测绘领域的价值与表现无疑可圈可点。相关数据显示，截至 2019 年我国测绘无人机数量已超过 2000 架，行业从业人员接近 40 万，我国民用无人机产业规模已经突破 200 亿元。

1. 无人机测绘对比传统测绘

以某村镇乡村路周边绿化改造项目为例，项目道路全长约 2. 8km，道路周边以大面积田地、池塘、房屋为主，项目要求快速获取项目区域内道路周边 50m 内的地形地物，制作 1∶1000 比例尺地形图，供设计单位参考利用。将一个无人机测绘作业组与一个传统测绘作业组的作业效率进行对比分析，结果如表 6. 2 所示。

表 6. 2　　无人机作业与传统测绘作业效率对比分析

<table>
<tr><th colspan="3">无人机测绘</th><th colspan="3">传统测绘</th></tr>
<tr><th>作业内容</th><th>时间</th><th>备注</th><th>作业内容</th><th>时间</th><th>备注</th></tr>
<tr><td>测区实地踏勘</td><td>0. 5 天</td><td rowspan="7">主要作业内容为内业生产，大大减轻了外业劳动时间和强度</td><td rowspan="2">测区实地踏勘</td><td rowspan="2">0. 5 天</td><td rowspan="7">主要作业内容为外业测量工作，作业强度大，所需时间较长</td></tr>
<tr><td>测区航空摄影</td><td>0. 5 天</td></tr>
<tr><td>像控点测量</td><td>0. 5 天</td><td rowspan="2">外业测量</td><td rowspan="2">3~4 天</td></tr>
<tr><td>内业生产</td><td>1~2 天</td></tr>
<tr><td rowspan="2">成果检查</td><td rowspan="2">0. 5 天</td><td>内业成图</td><td>1~2 天</td></tr>
<tr><td>成果检查</td><td>0. 5 天</td></tr>
<tr><td>总计</td><td>3~4 天</td><td>总计</td><td>5~7 天</td></tr>
</table>

通过以上分析可知，对于测区形状特殊(如带状地形)、测区面积不大、作业时间较短的情况，测绘无人机由于作业便捷、成本低廉的特点，可以缩短作业时间，减轻外业作业强度，有效提高项目作业效率。

2. 固定翼无人机与多旋翼无人机在测绘上的应用

固定翼无人机的优势是速度快、续航时间长，所以适合较大面积测绘，包括正射影像和倾斜摄影。大型固定翼无人机可以做上百平方千米以上的测绘，不过需要跑道起降，对场地有一定的要求。小型固定翼无人机可以做几到几十平方千米的测绘，优势就是可以不需要跑道，弹射起飞，回收时采用伞降。

而多旋翼无人机优势是飞行稳定，可以悬停，速度可快可慢，而且在倾斜摄影时更方便采集各角度的图像，所以在小范围测绘或倾斜摄影方面比较合适。但电动旋翼无人机的通病就是续航时间短。

综合起来就是较大面积（几十平方千米以上）正射摄影时，基本上固定翼无人机最合适；中等面积（几平方千米）的正射摄影，用小型固定翼无人机稍微比多旋翼无人机合适，用体积稍大的多旋翼无人机也可以。目前，测绘行业更多使用固定翼无人机，大概70%的航测任务都是固定翼无人机完成的。但倾斜摄影还是可以考虑使用多旋翼无人机，尤其几平方千米的倾斜摄影要根据场景确定用哪种平台，小范围的倾斜摄影就适合应用多旋翼无人机。

3. 推动传统测绘智能升级

一直以来，测绘对于国家与行业的发展都非常重要，传统的测绘方式采用人工步行测绘地形，需要测绘人员克服地形、天气、环境等挑战，长年在野外奔波。这种测绘方式不仅强度大、时间长而且成本高、效率低，特别是有些区域步行无法达到，因此完全无法适应当代的测绘需求。

无人机航空摄影测量技术作为测绘行业的新宠，其应用和发展得到了行业的高度认可（图 6-15）。无人机航空摄影测量的发展，为提升国家应急测绘保障能力、完善地理信息数据采集体系、支持国家经济建设提供更强有力的支撑。

图 6-15　无人机倾斜摄影测量

无人机测绘新技术给测绘人员一个新的测绘技术平台，让测绘更加快捷、高效和轻松。

资料来源：智能制造网、搜狐网。

作业习题

一、选择题

1. ________侧重提取几何信息，________侧重提取物理信息。

A. 摄影测量、遥感　　B. 遥感、摄影测量　　C. 摄影测量、摄影测量

2. 摄影测量技术发展大致经历了三个发展阶段________。

A. 模拟摄影测量、数字摄影测量、解析摄影测量

B. 解析摄影测量、模拟摄影测量、数字摄影测量

C. 模拟摄影测量、解析摄影测量、数字摄影测量

3. 根据摄影机搭载平台工作位置的不同对摄影测量进行分类，以下不属于该类的是________。

A. 航天摄影测量　　B. 航空摄影测量　　C. 地形摄影测量

4. 航空摄影测量外业不包括以下________。

A. 像片控制测量　　B. 空三加密　　C. 像片调绘

5. 常见的“4D”产品一般指________。

A. DEM、DOM、DLG、DRG

B. DEM、DOM、DTM、DRG

C. DEM、DOM、DLG、DSM

6. ________同时具有地图几何精度和影像特征。

A. 数字高程模型 DEM　　B. 数字线划地图 DLG　　C. 数字正射影像图 DOM

7. 无人机摄影测量技术以获取________为应用目标。

A. 高光谱数字影像　　B. 高分辨率数字影像　　C. 多分辨率数字影像

8. 下列不属于无人机摄影测量内业数据处理的是________。

A. 数据预处理　　B. 像片控制测量　　C. 空三加密

9. 数字表面模型、数字栅格地图、数字高程模型图和数字线划图对应英文简称分别是________。

A. DSM、DRG、DEM、DOM

B. DOM、DRG、DEM、DLG

C. DSM、DRG、DEM、DLG

10. ________是由中国工程院院士张祖勋提出并指导研制的具有完全自主知识产权、国际首创的新一代航空航天数字摄影测量处理平台。

A. 数字摄影测量格网 DPGrid

B. 大疆智图

C. Pix4Dmapper

二、简答题

1. 总结摄影测量三个发展阶段的不同特点。
2. 航空摄影测量成果有哪些？各自有什么特点？
3. 简述无人机摄影测量技术的优势与工作流程。

（选择题答案：A C C B A C B B C A）

模块 7

无人机航测影像获取

思维导图

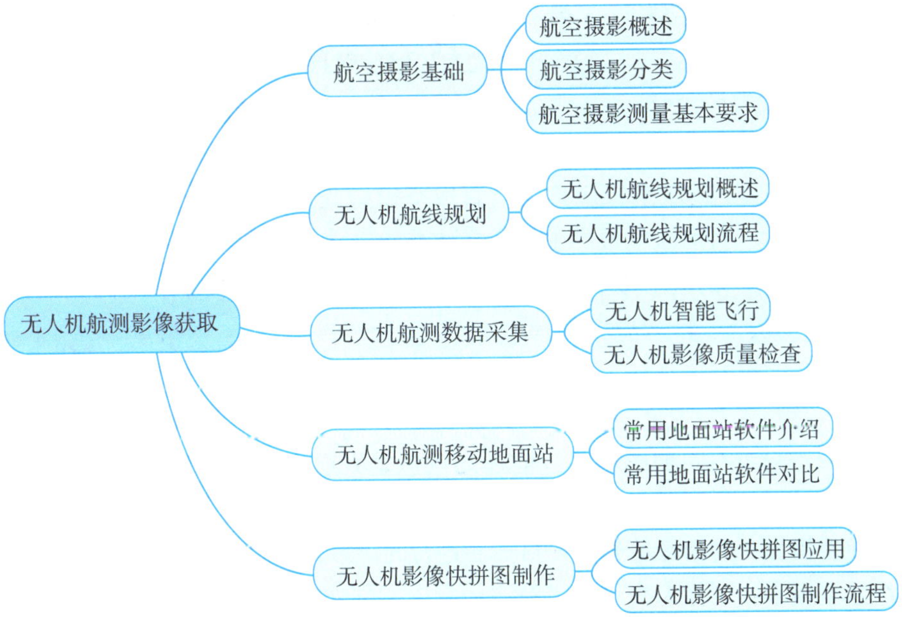

7.1 航空摄影基础

7.1.1 航空摄影概述

航空摄影是利用航空摄影机从飞机或其他航空器上获取地面或空中目标图像信息的技术。它一般不受地理条件限制，能获取广大地域的高分辨率像片。航空摄影能为航空摄影测量提供影像等基础资料，广泛用于测绘地形图，在地质、水文、矿产、森林等自然资源勘测，农业产量估产，大型厂矿和城镇规划，路线勘测和环境监测等方面有着广泛的应用。

7.1.2 航空摄影分类

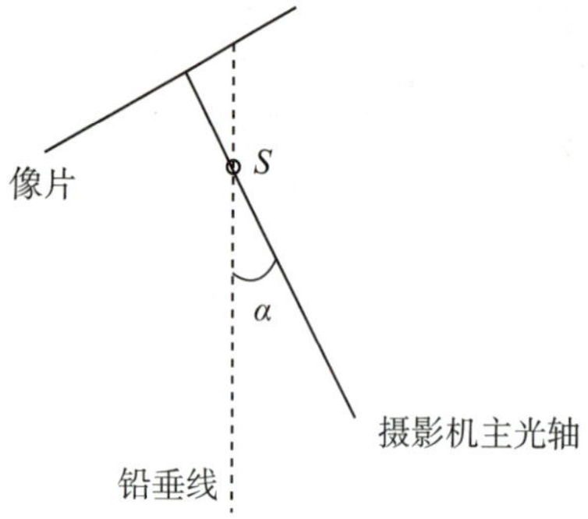

图 7-1 像片倾斜角

根据航空摄影的特点和测量对航摄像片的要求，对航空摄影有两种分类方式。

1) 按像片倾斜角分类

过航摄机镜头后节点垂直于像面的光线称为主光轴。主光轴与像面的交点称为像主点。在航空摄影过程中，飞机不可能始终保持平稳的飞行状态，致使航摄机的主光轴偏离铅垂方向，主光轴与铅垂线之间的夹角称为像片倾斜角 α，如图 7-1 所示。

像片倾斜角 $\alpha \leqslant 3°$ 的航空摄影称为竖直航空摄影或近似垂直航空摄影，所摄取的像片为近似水平像片。目前航空摄影主要是这种类型。

像片倾斜角 $\alpha > 3°$ 的航空摄影称为倾斜航空摄影，倾斜摄影技术获取的三维数据可真实反映地物的外观、位置、高度等属性。

2) 按航空摄影方式分类

根据不同用途或不同测图方式，前述的近似垂直航空摄影又可分为单片航空摄影、航线航空摄影和区域航空摄影。

单片航空摄影：为拍摄单独固定目标而进行的摄影，一般只摄取一张(或一对)像片。

航线航空摄影：又称为线状地带航空摄影，相邻像片有重叠，主要用于公路、铁路和输电线路的定线及江河流域的规划等。

区域航空摄影：又称为面积航空摄影，在规定高度上，在被摄区域内规划多条航线，逐条摄影，像片在航向和旁向两个方向都有一定重叠部分。地形图测绘主要采用区域航空摄影。

7.1.3 航空摄影测量基本要求

航空摄影获取的航摄像片是航空摄影测量成图的原始依据。其质量关系到后期作业的难易和量测的精度，因此对航空像片质量及航空摄影的飞行质量均有严格要求。

1) 像片倾斜角

根据《低空数字航摄与数据处理规范》(GB/T 39612—2020)的规定，像片倾斜角一般不超过 12°，最大不超过 15°。

2) 摄影比例尺与航高

视摄影像片水平、地面取平均高程时，像片上的线段 l 与地面上相应的水平距 L 之比为摄影比例尺，公式如下：

$$\frac{1}{m}=\frac{l}{L}=\frac{f}{H} \tag{7-1}$$

式中：H 为相对于测区平均水平面的高度，称为相对航高；f 为物镜中心至像面的垂距，称为航摄机主距。

摄影比例尺的选定取决于测图比例尺，大体与测图比例尺相同。在做航摄计划时，选定了航摄机(即主距一定)和航摄比例尺以后，相对航高可根据式(7-1)计算。无人机应按预定航高飞行，其差异一般不得大于 5%，同一航线内各摄影站的航高差异不得大于 50m，如表 7.1 所示。

表 7.1　**摄影比例尺与测图比例尺的关系**

比例尺类型	摄影比例尺	测图比例尺	数字影像分辨率(cm)
大比例尺	1 : 2000～1 : 3500	1 : 500	4～7
	1 : 3500～1 : 7000	1 : 1000	7～14
	1 : 7000～1 : 14000	1 : 2000	14～28
中比例尺	1 : 10000～1 : 20000	1 : 5000	20～40
	1 : 20000～1 : 32000	1 : 10000	40～80
小比例尺	1 : 25000～1 : 60000	1 : 25000	50～120
	1 : 50000	1 : 50000	70～160

3) 像片重叠度

用于地形测量的航摄像片，必须使影像覆盖整个测区，而且能够进行立体测图，相邻像片应该具有一定的重叠。同一条航线内相邻像片之间的重叠称为航向重叠，相邻航线之间的重叠称为旁向重叠，如图 7-2 所示。重叠大小用像片的重叠部分与像片对应方向边长比值的百分数来表示，即重叠度。

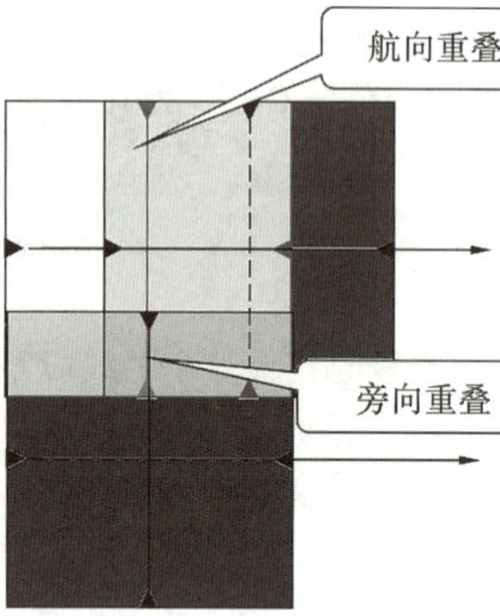

图 7-2 像片重叠度

航向重叠度一般规定为 60%，最小为 53%，最大为 75%；旁向重叠度一般规定为 30%，最小为 15%，最大为 50%。重叠度小于最小限定值时，称为航摄漏洞，必须补拍；重叠度过大时，将影响作业效率，增加作业成本。

4）航线弯曲度

把一条航线的航摄像片根据地物影像叠拼起来，连接首尾像片主点成一条直线，同时量出其距离 L。航线中各张像片的像主点若不落在该直线上，航线则呈曲线状，称之为航线弯曲。用其中偏离航线最大的主点距离 δ（称最大弯曲矢量）与航线 L 之百分比表示，称为航线弯曲度，如图 7-3 所示。航线弯曲度通常不得大于 3%。

$$\text{航线弯曲度} = \frac{\delta}{L} \times 100\% \tag{7-2}$$

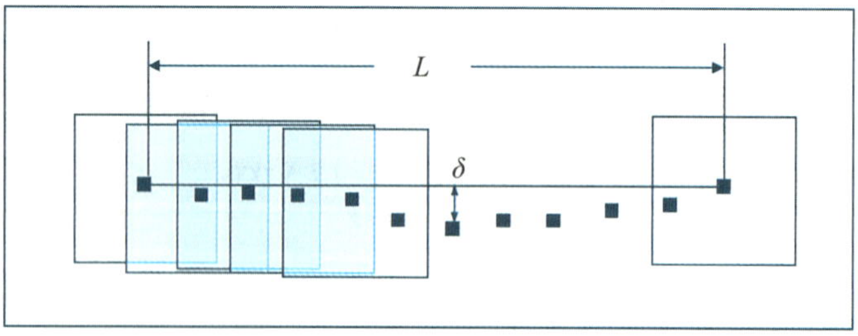

图 7-3 航线弯曲度

5）像片旋偏角

本航线中相邻像片主点的连线与同方向像片边框方向的夹角称为像片旋偏角，如图

7-4 所示。像片旋偏角一般不得大于 15°，最大不超过 25°。像片倾斜角和像片旋偏角不应同时达到最大值(《低空数字航摄与数据处理规范》(GB/T 39612—2020))。

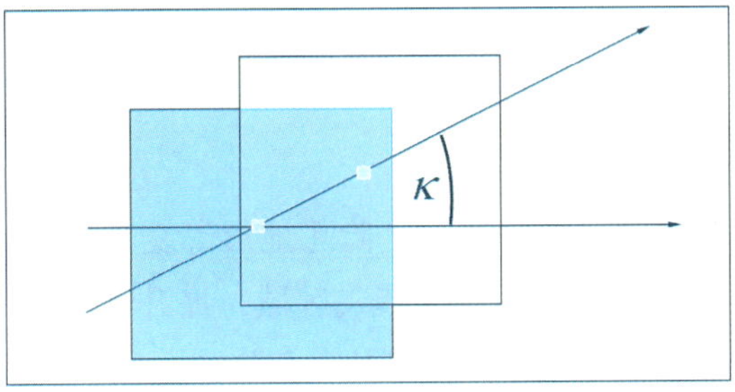

图 7-4　像片旋偏角

7.2　无人机航线规划

7.2.1　无人机航线规划概述

无人机航线规划是依据地形和执行任务环境，结合无人机的性能、到达时间、耗能、飞行区域等约束条件，规划出一条或多条自出发点到目标点最优或次优航迹，保证无人机完成飞行任务，安全返回基地，如图 7-5、图 7-6 所示。

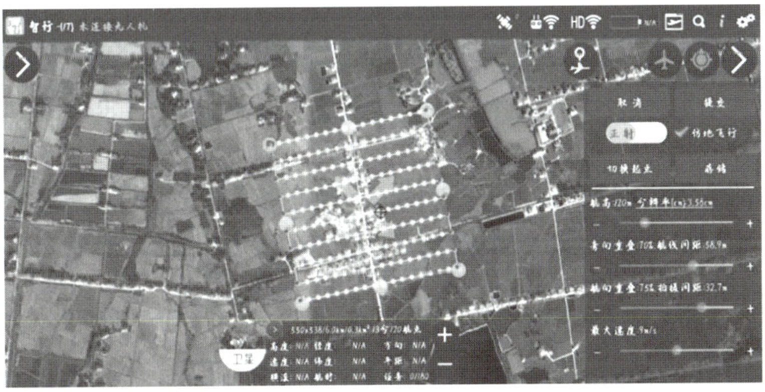

图 7-5　无人机飞行航线

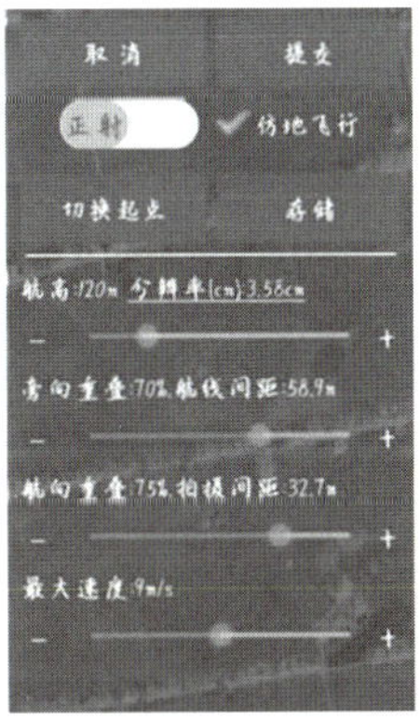

图 7-6　航线规划参数设置

航线规划分为两步：首先是飞行前预规划，根据既定任务，结合环境限制与飞行约束条件，整体上制定最优参考路径；其次是飞行过程中的重规划，根据飞行过程中遇到的突发状况，如地形、气象变化、未知因素等，局部动态调整飞行路径或改变动作任务。航线规划的内容包括出发地点、途经地点、目的地点的位置关系信息、飞行高度和速度与需要达到的时间段等。

无人机飞行航线任务规划要牢记4个因素。

1）飞行环境限制

执行任务时，遇到如禁飞区、障碍物、险恶地形等复杂地理环境，飞行过程中应避开这些区域，将这些区域在地图上标识为禁飞区域，提升无人机的工作效率。根据气象预测，应避开大风、雨雪等复杂气象条件下的飞行任务，并采取应对机制。

2）无人机物理限制

（1）最小转弯半径：无人机飞行转弯形成的弧度受到自身飞行性能限制，限制无人机在特定的转弯半径内转弯。

（2）最大俯仰角：限制航迹在垂直平面内上升和下滑的最大角度。

（3）最小航迹段长度：限制无人机在改变飞行姿态前必须直飞的最短距离。

（4）最低安全飞行高度：限制通过任务区域最低飞行高度。

3）飞行任务要求

无人机飞行任务主要包括到达时间和目标进入方向等，需满足如下要求：

（1）航迹距离约束，限制航迹长度不大于预先设定的最大距离；

（2）固定的目标进入方向，确保无人机从特定角度接近目标。

4）实时性要求

一方面，当预先具备完整精确的环境信息时，可一次性规划自起点到终点的最优航迹，而实际情况是难以保证获得的环境信息不发生变化；另一方面，由于任务的不确定性，无人机常常需要临时改变飞行任务。在环境变化区域不大的情况下，可通过局部更新的方法进行航迹的在线重规划；而当环境变化区域较大时，无人机任务规划则必须具备在线重规划功能。

7.2.2 无人机航线规划流程

无人机航线规划流程，如图7-7所示。

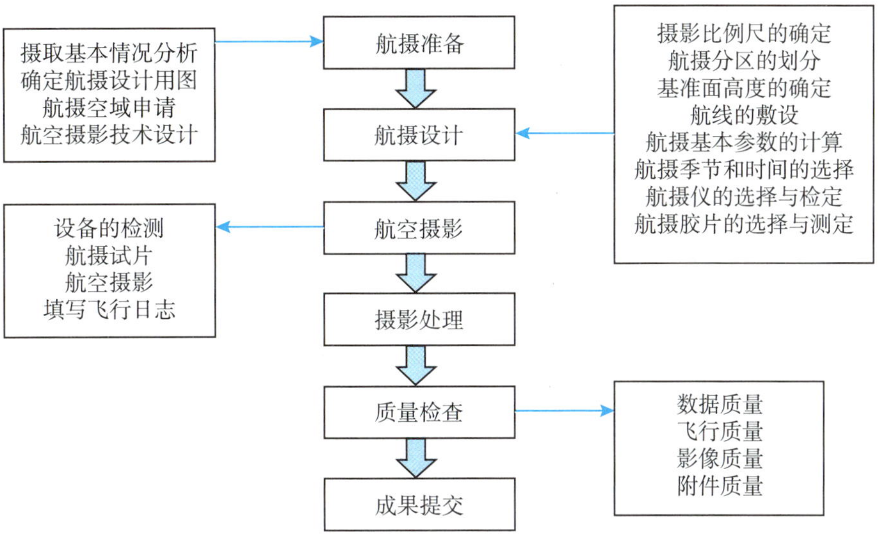

图 7-7　无人机航线规划流程

7.3　无人机航测数据采集

7.3.1　无人机智能飞行

市面上比较常用的无人机飞控软件有大疆创新 DJI GO 软件、智行无人机飞控软件、无人机飞控软件 RTechGo、无人机飞控软件 Pix4Dcapture 等，本章以智行飞控软件为例，分步骤说明无人机航测数据采集。

1)设备连接

(1)打开飞行器，等待飞行器完成校准准备工作。

(2)打开遥控器，点击遥控器上的启动按钮启动遥控。

(3)打开“智行”App，将装有“智行”App 的手机通过 USB 连接线连接到遥控器上，在手机端弹出的选项框里点击“智行”，点击仅此一次(如果先弹出是否允许访问设备数据，点击【是，访问数据】)，如图 7-8 所示。

飞控操作

(4)待系统提示大疆 SDK 激活成功后点击【登录】按钮，进入软件界面，如图 7-9 所示。

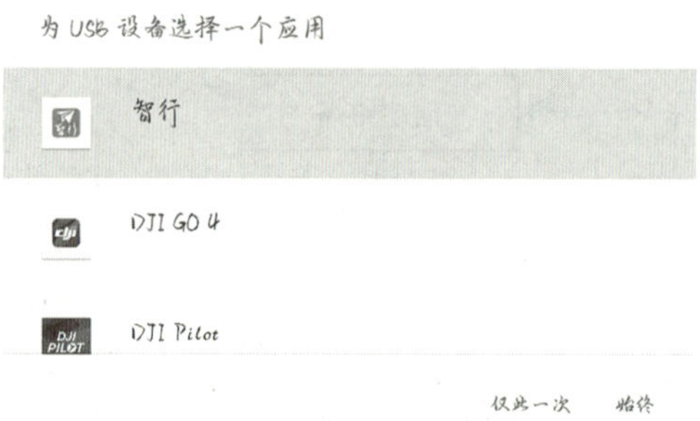

图 7-8　选择智行界面

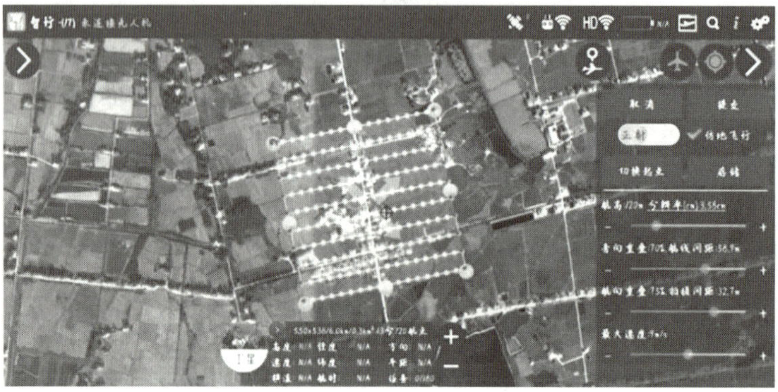

图 7-9　初始界面

图 7-10　规划界面

(5)点击按钮打开功能箱，点击【区域航测】，选择【矩形航测】，软件会自动根据当前位置初始化矩形飞行区域，自动出现绿色范围框及航线，右侧会弹出无人机航空测绘飞行设置界面，默认为正射模式，如图 7-10 所示。

2)参数设置

矩形航测操作说明如下。

任意节点缩放：点击矩形外廓 8 个节点，对应点选【节点可动】，3 个节点会相应放大，拖动节点，实现矩形边长的调整。8 个节点都可被激活拖动缩放。

移动：点击矩形中间十字标记拖动图片，图片透明度变小，移动图片更清晰，移动手指，实现矩形移动。

旋转：点击矩形外部范围框，中心移动图片外任何区域，滑动手指，实现矩形的任意旋转。

范围框即航飞覆盖区域。通过旋转、平移、缩放绿色范围框来调整确定航飞覆盖区域。

拖动绿色范围框时，主界面底部会出现状态栏，显示范围矩形框的长度和宽度、所选区域覆盖面积、预计拍摄照片数量以及预计的飞行时间。为保障飞行安全，设置了安全飞行时间阈值，在预计飞行时间超过一定范围时绿色范围框的航线会变成黄色，此时提醒飞行人员注意飞行时间，考虑无人机特性和电池寿命等。

根据作业任务需求设置相关参数，包括：影像参数、模型参数、相机参数等。

航高：飞机相对起飞点的航飞高度，对应航飞高度和相应相机参数，实时显示地面分辨率，如大疆御无人机，设置航高 150m 的情况下，计算出的地面分辨率为 6.48cm。

旁向重叠：由于航线不同，重叠部分虽是同一地面，但影像不完全相同。旁向重叠部分的长度与像片长度之比，称为旁向重叠度，以百分数表示。传统航测中，旁向重叠度为 35%左右，无人机航测一般设置为 60%～85%。默认 70%即可。

航向重叠：是航空摄影中，沿同一航线的相邻像片上有同一地面影像重叠部分。由于相邻像片是从空中不同位置拍摄的，故重叠部分虽是同一地面，但影像不完全相同。沿航向重叠部分与像片长度之比，称为航向重叠度，以百分数表示。无人机航测中，航向重叠度一般设置为 70%～85%，默认 80%即可，如图 7-11 所示。

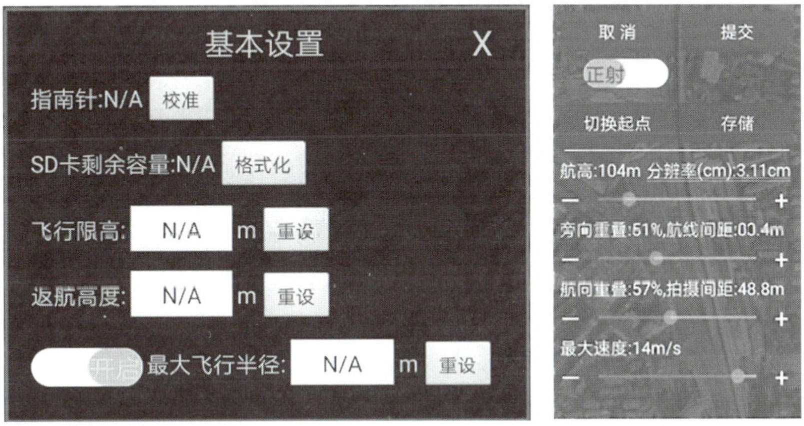

图 7-11　参数设置

3）航线规划

根据现场环境需要规划航飞任务范围；根据现场实际情况对航线、航高、旁向重叠度、航向重叠度、最大飞行速度进行设置，待各项参数设置完成后，点击【提交】按钮；弹出飞行前安全检查界面。

4）飞行状态

飞行安全检查主要涉及飞行作业时所要考虑的常规因素。如果这些需要检查的因素没有全部是正常状态符号，需要仔细检查对应项是否出现问题并认真调试，如图 7-12 所示。

图 7-12　安全检查

调试完成后再次点击【提交】按钮；弹出飞行前安全检查界面，飞行前安全检查界面全部通过后，点击【自动执行】按钮，无人机开始自动执行任务，如图 7-13 所示。

图 7-13　自动执行任务

飞机自主起飞，进入如下画面。无人机会在起飞点上空垂直升空，飞行高度达到航点 1 航高的 2/3 处时，飞行器自动调整云台方向为预设的云台角度，到达航点 1 后，按照预设航线和曝光点位置进行自动飞行和执行任务，如图 7-14 所示。

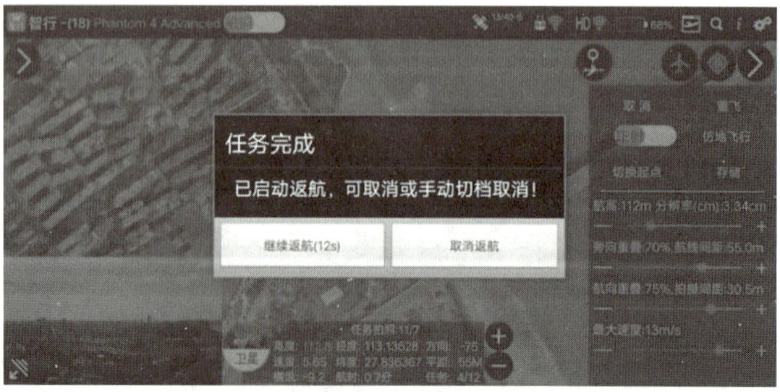

图 7-14　自动返航

7.3.2　无人机影像质量检查

影像质检

航空摄影成果质量检查包括对航空摄影成果的飞行质量、影像质量、数据质量及附件质量进行检查。飞行质量检查主要包括：影像重叠度、像片倾角与旋偏角、航高保持、航线弯曲、航摄漏洞、摄区覆盖等内容。影像质量检查主要包括：影像最大位移、清晰度、曝光等内容。数据质量检查主要包括：数据完整性、数据组织的正确性等。附件质量检查主要是对提交资料的完整性和正确性检查。

飞行质量与影像质量检查是整个航摄质量检查工作的主体，其中影像质量可通过统计分析进行质量评定，但是与地物目标有很强的相关性，统计信息不能真实地反映影像质量特性。因此影像质量检查中人工目视检查必不可少，而重叠度、像片倾角与旋偏角是飞行质量检查中工作量最大的检查内容，如图 7-15 所示。

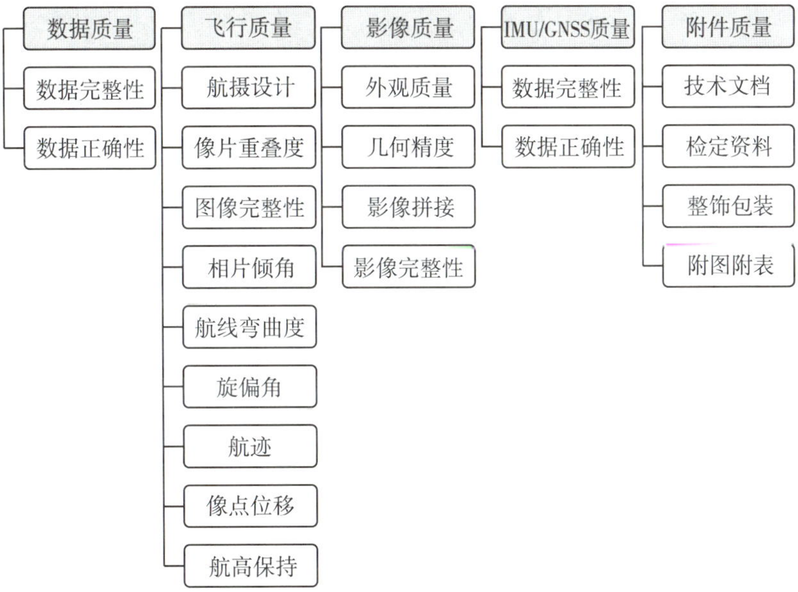

图 7-15　无人机影像质量检查

7.4　无人机航测移动地面站

无人机地面站系统是整个无人机系统的指挥控制中心，而地面站软件是地面站系统的重要组成部分。一套功能完善的无人机地面站软件，能够很好地辅助地面操作人员对无人机进行飞行状况监视和实时控制。

7.4.1 常用地面站软件介绍

1) Pix4Dcapture

Pix4Dcapture是瑞士Pix4D公司基于深圳大疆、法国Parrot消费级飞行器研发的一款航测数据智能采集软件。软件分为4个模块：Grid(正射影像采集)、Double Grid(三维模型采集)、Circular(热点环绕)、Free Flight(自由飞行)。通过Pix4D公司的云处理服务或桌面级专业数据处理软件Pix4Dmapper，不仅可以制作正射影像图、实景三维模型，还可以构建较为精细的单建筑实景三维模型和建筑立面影像，使消费级飞行器摇身一变，成为强大的地图测绘工具。

2) 智行

智行是北京达北时代科技有限公司基于安卓移动操作系统GIS平台，采用大疆最新SDK，针对自动化飞行全面、全新设计的无人机智能作业系统，涵盖沿点、线、面等多项全面解决方案，支持大疆最新所有无人机型号，首次提出同点起飞的精细化巡检方案。智行软件结合底图GIS平台，无任何其他平台的依赖性，拓展开发能力强，支持国内外常用坐标系，支持7参数转换，可动态加载服务器发布数据。同时，软件支持导入txt、xlsx、kml、shp等常用格式，也支持拓展与服务器交互，实现各组人员登录后的动态更新，免数据导入，实现最便利化的智能应用。软件分为6个模块：区域航测、带状航测、全景采集、通道路径巡检、精细化巡检、路径采集和系统设置。

3) Altizure

Altizure是集航线规划、照片采集和三维浏览为一体的移动端平台。主要用于正射、倾斜摄影等，可以用于控制DJI(大疆创新)各系列无人机，可快速规划航线。

4) DJI GS Pro

DJI GS Pro是一款可控制DJI飞行器实现自主航线规划及飞行的iPad应用程序。DJI GS Pro拥有直观、简易的交互设计，只需轻点屏幕，就能轻松规划复杂航线任务，实现全自动航点飞行拍照、测绘拍照等操作，全新虚拟护栏功能还可帮助飞行器在指定区域内飞行，保障飞行安全。

7.4.2　常用地面站软件对比

常用几款航测移动地面站软件对比，如表 7.2 所示。

表 7.2　　几款航测移动地面站对比

地面站名称		Pix4Dcapture	智行	Altizure	DJI GS Pro
软件价格	版权	数据采集：免费 数据处理：收费	收费	数据采集：免费 数据处理：收费	免费
平台通用性	适用平台及版本	IOS：9.3 Android：4.0	Android：9.0	IOS：8.0 Android：4.3	IOS：8.1
机型兼容性	支持机型	大疆系列：精灵 3/4、悟 1/2、御、经纬 M100/600 Parrot 系列：Bebop 2	大疆系列：精灵 3/4、悟 1/2、御、经纬 M100/600	大疆系列：精灵 3/4、悟 1/2、御、经纬 M100/600	大疆系列：精灵 3/4、悟 1/2、Mavic Pro、御、经纬 M100/600
功能全面性	采集功能	正射影像、倾斜摄影、热点环绕、自由飞行	正射影像、倾斜摄影、自动 360、手动 360、线状调查	倾斜摄影、正射影像	虚拟护栏、正射影像、航点飞行
	相机参数设置	可设置	可设置	可设置	可设置
	相片重叠度	可调	可调	可调	可调
	相机角度	可调	不可调	可调	可调
	项目存储	支持	支持	支持	支持
作业效率	作业区域面积	IOS：$1km^2$ Android：$0.5km^2$	$1km^2$	IOS：$1km^2$ Android：$0.5km^2$	$0.8km^2$
	最大飞行高度	500m	500m	500m	200m
	飞行速度	IOS：15m/s(可调) Android：10m/s	15m/s(不可调)	15m/s(可调)	15m/s(可调)

续表

地面站名称		Pix4Dcapture	智行	Altizure	DJI GS Pro
安全稳定性	作业时间预估	支持	支持	支持	支持
	作业区域面积预估	支持	支持	支持	不支持
	飞行前安全检查	支持	支持	支持	支持
	低电量返航	支持	支持	支持	支持
	断点续航	不支持	支持	支持	支持
	失控返航	支持	支持	支持	支持
	语音提示	不支持	支持	不支持	不支持
	实时图传画面	支持	支持	支持	支持
	实时坐标信息查看	不支持	支持	不支持	支持
地图适配性	地图	Mapbox	Google、高德	Apple、Google	高德
	坐标纠偏	支持	支持	支持	支持
	离线地图加载	支持	支持	支持	支持
交互体验性	软件语言	英文	简体中文	简体中文、繁体中文、英文	简体中文
	作业区域形状	任意多边形	矩形	矩形	任意多边形
	kml 文件导入	不支持	支持	不支持	不支持
其他	技术支持	持续升级快	持续升级快，可定制性开发	持续升级快	持续升级快

7.5　无人机影像快拼图制作

7.5.1　无人机影像快拼图应用

无人机影像快拼即利用无人机原始航空摄影影像与对应的 POS 数据，无需地面控制点，通过对测区多张影像进行快速拼接处理，得到一幅测区整体影像图。快拼影像成果可满足不同行业需要：灾区受灾现状评估、生态环境状况分析、航测航飞质量检查与像片控制测量布设方案制定等。

7.5.2　无人机影像快拼图制作流程

1）原始影像整理

将外业飞行获取的影像拷贝至电脑影像存放文件夹，打开影像进行数据浏览预处理，删除起飞前及降落后镜头未垂直向下的影像，新建影像文件夹（如命名为 Images），将所有合格的影像放置于新建文件夹内，如图 7-16 所示。

▸ 影像快拼

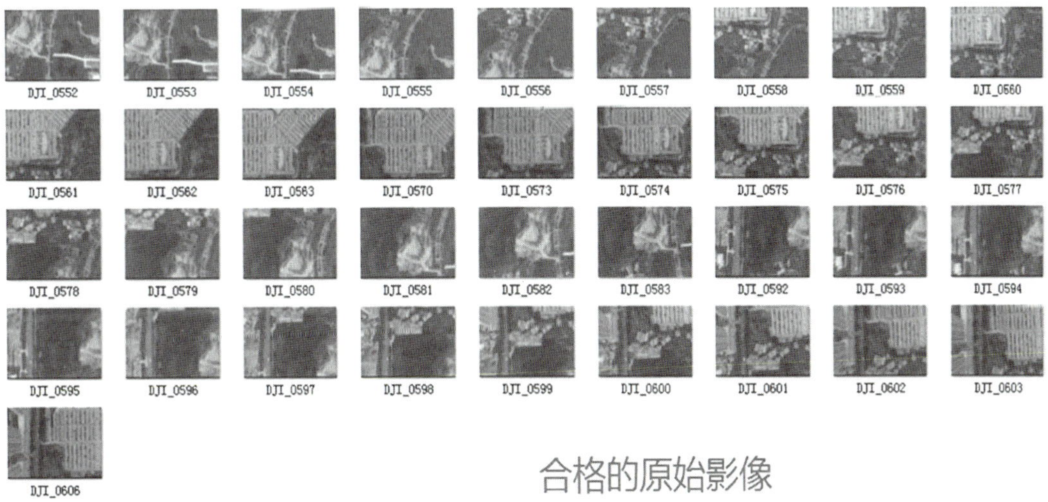

图 7-16　原始影像

2)数据导入

(1)打开执行程序，如图 7-17 所示。

图 7-17　软件界面

(2)单击菜单栏中的【文件】，选择【新建】，如图 7-18 所示。

(3)弹出新建工程窗口，单击工程路径后的【浏览】，如图 7-19 所示。

图 7-18　新建测区

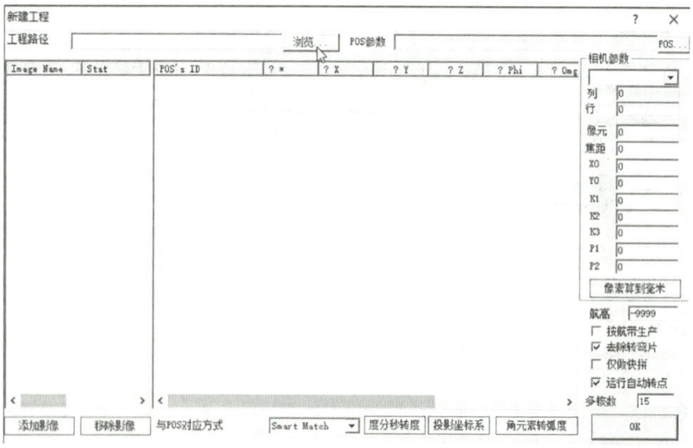

图 7-19　设置工程路径

(4)弹出浏览文件夹界面，选择盘符(例如：E 盘)，单击【新建文件夹】，按要求命名文件(注意：不能有空格等特殊符号)，鼠标左键点击【确定】，如图 7-20 所示。

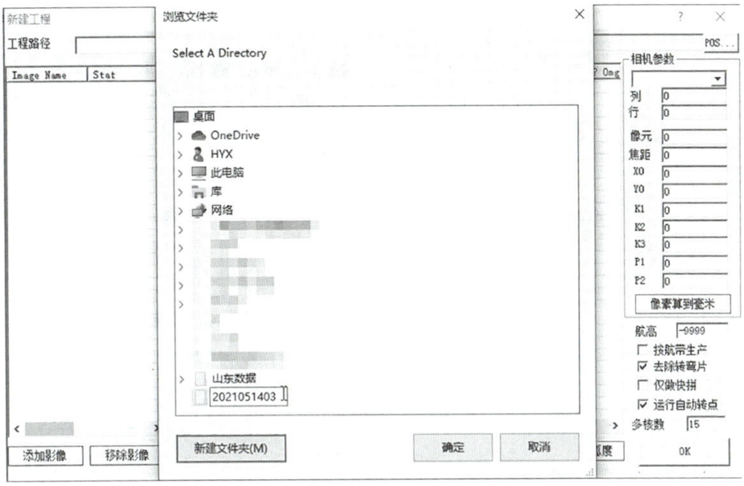

图 7-20　工程文件夹创建

3)快拼图的制作

(1)将新建工程界面右下角航高改为实际航飞高度，勾选【仅作快拼】、【去除转弯片】、【运行自动转点】，点击【OK】，开始处理至完成，如图 7-21～图 7-23 所示。

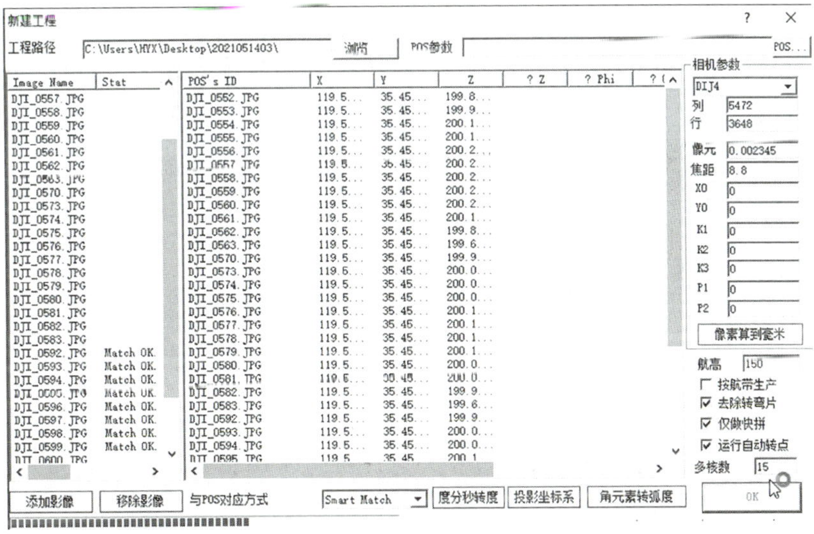

图 7-21　匹配连接点(一)

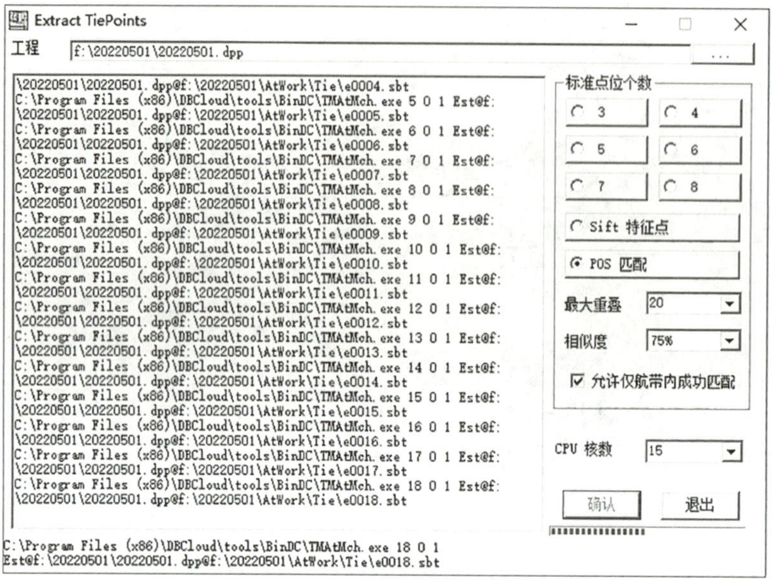

图 7-22　匹配连接点(二)

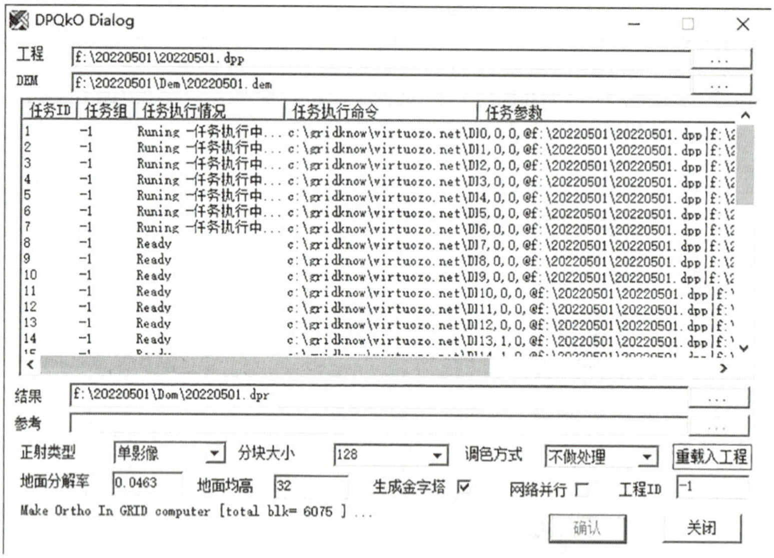

图 7-23　快拼制作

(2)弹出软件主界面，鼠标左键单击菜单栏中的【常用工具】，选择【影像显示】，如图 7-24 所示。

(3)系统弹出 DPViewer 界面。

(4)鼠标左键单击【文件】，选择【打开】，如图 7-25 所示，在弹出的页面上选择工程路径 Dom 文件夹下 .dpr 格式文件，单击【打开】，显示快拼图。

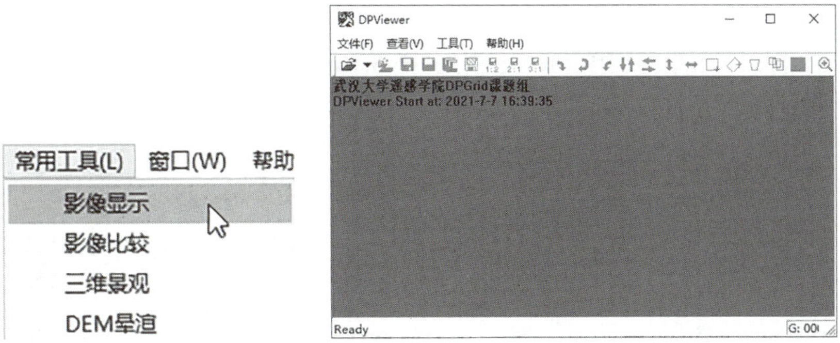

图 7-24 打开影像显示软件

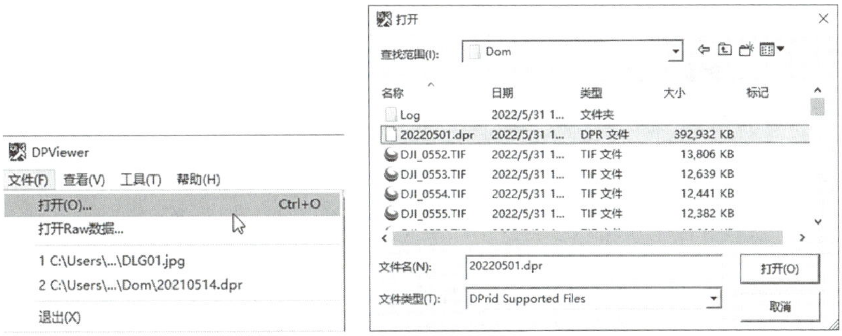

图 7-25 加载影像

(5)弹出快拼图显示，如图 7-26 所示。

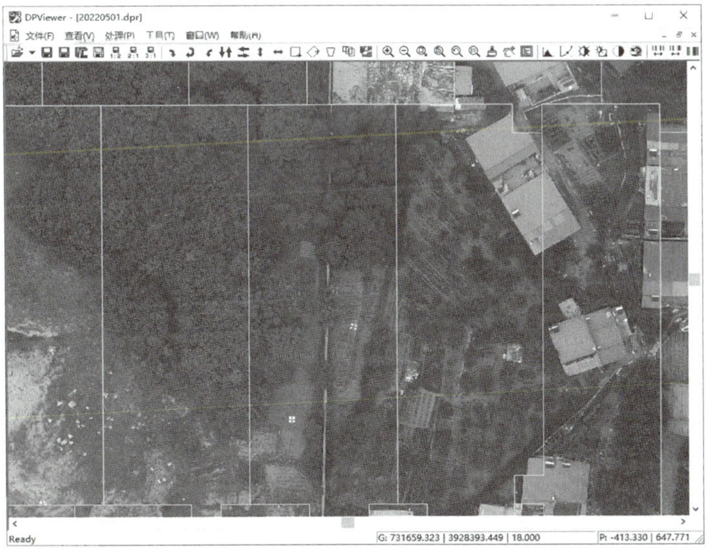

图 7-26 快拼影像显示

(6)鼠标左键单击 DPViewer 界面中的【工具】，取消【矢量叠加显示】，如图 7-27 所示。

(7)鼠标左键单击 DPViewer 界面中的【文件】，选择【另存为】，如图 7-28 所示。

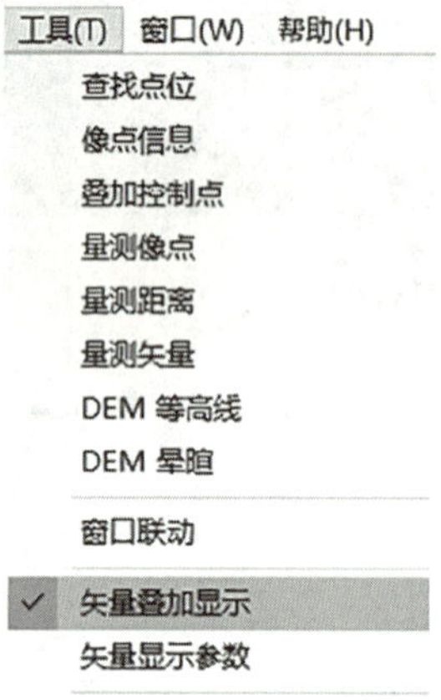

图 7-27　矢量叠加显示与关闭

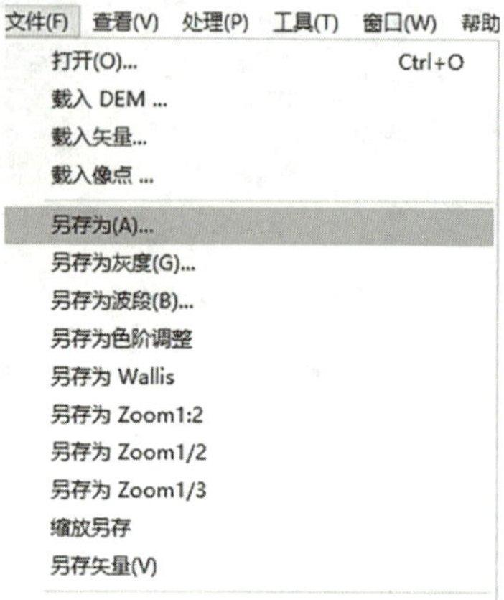

图 7-28　快拼影像另存为

(8)输出文件为 . tif 格式，如图 7-29 所示。

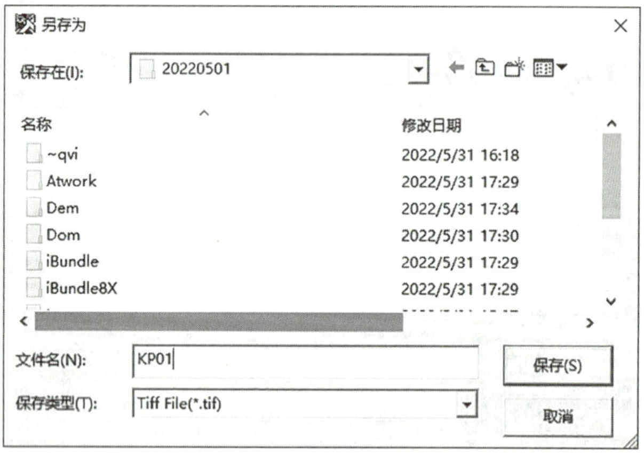

图 7-29　影像存储路径

思政点滴

精准测绘的模范——国测一大队

有这样一支队伍，六十多年来，用双脚丈量祖国大地，用仪器测绘壮美山河：32 次深入西藏无人区，28 次进驻内蒙古荒原，41 次踏入新疆腹地；徒步行程 5700 多万千米，相当于绕地球 1400 多圈，平均每个队员绕地球两圈半；几代人前赴后继，甘当拓荒牛，先后承担完成了国家大地控制网、高程网、重力网建设与维护，开展了国家基本地形图测绘、海岛礁测绘、应急救灾与灾后重建测绘，为国家的建设与发展立下了汗马功劳……

这支队伍，就是国家测绘地理信息局第一大地测量队，简称为国测一大队。国测一大队成立于 1954 年，是我国大地测量事业的一支“铁军”。建队六十多年来，他们坚持用双脚丈量祖国大地，测出了近半个中国的大地测量控制成果，为国家的经济建设和国防安全提供了宝贵数据，被国务院授予“功绩卓著、无私奉献的英雄测绘大队”荣誉称号，如图 7-30、图 7-31 所示。

图 7-30　测量现场(图源：新华社)

图 7-31　测量现场(图源：人民日报)

2015 年 7 月 1 日，中共中央总书记、国家主席、中央军委主席习近平给国测一大队 6 位老队员、老党员回信，充分肯定国测一大队爱国报国、勇攀高峰的感人事迹和崇高精神，对全国测绘工作者和广大共产党员提出殷切希望。习近平回信说，40 年前，国测一大队的同志同军测、登山队员一起，勇闯生命禁区，克服艰难险阻，成功实现了中国人对珠峰高度的首次精确测量。党和人民没有忘记同志们建立的功勋。习近平称赞，他们的事迹感人至深。

2020 年，国测一大队当选“感动中国 2020 年度人物”。感动中国 2020 年度人物国测一大队颁奖词：“六十多年了，吃苦一直是传家宝，奉献还是家常饭。人们都在向着幸福奔跑，你们偏向艰苦挑战。为国家苦行，为科学先行，穿山跨海，经天纬地，你们的身影，是插在大地上的猎猎风旗。”

习总书记给国测一大队老队员的回信，体现了党对测绘事业的重视，对测绘科技热的关心，也鼓励测绘工作者，“热爱祖国，忠诚事业，艰苦奋斗，无私奉献”，以国测一大队淬炼出来的测绘精神引领，新一代测绘人将为新时代作出新贡献。

资料来源：新华社、人民日报、央视网。

作业习题

一、选择题

1. 按像片倾斜角，航空摄影的分类为________。

A. 单片航空摄影、航线航空摄影

B. 航线航空摄影、区域航空摄影

C. 竖直航空摄影、倾斜航空摄影

2. 摄影瞬间摄影机的主光轴近似与地面垂直，偏离铅垂线的夹角小于________。

A. 3°　　B. 4°　　C. 5°

3. 同一条航线内相邻像片之间的重叠称为________，相邻航线之间的重叠称为________。

A. 航向重叠、旁向重叠　B. 旁向重叠、航向重叠　C. 航向重叠、侧向重叠

4. 航空摄影测量中，航线弯曲度一般不得大于________。

A. 2%　　B. 3%　　C. 5%

5. 本航线中相邻像片主点的连线与同方向像片边框方向的夹角称为________。

A. 像片倾斜角　　B. 航线弯曲度　　C. 像片旋偏角

6. ________是依据地形和执行任务环境，规划出一条或多条自出发点到目标点最优或次优航迹，保证无人机完成飞行任务，安全返回基地。

A. 无人机航线规划　　B. 无人机安全检查　　C. 无人机应急返航

7. 下列航摄参数中，不影响航摄比例尺的是________。

A. 相对航高　　B. 像片重叠度　　C. 摄影机主距

8. 下列不属于无人机影像快拼图应用场景的是________。

A. 航飞质量检查

B. 像片控制测量布设方案制定

C. 制作数字高程模型

9. 下列不属于无人机地面站软件一般功能的是________。

A. 无人机飞行航线规划　B. 航测相关参数设定　　C. 像片控制点的量测

10. 飞行质量检查不包括：________。

A. 重叠度、像片倾角与旋偏角

B. 数据组织正确性

C. 航摄漏洞

二、简答题

1. 航空摄影测量对航空摄影的基本要求有哪些？

2. 无人机影像质量检查包括哪些内容？

3. 简述无人机航线规划的意义和流程。

（选择题答案：C A A B C A B C C B）

任务清单 1

任务描述：给定一台无人机，对其进行组装、调试、拆卸。

<table>
<tr><td>姓名</td><td></td><td>班级</td><td></td><td>学号</td><td></td><td>组别</td><td></td></tr>
<tr><td colspan="3">处理项目</td><td colspan="3">检查</td><td colspan="2">记录</td></tr>
<tr><td colspan="3">无人机机身外观检查</td><td colspan="3"></td><td colspan="2"></td></tr>
<tr><td colspan="3">桨叶外观检查</td><td colspan="3"></td><td colspan="2"></td></tr>
<tr><td colspan="3">无人机桨叶安装</td><td colspan="3"></td><td colspan="2"></td></tr>
<tr><td colspan="3">电池电量检查</td><td colspan="3"></td><td colspan="2"></td></tr>
<tr><td colspan="3">遥控器电量检查</td><td colspan="3"></td><td colspan="2"></td></tr>
<tr><td colspan="3">无人机电池安装</td><td colspan="3"></td><td colspan="2"></td></tr>
<tr><td colspan="3">无人机内存卡安装</td><td colspan="3"></td><td colspan="2"></td></tr>
<tr><td colspan="3">镜头卡扣摘除</td><td colspan="3"></td><td colspan="2"></td></tr>
<tr><td colspan="3">遥控器平板连接</td><td colspan="3"></td><td colspan="2"></td></tr>
<tr><td colspan="3">无人机遥控器开机顺序</td><td colspan="3"></td><td colspan="2"></td></tr>
<tr><td colspan="3">无人机状态检查</td><td colspan="3"></td><td colspan="2"></td></tr>
<tr><td colspan="3">无人机遥控器关机顺序</td><td colspan="3"></td><td colspan="2"></td></tr>
<tr><td colspan="3">无人机电池拆除</td><td colspan="3"></td><td colspan="2"></td></tr>
<tr><td colspan="3">无人机桨叶拆除</td><td colspan="3"></td><td colspan="2"></td></tr>
<tr><td colspan="3">无人机内存卡拆除</td><td colspan="3"></td><td colspan="2"></td></tr>
<tr><td colspan="3">镜头卡扣安装</td><td colspan="3"></td><td colspan="2"></td></tr>
<tr><td colspan="3">遥控器平板拆除</td><td colspan="3"></td><td colspan="2"></td></tr>
<tr><td colspan="3">无人机装盒</td><td colspan="3"></td><td colspan="2"></td></tr>
<tr><td colspan="3">结论</td><td colspan="5"></td></tr>
<tr><td colspan="3">综合评价</td><td colspan="5"></td></tr>
</table>

评价清单 1

<table>
<tr><td rowspan="3">基本信息</td><td>姓名</td><td></td><td>班级</td><td></td><td>学号</td><td></td><td>组号</td><td></td></tr>
<tr><td>角色</td><td colspan="7">□主操作员　□辅操作员</td></tr>
<tr><td>规定时间</td><td></td><td>完成时间</td><td></td><td>考核日期</td><td></td><td>指导教师</td><td></td></tr>
<tr><td rowspan="21">考核内容</td><td rowspan="2">序号</td><td colspan="3" rowspan="2">步骤</td><td colspan="4">完成情况</td></tr>
<tr><td colspan="2">完成</td><td colspan="2">未完成</td></tr>
<tr><td>1</td><td colspan="3">考核准备：
设备：</td><td colspan="2"></td><td colspan="2"></td></tr>
<tr><td>2</td><td colspan="3">无人机机身外观检查</td><td colspan="2"></td><td colspan="2"></td></tr>
<tr><td>3</td><td colspan="3">桨叶外观检查</td><td colspan="2"></td><td colspan="2"></td></tr>
<tr><td>4</td><td colspan="3">无人机桨叶安装</td><td colspan="2"></td><td colspan="2"></td></tr>
<tr><td>5</td><td colspan="3">电池电量检查</td><td colspan="2"></td><td colspan="2"></td></tr>
<tr><td>6</td><td colspan="3">遥控器电量检查</td><td colspan="2"></td><td colspan="2"></td></tr>
<tr><td>7</td><td colspan="3">无人机电池安装</td><td colspan="2"></td><td colspan="2"></td></tr>
<tr><td>8</td><td colspan="3">无人机内存卡安装</td><td colspan="2"></td><td colspan="2"></td></tr>
<tr><td>9</td><td colspan="3">镜头卡扣摘除</td><td colspan="2"></td><td colspan="2"></td></tr>
<tr><td>10</td><td colspan="3">遥控器平板连接</td><td colspan="2"></td><td colspan="2"></td></tr>
<tr><td>11</td><td colspan="3">无人机遥控器开机顺序</td><td colspan="2"></td><td colspan="2"></td></tr>
<tr><td>12</td><td colspan="3">无人机状态检查</td><td colspan="2"></td><td colspan="2"></td></tr>
<tr><td>13</td><td colspan="3">无人机遥控器关机顺序</td><td colspan="2"></td><td colspan="2"></td></tr>
<tr><td>14</td><td colspan="3">无人机电池拆除</td><td colspan="2"></td><td colspan="2"></td></tr>
<tr><td>15</td><td colspan="3">无人机桨叶拆除</td><td colspan="2"></td><td colspan="2"></td></tr>
<tr><td>16</td><td colspan="3">无人机内存卡拆除</td><td colspan="2"></td><td colspan="2"></td></tr>
<tr><td>17</td><td colspan="3">镜头卡扣安装</td><td colspan="2"></td><td colspan="2"></td></tr>
<tr><td>18</td><td colspan="3">遥控器平板拆除</td><td colspan="2"></td><td colspan="2"></td></tr>
<tr><td>19</td><td colspan="3">无人机装盒</td><td colspan="2"></td><td colspan="2"></td></tr>
<tr><td colspan="2">指导教师评价</td><td colspan="7">□优秀　□良好　□中等　□及格　□不及格</td></tr>
<tr><td>团队协作</td><td colspan="8"></td></tr>
<tr><td>沟通表达</td><td colspan="8"></td></tr>
<tr><td>教师评语</td><td colspan="8"></td></tr>
</table>

任务清单 2

任务描述：利用无人机获取规定范围内，大小约为 200m×200m 区域的合格测区影像。

姓名		班级		学号		组别	
数据类型		数据编号		坐标系			
处理项目			检查			记录	
指南针检查							
返航点设置							
返航高度设置							
照片比例设置							
拍照模式设置							
返航电压设置							
内存卡容量检查							
相机参数设置							
航线类型设置							
航线范围设置							
航线高度设置							
重叠度设置							
航线方位设置							
起降速度设置							
航线速度设置							
上传任务							
安全检查							
执行任务							
无人机姿态观察							
设备回收							
结论							
综合评价							

评价清单 2

<table>
<tr><td rowspan="3">基本信息</td><td>姓名</td><td></td><td>班级</td><td></td><td>学号</td><td></td><td>组号</td><td></td></tr>
<tr><td>角色</td><td colspan="7">□主操作员　□辅操作员</td></tr>
<tr><td>规定时间</td><td></td><td>完成时间</td><td></td><td>考核日期</td><td></td><td>指导教师</td><td></td></tr>
<tr><td rowspan="23">考核内容</td><td rowspan="2">序号</td><td colspan="3" rowspan="2">步骤</td><td colspan="4">完成情况</td></tr>
<tr><td colspan="2">完成</td><td colspan="2">未完成</td></tr>
<tr><td>1</td><td colspan="3">考核准备：
设备：</td><td colspan="2"></td><td colspan="2"></td></tr>
<tr><td>2</td><td colspan="3">指南针检查</td><td colspan="2"></td><td colspan="2"></td></tr>
<tr><td>3</td><td colspan="3">返航点设置</td><td colspan="2"></td><td colspan="2"></td></tr>
<tr><td>4</td><td colspan="3">返航高度设置</td><td colspan="2"></td><td colspan="2"></td></tr>
<tr><td>5</td><td colspan="3">照片比例设置</td><td colspan="2"></td><td colspan="2"></td></tr>
<tr><td>6</td><td colspan="3">拍照模式设置</td><td colspan="2"></td><td colspan="2"></td></tr>
<tr><td>7</td><td colspan="3">返航电压设置</td><td colspan="2"></td><td colspan="2"></td></tr>
<tr><td>8</td><td colspan="3">内存卡容量检查</td><td colspan="2"></td><td colspan="2"></td></tr>
<tr><td>9</td><td colspan="3">相机参数设置</td><td colspan="2"></td><td colspan="2"></td></tr>
<tr><td>10</td><td colspan="3">航线类型设置</td><td colspan="2"></td><td colspan="2"></td></tr>
<tr><td>11</td><td colspan="3">航线范围设置</td><td colspan="2"></td><td colspan="2"></td></tr>
<tr><td>12</td><td colspan="3">航线高度设置</td><td colspan="2"></td><td colspan="2"></td></tr>
<tr><td>13</td><td colspan="3">重叠度设置</td><td colspan="2"></td><td colspan="2"></td></tr>
<tr><td>14</td><td colspan="3">航线方位设置</td><td colspan="2"></td><td colspan="2"></td></tr>
<tr><td>15</td><td colspan="3">起降速度设置</td><td colspan="2"></td><td colspan="2"></td></tr>
<tr><td>16</td><td colspan="3">航线速度设置</td><td colspan="2"></td><td colspan="2"></td></tr>
<tr><td>17</td><td colspan="3">上传任务</td><td colspan="2"></td><td colspan="2"></td></tr>
<tr><td>18</td><td colspan="3">安全检查</td><td colspan="2"></td><td colspan="2"></td></tr>
<tr><td>19</td><td colspan="3">执行任务</td><td colspan="2"></td><td colspan="2"></td></tr>
<tr><td>20</td><td colspan="3">无人机姿态观察</td><td colspan="2"></td><td colspan="2"></td></tr>
<tr><td>21</td><td colspan="3">设备回收</td><td colspan="2"></td><td colspan="2"></td></tr>
<tr><td colspan="2">指导教师评价</td><td colspan="7">□优秀　□良好　□中等　□及格　□不及格</td></tr>
<tr><td>团队协作</td><td colspan="8"></td></tr>
<tr><td>沟通表达</td><td colspan="8"></td></tr>
<tr><td>教师评语</td><td colspan="8"></td></tr>
</table>

任务清单 3

任务描述：整理无人机获取的影像，并制作快拼图。

姓名		班级		学号		组别	
数据类型		数据编号		坐标系			
处理项目			检查			记录	
照片整理							
软件准备							
新建工程							
导入数据							
设置参数							
影像另存							
影像检查							
结论							
综合评价							

评价清单 3

<table>
<tr><td rowspan="3">基本信息</td><td>姓名</td><td></td><td>班级</td><td></td><td>学号</td><td></td><td>组号</td><td></td></tr>
<tr><td>角色</td><td colspan="7">□主操作员　□辅操作员</td></tr>
<tr><td>规定时间</td><td></td><td>完成时间</td><td></td><td>考核日期</td><td></td><td>指导教师</td><td></td></tr>
<tr><td rowspan="10">考核内容</td><td rowspan="2">序号</td><td colspan="3" rowspan="2">步骤</td><td colspan="4">完成情况</td></tr>
<tr><td colspan="2">完成</td><td colspan="2">未完成</td></tr>
<tr><td>1</td><td colspan="3">考核准备：
设备：</td><td colspan="2"></td><td colspan="2"></td></tr>
<tr><td>2</td><td colspan="3">照片整理</td><td colspan="2"></td><td colspan="2"></td></tr>
<tr><td>3</td><td colspan="3">软件准备</td><td colspan="2"></td><td colspan="2"></td></tr>
<tr><td>4</td><td colspan="3">新建工程</td><td colspan="2"></td><td colspan="2"></td></tr>
<tr><td>5</td><td colspan="3">导入数据</td><td colspan="2"></td><td colspan="2"></td></tr>
<tr><td>6</td><td colspan="3">设置参数</td><td colspan="2"></td><td colspan="2"></td></tr>
<tr><td>7</td><td colspan="3">影像另存</td><td colspan="2"></td><td colspan="2"></td></tr>
<tr><td>8</td><td colspan="3">影像检查</td><td colspan="2"></td><td colspan="2"></td></tr>
<tr><td colspan="2">指导教师评价</td><td colspan="7">□优秀　□良好　□中等　□及格　□不及格</td></tr>
<tr><td>团队协作</td><td colspan="8"></td></tr>
<tr><td>沟通表达</td><td colspan="8"></td></tr>
<tr><td>教师评语</td><td colspan="8"></td></tr>
</table>

模块 8

像片控制点测量

思维导图

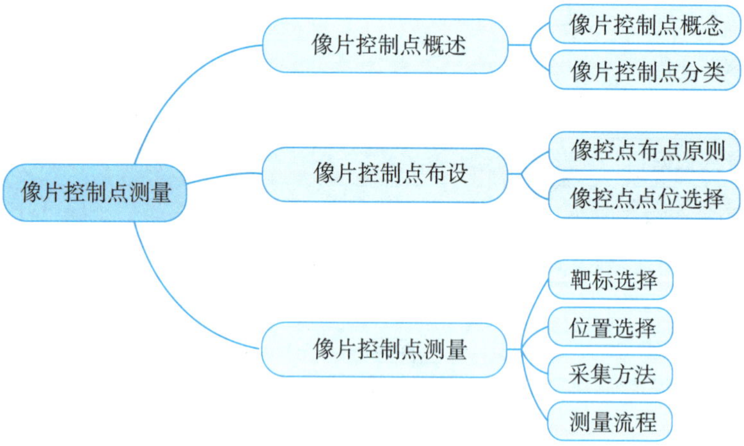

8.1 像片控制点概述

8.1.1 像片控制点概念

地面控制点(Ground Control Point，GCP)是表达地理空间位置的信息数据，归结为空间位置信息、点位局部影像、点位特征描述及说明、辅助信息，在航空摄影测量中也称作像片控制点，简称像控点。

像片控制点有两个重要的用途，一是作为定向点使用，用于求解像片成像时的位置和姿态；二是作为检查点使用，用于检查生产成果的精度，检查方式是在成果数据中找到检查点的影像位置，测量其坐标，然后与控制点坐标进行对比。

像片控制点是摄影测量控制加密和测图的基础，像片控制点点位选择的好坏和点位测量的准确度，直接影响航测成果的精度。

8.1.2 像片控制点分类

像片控制点可分为以下 3 类。

(1)平面控制点：野外只需测定点的平面坐标，简称平面点；

(2)高程控制点：野外只需测定点的高程，简称高程点；

(3)平高控制点：野外需同时测定点的平面坐标和高程，简称平高点。

在生产中为了方便确认控制点的性质，一般用 P 代表平面点，G 代表高程点，N 代表平高点，V 代表等外水准点。同一幅图或同一区域内，像片控制点应按照从左到右、从上到下的顺序统一安排，有次序地进行编号，以便查找和记忆。

8.2 像片控制点布设

8.2.1 像控点布点原则

(1)在一般情况下像控点按图幅布设，也可以按航线或采取区域网布设。

(2)位于不同成图方法的图幅之间的控制点，或位于不同航线、不同航区分界处的像片控制点，应分别满足不同成图方法的图幅或不同航线和航区各自测图的要求，否则应分别布点。

(3)在野外选刺像片控制点，不论是平面点、高程点或平高点，都应选刺在明显目标点上。

(4)像片控制点的布设，应尽量使内业作业所用的平面点和高程点合二为一，即布设成平高点。

(5)像控点尽可能在航测飞行前布设地面标志，以便提高刺点精度，增强外业控制点的可取性。

(6)位于自由图边或非连续作业的待测图边的像控点，一律布在图廓线外，确保成图满幅。

8.2.2 像控点点位选择

像控点在像片和航线上的位置，除了各种布点方案的特殊要求外，应满足以下基本要求。

(1)像控点一般应在航向三片重叠和旁向重叠中线附近，布点困难时可布在航向重叠范围内。在像片上应布在标准位置上，也就是通过像主点垂直于方位线的直线附近。

(2)像控点距像片边缘的距离不得小于1cm，因为边缘部分影像质量较差，且像点受畸变差和大气折光差等所引起的位移较大；倾斜误差和投影误差使得边缘部分影像变形大，增加了判读和刺点的困难。

(3)点位必须避开像片上的压平线和各类标志(框标、片号等)，以便利于明确辨认。为了不影响立体观察时的立体照准精度，规定离开距离不得小于1mm。

(4)旁向重叠小于15%或由于其他原因，控制点在相邻两航线上不能公用而需分别布点时，两控制点之间裂开的垂直距离不得大于像片上2cm。

(5)点位尽量选在旁向重叠中线附近，离开方位线大于3cm时，应分别布点。

8.3 像片控制点测量

随着技术的不断进步，RTK测量的精度逐渐提高，利用RTK测量不仅可以满足像控点的精度要求，而且可以大大提高工作效率，所以实际作业时通常采用RTK作业模式直接采集平高控制点。

利用RTK测量方法进行像片控制点测量过程中，应充分考虑三个方面：标靶选择、位置选择和采集方法。

8.3.1 标靶选择

1)标靶像控点

标靶像控点为打印印刷的像控，不需要喷涂，直接放在测区内，待飞行任务结束后可就地收回，低碳环保。缺点是容易被移动，需要当场采集坐标，不太适合测区较大的项目。

2)喷涂像控点

利用喷漆或油漆画出来的像控点，如图8-1所示，保存时间长，位置固定，可以待飞行任务结束后再采集坐标，缺点是耗时较长。

标靶样式对比，如表8.1所示。

图 8-1　标靶选择

表 8.1　**标靶样式对比**

	十字靶标	T 形靶标	锐角靶标
设计样式		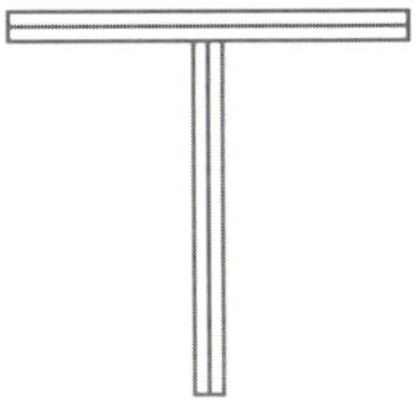	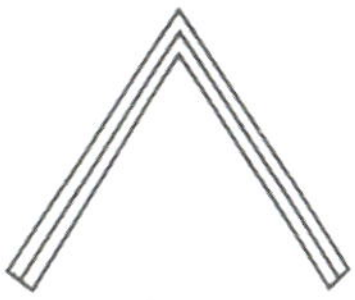
效果分析	成像清晰，交叉点处辨识精度低	成像清晰，交叉点处辨识精度一般	成像清晰，尖角处辨识精度高

8.3.2　位置选择

1）视野

像控点所设的位置应该尽量在空旷的、四周无遮挡或者较少遮挡，以像控角度为倾斜 45°的地方(与地面夹角)，尽量保持飞行器能拍到像控点。需考虑像控被遮挡情况，故选点要避开电线杆下、停车场内，以及有阴影的区域。

2）坡度

尽量少在坡度较大的地方布点，因内业刺点时会有些许无法避免的偏差，如在坡度较大的地方刺点，那么偏差值就会被放大，影响模型精度。

3）预计被破坏程度

在工地或者其他扬尘比较大的地方，以及他人居所门口，像控容易被覆盖和破坏。

4）像控大小

根据不同的高度、精度、重叠率，不同相机布设不同大小的像控是很有必要的。我们需要预计相机在飞行高度看到的像控点大小，不能把像控打得太小，也会给内业造成很大的麻烦。

5）重叠度

布设的像控点应该是能共用的，通常在五六片重叠范围内，距离相片边缘要大于150像素，距离相片上的各种标识应该大于1mm。同时，像控点要在旁向重叠度的中线附近，如果旁向重叠度过小，则需要分别布点，但控制区域所裂开的垂直距离要小于2cm。

8.3.3 采集方法

尽量采用三脚架以保证采集精度，但会使测点时间变长；双手持花杆，利用多次平滑的方式相对来说性价比较高。

采集时注意事项，如图8-2所示：

(1)测区不要频繁变换角点采集，整个项目尽量统一都采集外角点或者内角点，方便内业人员处理数据；

(2)记得喷涂像控点的点号；

(3)像控点位置选取要合理，凡是可能引起刺点误差的均不可作为像控点；

(4)所选的像控点必须是航片上能够清晰辨认、没有遮挡物的目标。

图8-2　RTK像片控制点采集错误案例

8.3.4　测量流程

在制作完成的快拼图上，我们选择视野开阔、无地物遮挡、无信号干扰区域进行像控点位置标记。

以规则矩形和正方形为例：小面积区域最少布设 5 个控制点，即航飞区域内 4 个角各一个，区域中间 1 个；大面积区域相应增加控制点，以品字形均匀分布，最终布设位置以实际环境为主，如图 8-3 所示。

图 8-3　点位分布图

准备好 GNSS-RTK 进行点位坐标的采集，若条件允许，可用强制对中杆进行固定采集，如图 8-4 所示。

每个点位坐标采集同时使用移动设备最少拍摄两张图：一张近距离照片，一张远距离照片，如图 8-5 所示。

图 8-4　远距离拍摄

图 8-5　近距离拍摄

将采集完成的坐标数据用手簿转换为 *.csv 格式导出(*.csv 格式包含解算状态、东北坐标、经纬度坐标、采集时间、平滑时长等信息，方便后期坐标转换及问题查找)，如

图 8-6 所示。

8001	7315[redacted]	3928[redacted]	43.4[redacted]
8002	7316[redacted]	3928[redacted]	46.2[redacted]
8003	7315[redacted]	3928[redacted]	49.0[redacted]
8004	7315[redacted]	3928[redacted]	51.4[redacted]
8005	7315[redacted]	3928[redacted]	40.0[redacted]
8006	7316[redacted]	3928[redacted]	33.0[redacted]
8007	7315[redacted]	3928[redacted]	36.9[redacted]
8008	7317[redacted]	3928[redacted]	25.3[redacted]
8009	7318[redacted]	3928[redacted]	21.0[redacted]
8010	7318[redacted]	3928[redacted]	21.4[redacted]
8011	7318[redacted]	3928[redacted]	21.4[redacted]
8012	7318[redacted]	3928[redacted]	22.0[redacted]
8013	7317[redacted]	3928[redacted]	22.0[redacted]
8014	7317[redacted]	3928[redacted]	22.0[redacted]
8015	7317[redacted]	3928[redacted]	22.0[redacted]
8016	7317[redacted]	3928[redacted]	22.0[redacted]
8017	7316[redacted]	3928[redacted]	33.7[redacted]
8018	7318[redacted]	3928[redacted]	23.1[redacted]
8019	7317[redacted]	3928[redacted]	23.6[redacted]
8020	7317[redacted]	3928[redacted]	25.2[redacted]
8021	7316[redacted]	3928[redacted]	28.9[redacted]
8022	7317[redacted]	3928[redacted]	22.0[redacted]
8023	7316[redacted]	3928[redacted]	35.0[redacted]

图 8-6　控制点坐标

制作“点之记”文档，便于后期使用，如图 8-7、表 8.2 所示。

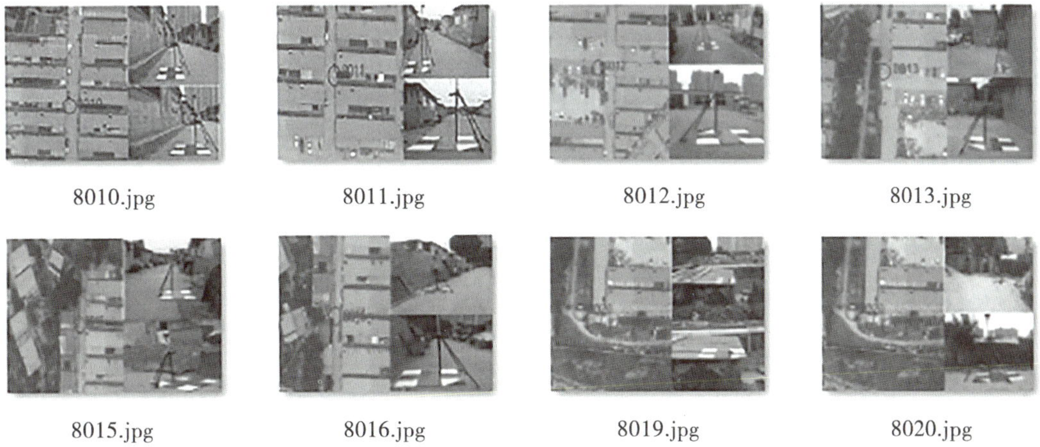

图 8-7　点之记

表 8.2　**像片控制点点位信息表**

<table>
<tr><td colspan="4">CGCS2000 国家大地坐标系</td></tr>
<tr><td>点　　号</td><td>纬度(° ′ ″)/东坐标</td><td>经度(° ′ ″)/北坐标</td><td>大地高(m)</td></tr>
<tr><td>8005</td><td>39282×.×××</td><td>7318×××.×××</td><td>23.×××</td></tr>
<tr><td colspan="4">点位略图</td></tr>
<tr><td colspan="4">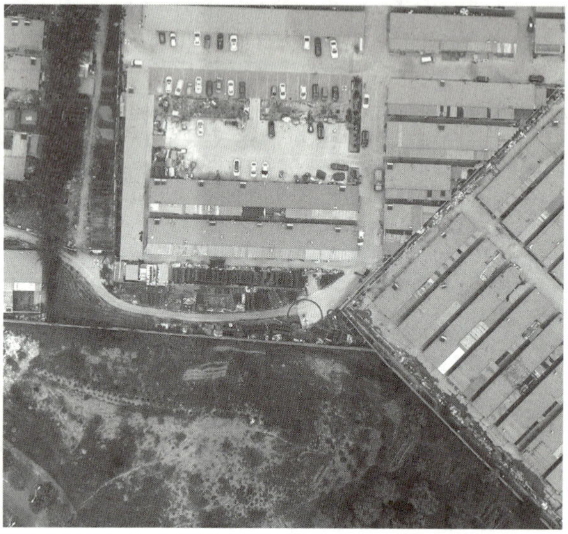</td></tr>
<tr><td colspan="2">实地照片(由南向北拍摄)</td><td colspan="2">点位详图</td></tr>
<tr><td colspan="2"></td><td colspan="2">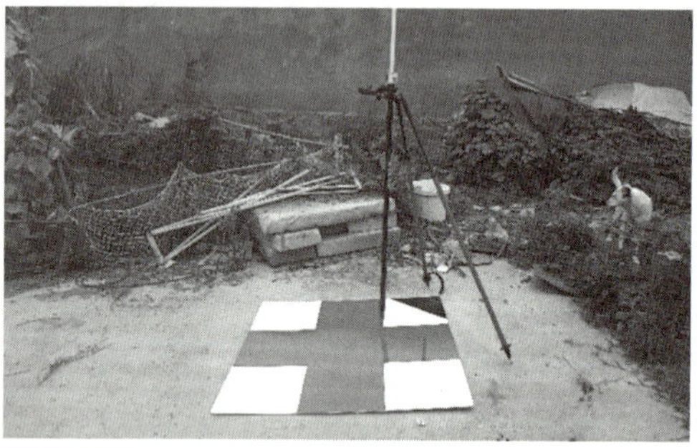</td></tr>
<tr><td colspan="4">像片控制点位置说明：
点刺在控制板蓝色标记对应的十字内角。</td></tr>
<tr><td>选 点 者</td><td></td><td>测量日期</td><td></td></tr>
<tr><td>检 查 者</td><td></td><td>检查日期</td><td></td></tr>
<tr><td>测量单位</td><td></td><td>测量方式</td><td>RTK</td></tr>
</table>

思政点滴

用实景三维展现美丽中国和建设新时代中国

党的十九大报告明确提出加快建设数字中国，更好服务我国经济社会发展和人民生活改善。实景三维中国建设是落实数字中国、平安中国、数字经济战略的重要举措，是落实国家新型基础设施建设的具体部署，是服务生态文明建设和经济社会发展的基础支撑。2021年全国自然资源工作电视电话会议要求“加快建设实景三维中国、自然资源一张底图”。

实景三维(3D Real Scene)是对人类生产、生活和生态空间进行真实、立体、时序化反映和表达的数字虚拟空间，是新型基础测绘标准化产品，是国家新型基础设施建设的重要组成部分，为经济社会发展和各部门信息化提供统一的空间基底。实景三维通过在三维地理场景上承载结构化、语义化、支持人机兼容理解和物联实时感知的地理实体进行构建，按照表达内容通常分为地形级、城市级和部件级。

“地形级”实景三维模型建设上，以株洲市三维建模及1∶1000地形图制作项目为例，利用倾斜摄影技术探索三维数据快速获取和处理、多源数据融合以及内外业一体化测绘的方法和模式，通过影像数据快速解算及重构技术、立体模型的要素采集匹配技术，生成株洲市实景三维模型以及符合1∶1000精度要求的大比例尺地形图，如图8-8所示。

图8-8　地形级

“城市级”实景三维模型建设上，以智慧株洲三维实景建模项目为例，对株洲市面积达200km^{2}的中心城区和核心区利用高分辨率五镜头倾斜摄影相机进行了大规模精细化实景三维数据采集和实景三维模型生产，并对政府办公单位、城市雕塑、广场、公园、体育馆、学校等标志性建筑进行单体化建模，如图 8-9 所示。为株洲市智慧城市建设提供数据本底和决策依据，进一步彰显智慧城市的价值，实现株洲市打造为标杆城市的目标。

“部件级”实景三维模型建设如图 8-10 所示，长期来看，面向未来实景三维中国、新型基础测绘体系建设，三维数据采集用于建筑物结构部件、建筑室内部件、道路设施部件、地下空间部件等高精细化城市部件级别的提取，并依托于管理平台实现三维要素的可视化分析和精准管理。

运用无人机倾斜摄影测量助力实景中国建设，为我国经济社会发展和相关行业部门提供数字空间基底。

图 8-9　城市级

图 8-10　部件级

资料来源：《实景三维中国建设技术大纲(2021 版)》。

作业习题

一、选择题

1. ________是建立像片上像点坐标与其对应实地坐标的桥梁。

A. 水准点　　B. 导线点　　C. 地面控制点

2. 下列不属于像片控制点用途的是________。

A. 作为航线规划点使用　　B. 作为定向点使用　　C. 作为检查点使用

3. 像片控制点的分类为________。

A. 平面控制点、高程控制点、平高控制点

B. 平面控制点、高程控制点

C. 水准点、导线点

4. 野外同时测定点的平面坐标和高程的控制点是________。

A. 平面控制点　　B. 高程控制点　　C. 平高控制点

5. 关于像控点布点原则下列说法正确的是________。

A. 像控点必须在航测飞行前布设地面标志

B. 在野外选刺像片控制点，应选刺在明显目标点上

C. 像控点一般情况下不用按图幅布设

6. 下列不属于像控点点位选择要求的是________。

A. 像控点距像片边缘的距离不得小于 1cm

B. 点位与像片上的压平线和各类标志可以适当重叠

C. 像控点一般应在航向三片重叠和旁向重叠中线附近

7. 利用 RTK 测量方法进行像片控制点测量过程中，主要考虑________方面。

A. 标靶选择、位置选择、采集方法

B. 标靶选择、位置选择

C. 采集方法

8. 下列不属于喷涂像控点优点的是________。

A. 保存时间长　　B. 低碳环保　　C. 可以飞后再采集坐标

9. 下列关于像控点位置选择正确的是________。

A. 他人居所门口　　B. 电线杆下　　C. 四周无遮挡的地方

10. 关于像控点的采集说法错误的是________。

A. 凡是可能引起刺点误差的，均不可作为像控点

B. 所选的控制点必须在航片上能够清晰辨认

C. 在同一个项目内，测量像控点的内角点或外角点都可以

二、简答题

1. 简述像片控制点在布点时的注意事项。

2. 简述像片控制点的测量流程。

（选择题答案：C A A C B B A B C C）

任 务 清 单

任务描述：制作测区布控方案并进行控制点的布设与坐标采集及点之记文档制作。

姓名		班级		学号		组别	
数据类型		数据编号		坐标系			
处理项目			检查			记录	
布控方案设计							
设备调试							
控制点实地布设							
坐标采集							
点位采集							
控制点坐标导出							
控制点点之记制作							
结论							
综合评价							

评价清单

<table>
<tr><td rowspan="3">基本信息</td><td>姓名</td><td></td><td>班级</td><td></td><td>学号</td><td></td><td>组号</td><td></td></tr>
<tr><td>角色</td><td colspan="7">□主操作员　□辅操作员</td></tr>
<tr><td>规定时间</td><td></td><td>完成时间</td><td></td><td>考核日期</td><td></td><td>指导教师</td><td></td></tr>
<tr><td rowspan="10">考核内容</td><td rowspan="2">序号</td><td rowspan="2" colspan="3">步骤</td><td colspan="4">完成情况</td></tr>
<tr><td colspan="2">完成</td><td colspan="2">未完成</td></tr>
<tr><td>1</td><td colspan="3">考核准备：
设备：</td><td colspan="2"></td><td colspan="2"></td></tr>
<tr><td>2</td><td colspan="3">布控方案设计</td><td colspan="2"></td><td colspan="2"></td></tr>
<tr><td>3</td><td colspan="3">设备调试</td><td colspan="2"></td><td colspan="2"></td></tr>
<tr><td>4</td><td colspan="3">控制点实地布设</td><td colspan="2"></td><td colspan="2"></td></tr>
<tr><td>5</td><td colspan="3">坐标采集</td><td colspan="2"></td><td colspan="2"></td></tr>
<tr><td>6</td><td colspan="3">点位采集</td><td colspan="2"></td><td colspan="2"></td></tr>
<tr><td>7</td><td colspan="3">控制点坐标导出</td><td colspan="2"></td><td colspan="2"></td></tr>
<tr><td>8</td><td colspan="3">控制点点之记制作</td><td colspan="2"></td><td colspan="2"></td></tr>
<tr><td colspan="2">指导教师评价</td><td colspan="7">□优秀　□良好　□中等　□及格　□不及格</td></tr>
<tr><td>团队协作</td><td colspan="8"></td></tr>
<tr><td>沟通表达</td><td colspan="8"></td></tr>
<tr><td>教师评语</td><td colspan="8"></td></tr>
</table>

模块 9

无人机解析空中三角测量

思维导图

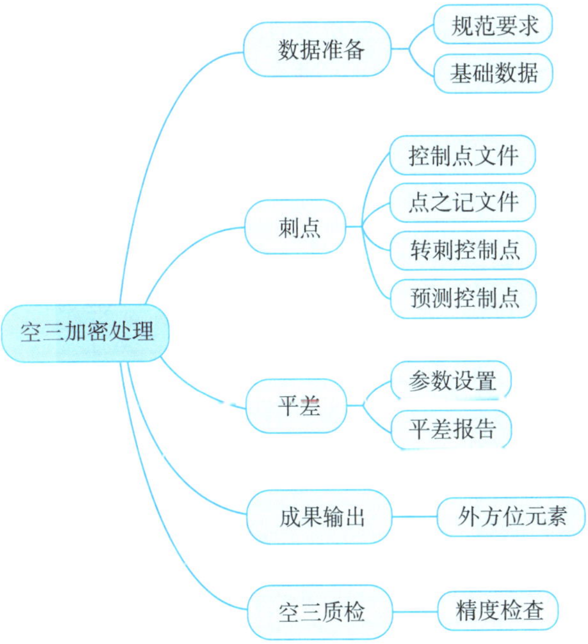

9.1 解析空中三角测量相关理论基础

9.1.1 摄影测量常用坐标系

为了用数学的方法建立物、像之间的关系，必须在像方空间与物方空间之间建立一些必要的坐标系统。

1) 像平面坐标系

在像平面上用以表示像点位置的坐标系叫作像平面坐标系，是一个右手直角坐标系。在摄影测量中称摄影仪镜头的后节点(像方节点)为投影中心，投影中心向像面所作垂线的垂足则叫作像主点，通常记作 o。像平面坐标系就是以像主点 o 为原点，记作 xoy。以像片中心点为原点、框标连线为坐标轴的像平面坐标系称为框标坐标系，记作 $x'o'y'$，如图 9-1 所示。

2) 像空间坐标系

像空间坐标系用以表示像点在像方空间的位置。该坐标系原点选在摄影(或投影)中心 S 上，x、y 坐标轴与以像主点为原点的像平面坐标系相应轴平行，z 轴由右手规则确定，记作 $S\text{-}xyz$。任一像点在像空间坐标系中的坐标为$(x, y, -f)$，其中(x, y)就是像点的像平面坐标，f 是投影中心 S 至像平面的垂距，即航摄仪的镜头焦距，如图 9-2 所示。

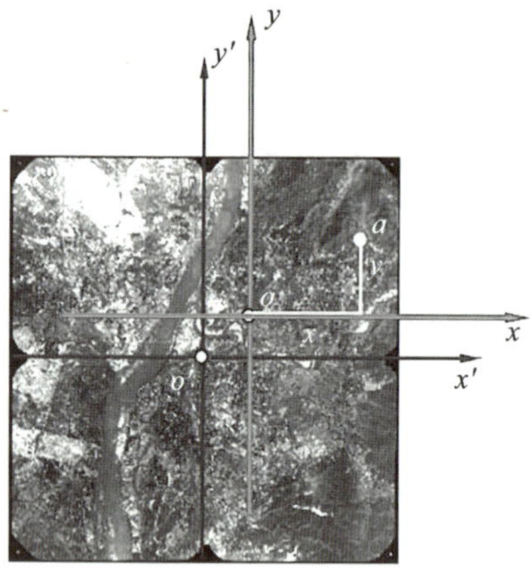

图 9-1 像平面坐标系

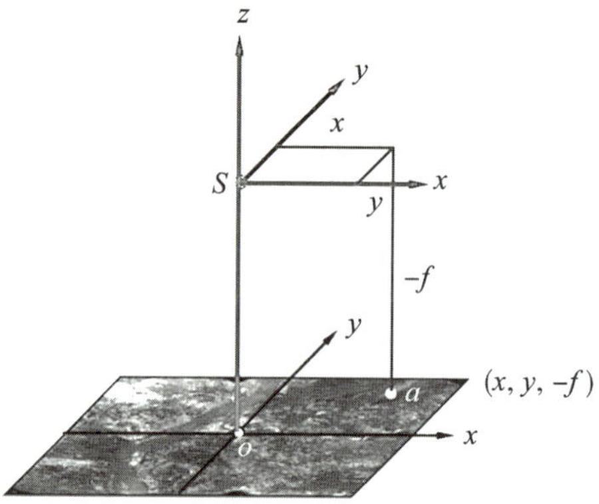

图 9-2 像空间坐标系

3) 像空间辅助坐标系

像空间辅助坐标系是像空间与物空间之间的一种过渡性坐标系，为了在同一条航线的不同像片间建立联系。摄影中心 S 为坐标原点，以向上的铅垂线方向为 Z 轴的正向，以航线方向为 X 轴，通过右手系确定 Y 轴方向，Y 轴方向与航线垂直，记作 $S\text{-}XYZ$，如图 9-3 所示。

4) 地面摄影测量辅助坐标系

地面摄影测量辅助坐标系，简称地面辅助坐标系，是一种物方坐标系，用于描述地面点在地表三维模型上的位置，其实质仍然是一种过渡性质的坐标系。地面摄影测量辅助坐标系是将某一地面控制点 M 作为坐标原点，3 个坐标轴分别平行于像空间辅助坐标系或摄影测量坐标系的各个轴，记作 $M\text{-}X_{tp}Y_{tp}Z_{tp}$，如图 9-4 所示。

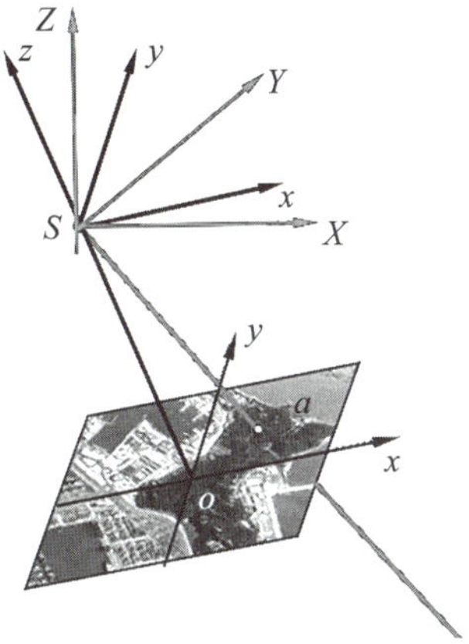

图 9-3　像空间辅助坐标系

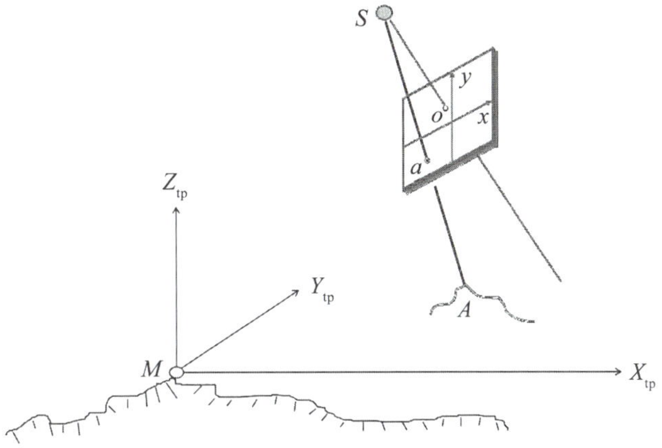

图 9-4　地面摄影测量辅助坐标系

5）大地测量坐标系

2000 国家大地坐标系，是我国当前最新的国家大地坐标系，自 2008 年 7 月 1 日起全面启用，其英文名称为 China Geodetic Coordinate System 2000，英文缩写为 CGCS2000。

2000 国家大地坐标系的原点为包括海洋和大气的整个地球的质量中心；2000 国家大地坐标系的 Z 轴由原点指向历元 2000.0 的地球参考极的方向，该历元的指向由国际时间局给定的历元为 1984.0 的初始指向推算，定向的时间演化保证相对于地壳不产生残余的全球旋转，X 轴由原点指向格林尼治参考子午线与地球赤道面（历元 2000.0）的交点，Y 轴与 Z 轴、X 轴构成右手正交坐标系。图 9-5 中的坐标系 $t\text{-}X_tY_tZ_t$ 为大地坐标系示意图，坐标原点 t 位于地球质心，X_t 由赤道面起算，向北为正，向南为负；Y_t 由格林尼治参考子午线起算，向东为正，向西为负；Z_t 与 $X_t\text{-}Y_t$ 平面垂直，向上为正。

无人机摄影测量中为了方便数据计算与坐标变换，采用的地面测量坐标系的坐标原点与大地坐标系原点一致，z 轴朝向与大地坐标系一致，但 x 轴与 y 轴进行了互换。

2000 国家大地坐标系采用的地球椭球参数如下：

长半轴 $a=6378137\text{m}$；

扁率 $f=1/298.257222101$；

地心引力常数 $\text{GM}=3.986004418\times10^{14}\text{m}^3/\text{s}^2$；

自转角速度 $\omega=7.292115\times10^{-5}\text{rad/s}$；

短半轴 $b=6356752.31414\text{m}$；

极曲率半径=6399593.62586m；

第一偏心率 e=0.0818191910428。

几种坐标系的关系如图 9-5 所示。

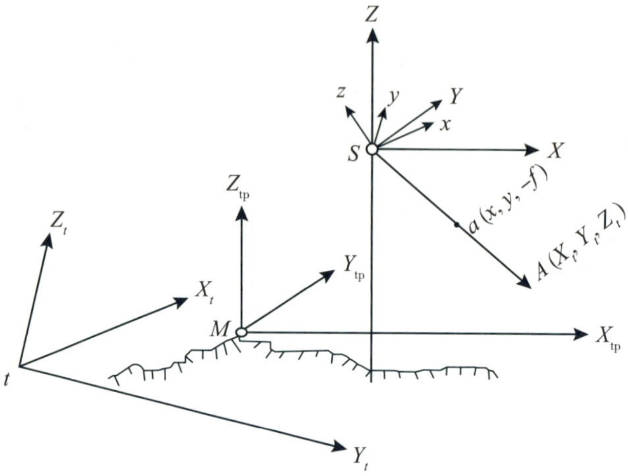

图 9-5　2000 国家大地坐标系与其他几种坐标系

6) 框标坐标系

框标坐标系是依像片上相应框标连线作为基准建立直角坐标。对于框标设在像幅四边中央的像片，通常依航线方向两边对应框标连线作为 x 轴；旁向两边对应框标连线作为 y 轴；两连线的交点 P 作为坐标原点，如图 9-6(a)所示。对于框标设在像幅四角处的像片，以相对框标连线的交点 P 作为坐标原点，取两对相对框标连线在航线方向夹角的平分线作为 x 轴，垂直于 x 轴的方向作为 y 轴，如图 9-6(b)所示。

坐标轴的正方向都按右手定则确定。

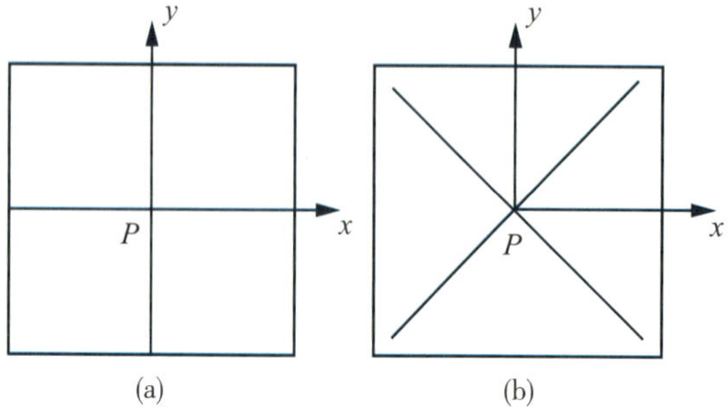

图 9-6　框标坐标系

7) 摄影测量坐标系

将像空间辅助坐标系 $S\text{-}uvw$ 沿着 w 轴反方向平移至地面点 P，得到的坐标系 $P\text{-}X_pY_pZ_p$，称为摄影测量坐标系。由于它与像空间辅助坐标系平行，因此很容易由像点的像空间辅助坐标求得相应地面点的摄影测量坐标，如图 9-7 所示。

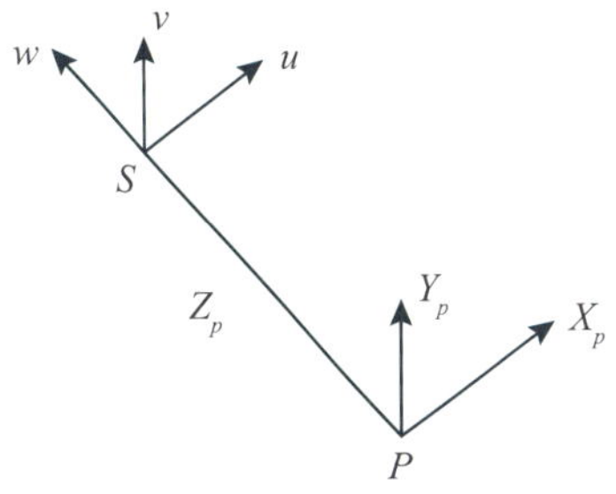

图 9-7　摄影测量坐标系

9.1.2　单张航摄像片基本理论

1) 内方位元素

内方位元素是用以确定摄影中心与像片平面相关位置的数据。内方位元素的作用是确定或恢复摄影光束形状的要素，包括 3 个数据(f，x_0，y_0)，如图 9-8 所示，目前在航摄仪鉴定时可以提供这 3 个数据，所以在航测应用中，内方位元素一般是已知数据。

2) 外方位元素

外方位元素是用以确定摄影光束在空间的位置及其姿态的数据。航摄像片的外方位元素共有 6 个，其中 3 个用来确定摄影光束在空间位置的数据称为线元素；另外 3 个用来确定摄影光束在空间姿态的数据称为角元素，如图 9-9 所示。

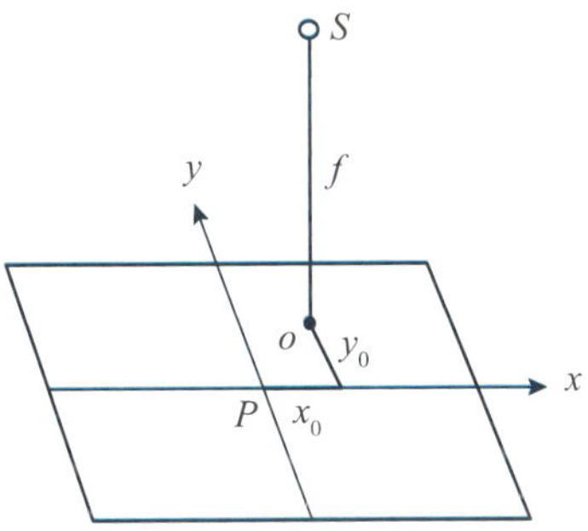

图 9-8　航摄像片内方位元素

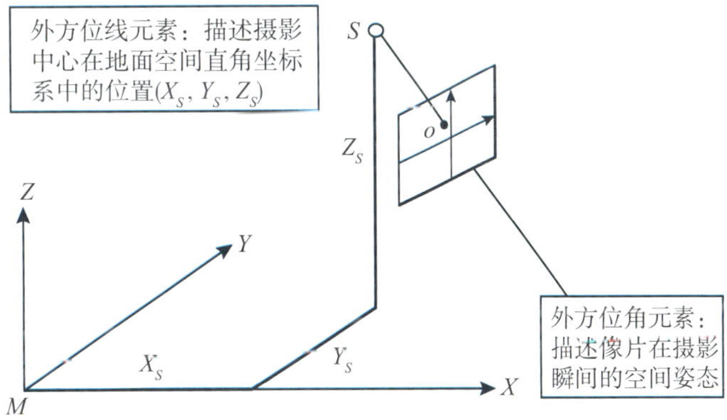

图 9-9　航摄像片外方位元素

3) 共线条件方程

在理想情况下，摄影瞬间像点、投影中心、物点位于同一条直线上，描述这三点共线的数学表达式称为共线条件方程。

$$\begin{cases} x = -f\dfrac{a_1(X - X_S) + b_1(Y - Y_S) + c_1(Z - Z_S)}{a_3(X - X_S) + b_3(Y - Y_S) + c_3(Z - Z_S)} \\ y = -f\dfrac{a_2(X - X_S) + b_2(Y - Y_S) + c_2(Z - Z_S)}{a_3(X - X_S) + b_3(Y - Y_S) + c_3(Z - Z_S)} \end{cases} \tag{9-1}$$

式中：x、y为像点在像平面坐标系中的坐标；X、Y、Z为相应地面点在地面辅助坐标系中的坐标；X_S、Y_S、Z_S为摄影中心S在地面辅助坐标系中的坐标；a_i、b_i、c_i($i=1$，2，3)为与航摄像片的外方位元素有关的系数项，称为方向余弦。

4)单像空间后方交会

利用一定数量的地面控制点空间坐标以及相应的像点坐标，根据共线条件方程，反求像片6个外方位元素，这种方法称为单像空间后方交会。

9.1.3 航摄像对基本理论

1)航摄像对

从两相邻摄站对同一地区所摄取的，具有一定重叠度的两张像片称为航摄像对，也称立体像对。

2)特征点与同名点

特征点是指在无人机获取的影像中图像灰度值发生剧烈变化的点或者图像边缘上曲率较大的点(即两个边缘的交点)。特征点通常是一些测区范围内的明显地物点、地物角点、交叉点以及在航片中色彩(灰度值)发生明显变化的点位。

影像特征点能够反映影像的本质特征，能够标识影像中的目标物体，通过特征点匹配能够完成影像之间的匹配，进而进行影像拼接。

同名点即同名像点，是同一地物点在不同影像上构成的像点。立体像对重叠范围内，左右像片上同一物点所构成的像点称为同名像点。

3)航摄像对空间前方交会

在摄影测量中，应用单像空间后方交会求得外方位元素后，仅靠单张像片仍无法确定地面点的三维坐标，因为单张像片只能确定出一条经过投影中心连向地面的方向线。而使用立体像对上的同名像点，可以得到两条同名光线，两条同名光线在空间上一定相交，其交点即为地面点的准确位置。如果已知立体像对两张像片的内、外方位元素，利用左右像片上的同名像点坐标$a_1(x_1, y_1)$与$a_2(x_2, y_2)$可分别列出2个共线条件方程，一共可以列出4个方程式，就可以解算出对应地面点的三维坐标(X, Y, Z)。这种由立体像对中两张像片的内、外方位元素和同名像点的坐标来确定相应地面点坐标的方法，称为航摄像对空间前方交会。

4) 相对定向元素与绝对定向元素

在立体摄影测量中，要建立一个与实地完全相似的立体几何模型，必须依靠立体像对；要恢复、确定一个像对的两张像片在摄影瞬间的空间位置与姿态，就必须知道该像对左右两张像片的外方位元素。一张像片有6个外方位元素，一个立体像对共有12个，这12个外方位元素即可确定立体像对在物方空间对于所摄物体的位置关系，即可基于同名光线成对相交解算出每个像点所对应地面点的三维坐标，构建出与实地完全一致的三维立体环境。

在已知内方位元素的基础上，确定立体像对在物方空间相对于所摄物体的位置与姿态关系的方法：一种是通过确定立体像对各张像片6个外方位元素的方法来实现；另外一种是先构建两张像片成像瞬间的相对位置关系，确定两张像片内在的几何关系，即构建成像立体几何模型，然后确定立体几何模型相对于地面测量坐标系的关系。

确定一个立体像对的两张像片相对位置关系所需要的元素叫作相对定向元素。一个立体像对有5个相对定向元素。较为常用的相对定向元素表达形式是连续像对相对定向元素，以左像片像空间坐标系为基准，确定右像片相对于左像片的相对方位。这种相对定向元素能够连续地恢复相邻或一条航线上所有投影光束之间的相对方位，通过同名光线相交可以构建出整个区域与实地相似的立体几何模型。确定立体几何模型在地面摄影测量坐标系中的正确方位和比例尺所需的元素，称为立体像对的绝对定向元素。立体几何模型的绝对定向元素有7个。

相对定向元素与绝对定向元素相当于把立体像对两张像片的12个外方位元素划分成两部分，一部分为确定两张像片相对位置关系(5个相对定向元素)，构建出与实地相似的立体模型；另一部分为确定立体模型在地面测量坐标系中的准确位置、姿态与比例(7个绝对定向元素)，构建出与实地相一致的立体环境。

9.2　解析空中三角测量

9.2.1　空中三角测量基本原理

无人机航空摄影测量空中三角测量(简称空三加密)是利用无人机连续拍摄的，具有一定重叠度像片内在的几何特性，依据少量野外地面控制点，以摄影测量方法建立起一个同实地完全一致的数字模型，从而获得更多加密点的三维坐标信息。

对测绘工作而言，航空摄影测量可分为外业工作和内业工作两大部分。外业工作包括航空摄影、控制点测量、地物信息调绘、地物信息补绘等；内业工作包括影像定向、DEM 生成、正射影像生成、测图等流程。影像的本质是空间的一个平面，因此每张影像的定向至少需要 3 个控制点。如果一次飞行拍摄 1 万张影像，按照每张影像需要 3 个控制点，则共需要 3 万个控制点，这样就会给外业工作带来巨大的工作量，摄影测量的意义将会大打折扣。那么，有没有办法减少外业控制点的测量工作呢？这个好比在墙上安装很多小块木板的工作，单独作业时则每个小木板需要 3 个钉子钉到墙上。但我们也可以先在地上将木板拼合在一起，形成一个大木板，然后再用 3 个钉子将拼合好的大木板钉到墙上。空中三角测量就是用这个原理来减少控制点的。在进行空中三角测量作业时，先将所有影像进行相对定向，形成自由网，然后再用一些地面控制点进行绝对定向，最终求解出每张影像的位置和姿态，即外方位元素。

在空中三角测量过程中需要加入一些连接点，连接点的作用是将影像相互连接到一起，当空中三角测量完成后，这些连接点的地面坐标被求解出来，变为已知影像位置和坐标的点，因此在后续的生产中可以当作控制点使用。这些通过空中三角测量处理生产的控制点称为加密点，可见通过空中三角测量作业可以节省大量的外业控制工作，对摄影测量作业有非常重要的意义。

9.2.2 解析空中三角测量概述

1）解析空中三角测量定义

解析空中三角测量是指航空摄影测量中利用像片内在的几何特性，在室内加密控制点的方法。即利用连续摄取的具有一定重叠的航摄像片，依据少量野外控制点，以摄影测量方法建立同实地相应的航线模型或区域网模型(光学的或数字的)，从而获取加密点的平面坐标和高程，主要用于测绘地形图。

2）解析空中三角测量优点

(1)不触及被量测目标即可测定其位置和几何形状；
(2)可快速地在大范围内同时进行点位测定，以节省野外测量工作量；
(3)不受通视条件限制；
(4)区域内部精度均匀，且不受区域大小限制。

3）解析空中三角测量分类

(1)按平差模型：航带法、独立模型法、光束法。

(2)按加密区域：单航带法、区域网法。

(3)区域网法：航带法区域网平差、独立模型法区域网平差、光束法区域网平差。

4)解析空中三角测量应用

(1)为测绘地形图、制作正射影像图提供定向控制点和像片内、外方位元素；

(2)取代大地测量方法，进行三、四等或等外三角测量的点位测定(要求精度为厘米级)；

(3)用于地籍测量以测定大范围内界址点的统一坐标；

(4)解析近景摄影测量和非地形摄影测量，用于建筑物变形测量、工业测量等。

9.3　空中三角测量实操

9.3.1　空中三角测量过程解析

通过影像数据导入相机参数设置并进行相应处理操作，即完成内定向处理。实现对无人机原始影像的像片畸变纠正并构建摄影瞬间的投影光束。

匹配连接点相当于进行相对定向过程，首先对影像数据进行特征点提取，然后对提取的不同影像上的特征点进行特征匹配，特征点匹配实质上是进行同名像点的寻找，也就是找到影像与影像之间的连接点(同名像点)，连接点匹配过程就是相对定向过程，通过同名像点坐标解算出两张影像之间的相对定向元素，完成相对定向元素解算即可构建出与实地相似的立体模型。

接着进行像片控制点导入与编辑处理，实现影像上的像点与对应地面点的相互关联；通过空中三角测量平差处理，实现解析法绝对定向，解析计算出相对定向完成后的与实地相似模型的绝对定向，解算出绝对定向元素，构建出与实地一致的立体模型，也计算出在像控点所在坐标系下每张像片的准确位置与姿态(外方位元素)；接着由空中三角测量结果导出立体模型，即可进行无人机航空摄影测量内业立体测图工作。

9.3.2　空中三角测量操作流程

利用 DoubleGrid 软件进行空中三角测量过程实践操作，操作流程如下。

1)新建工程

(1)根据无人机原始影像属性判断无人机 POS 高程记录是否准确，若存在误差即按照如下步骤进行，若无误差即进入第(5)步。

(2)鼠标左键点击 DoubleGrid 界面【POS 修正】按钮，打开 ImagePosTool. exe 执行程序，如图 9-10 所示。

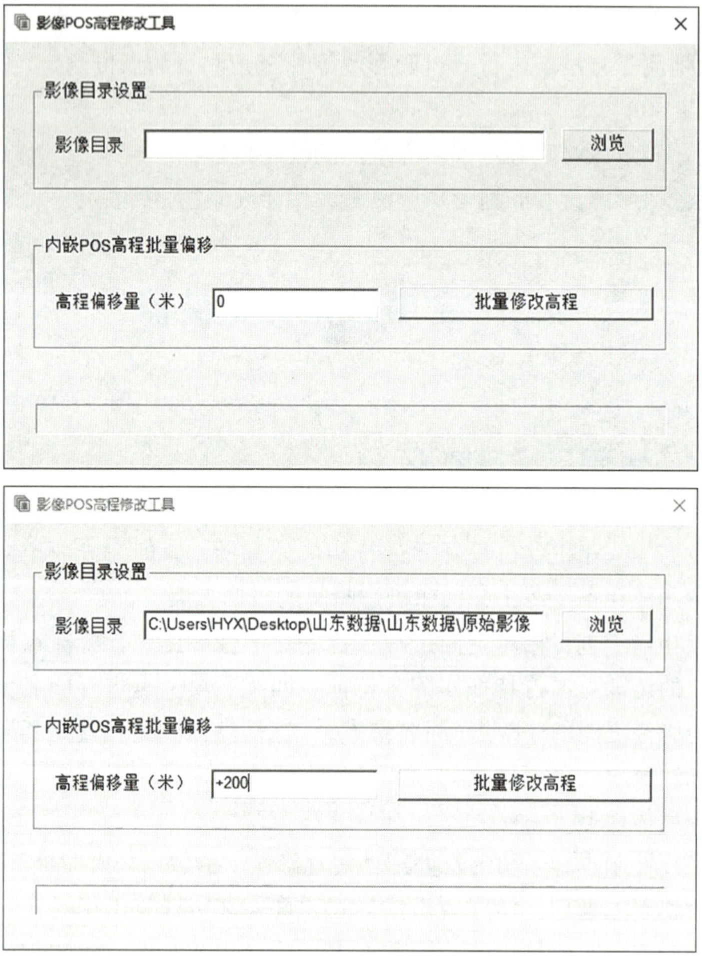

图 9-10　POS 高程修改工具

(3)鼠标左键单击影像目录后的【浏览】，在弹出的选择文件夹界面选择影像数据文件夹，鼠标左键单击【选择文件夹】。

(4)修改高程偏移量后方的高程(根据地面平均高计算)，鼠标左键单击【批量修改高程】，直至运行完成弹出【完成】对话框，点击【确定】。

(5)鼠标左键点击 DoubleGrid 界面【DoubleGrid】，打开 DPGrid. exe 执行程序，如图 9-11所示。

图 9-11　打开 DoubleGrid 界面

(6)鼠标左键单击菜单栏中的【文件】，选择【新建】，如图 9-12 所示。

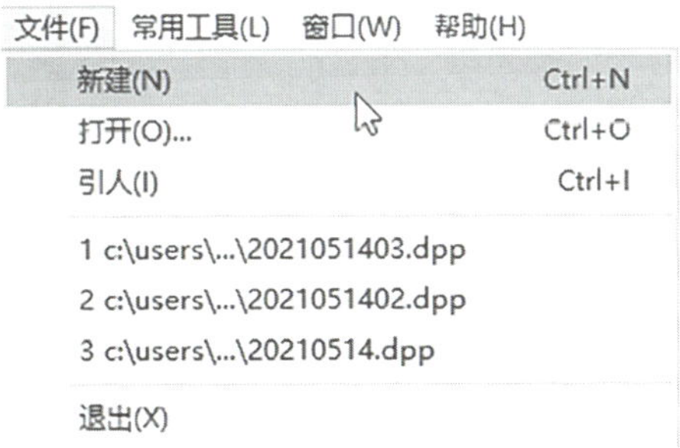

图 9-12　新建工程

(7)弹出新建工程窗口，如图 9-13 所示。

(8)鼠标左键单击工程路径后的【浏览】，弹出浏览文件夹界面，如图 9-14 所示。

(9)鼠标左键选择盘符(例如：E 盘)，单击【新建文件夹】，按要求命名文件(注意：不能有中文、空格等特殊符号)，鼠标左键点击【确定】。

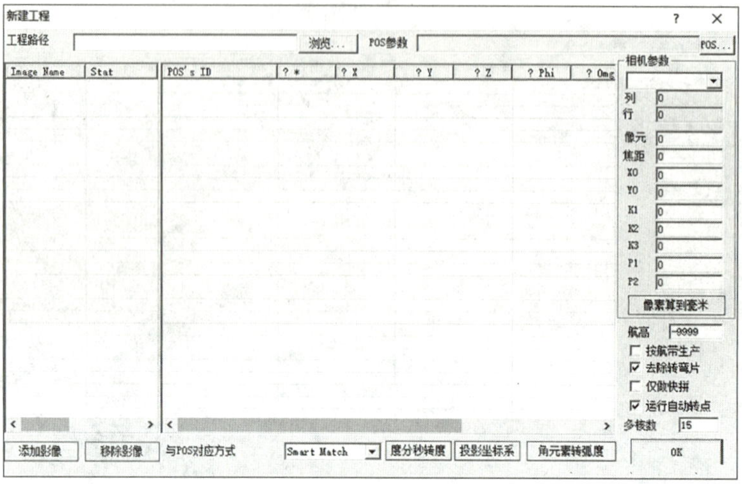

图 9-13　打开新建工程窗口

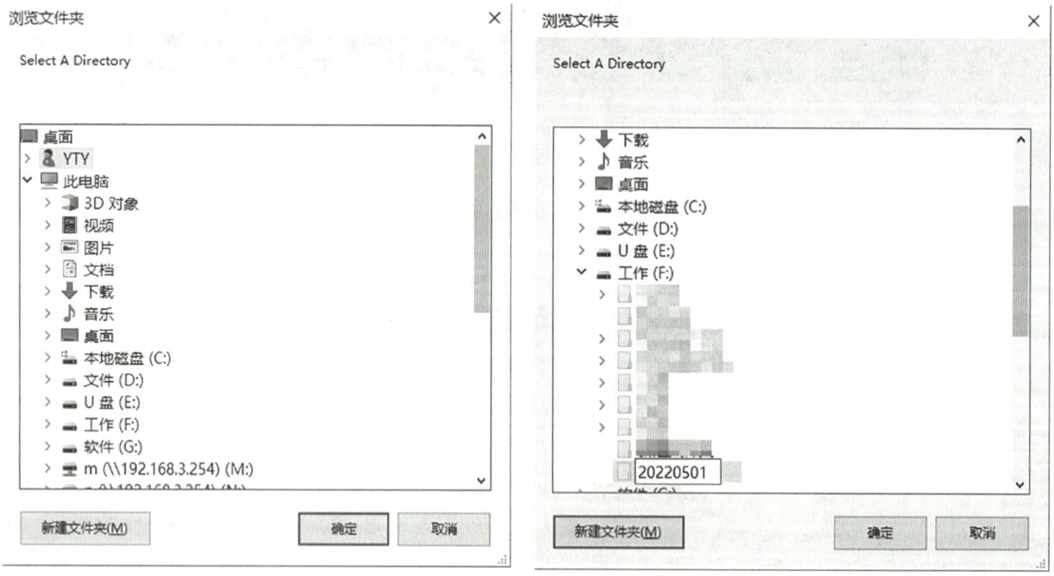

图 9-14　新建工程路径

(10)鼠标左键单击 Image Name 下的【添加影像】，弹出 Select Images 界面，如图 9-15 所示。

(11)弹出 Select Images 界面，选择航飞获取的原始影像文件夹，将影像数据全部选中，鼠标左键单击【打开】，软件回到新建工程界面，将新建工程界面右下角【航高】改为实际航飞高度，勾选【去除转弯片】，如图 9-16 所示。

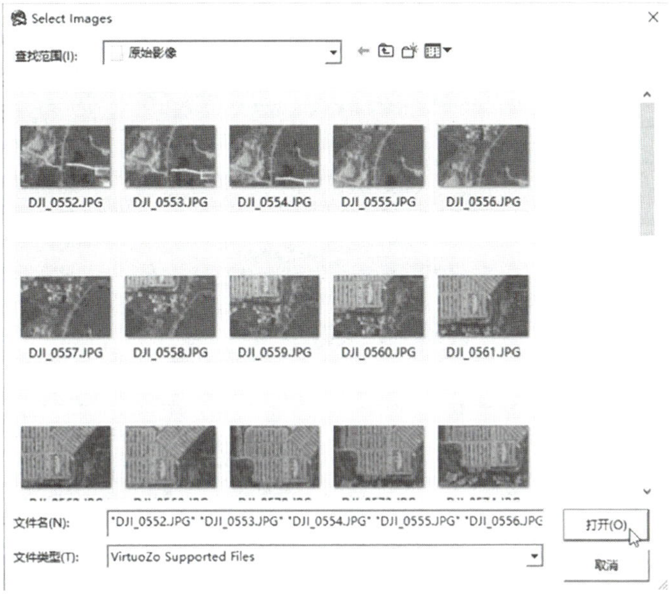

图 9-15　选择影像

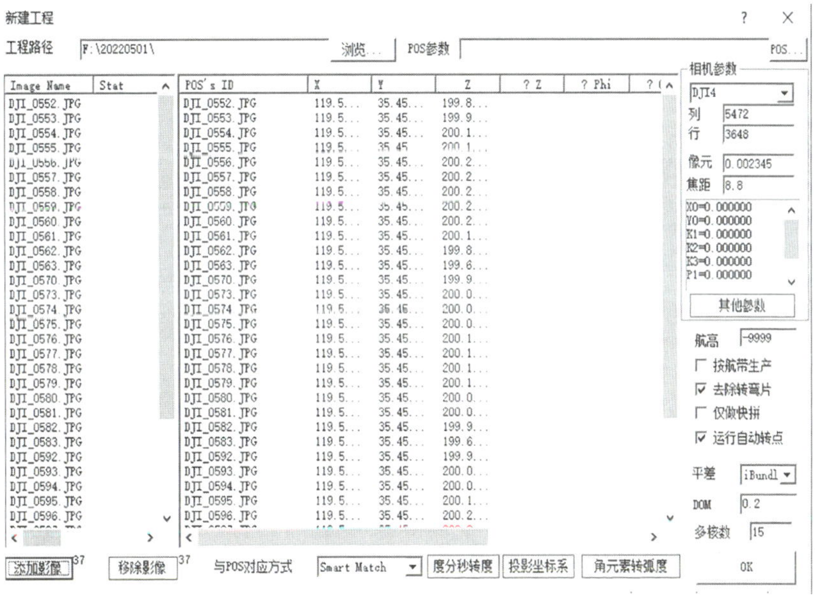

图 9-16　引入影像

(12)点击【投影坐标系】进行坐标系设置，设置完成后点击【确认】，如图 9-17 所示。

(13)点击新建工程界面【OK】开始处理，如图 9-18 所示。

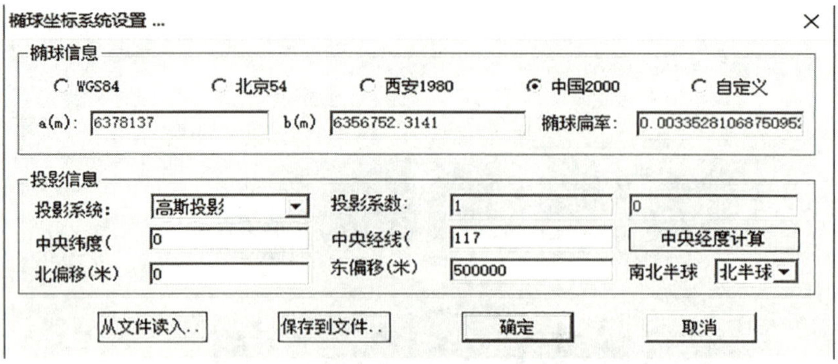

图 9-17　坐标系设置

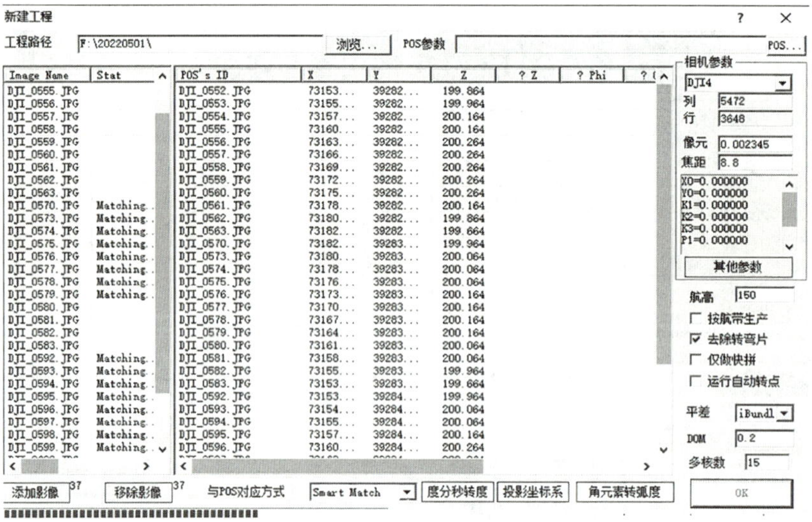

图 9-18　空三处理

2)空三制作

▶ 空三制作

(1)删除不属于规划航带上的影像，鼠标左键选中需删除影像，单击键盘上【Delete】，弹出确认要移除影像界面，单击【是】。

(2)以此删除不属于规划航带上的影像，鼠标左键单击菜单栏中的【文件】，先选择【保存】，再选择【同步】。

(3)鼠标左键单击菜单栏中的【定向生产】，选择【空中三角测量】下的【匹配连接点】(或鼠标左键单击工具栏中的匹配连接点快捷方式)，进入 Extract TiePoints 界面，如图 9-19 所示。

(4)在 Extract TiePoints 界面中勾选【粗略匹配】、【精细匹配】、【自动平差】，其他保持默认，鼠标左键单击【确认】，直至运行完成后自动退出界面，如图 9-20 所示。

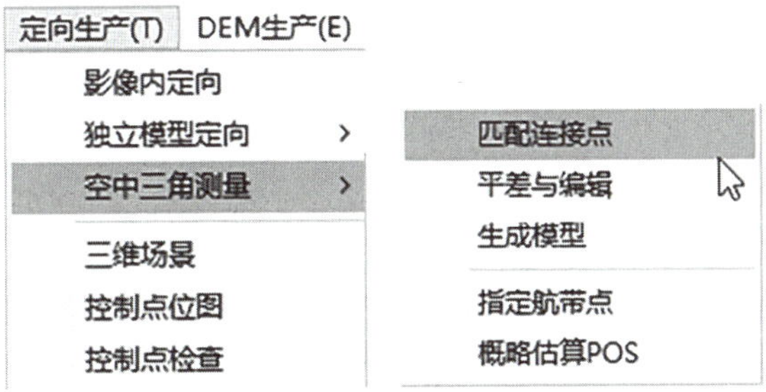

图 9-19　匹配连接点

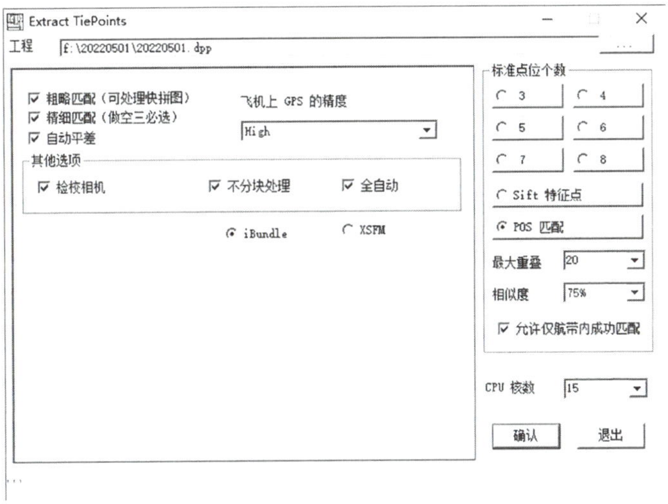

图 9-20　精细匹配

（5）鼠标左键单击菜单栏中的【文件】，选择【地面控制点】，弹出地面控制点参数窗口，如图 9-21 所示。

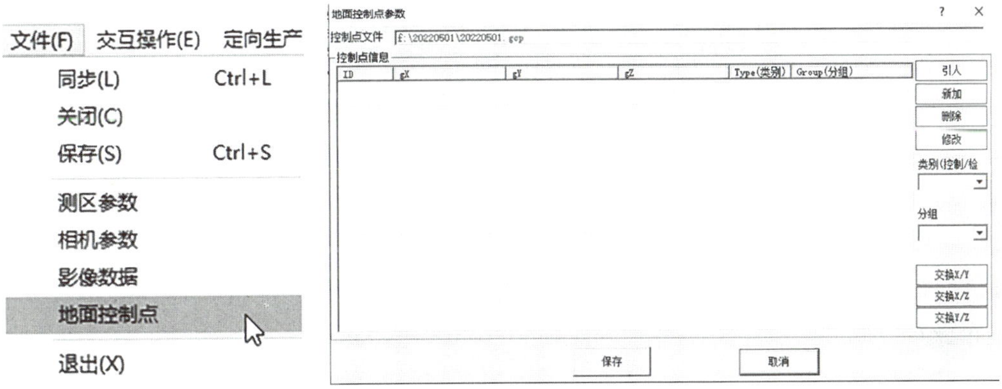

图 9-21　引入地面控制点

（6）鼠标左键单击【引入】，选择已有控制点文件，点击【打开】，鼠标左键单击【保存】，显示控制点引入分布图，如图 9-22、图 9-23 所示。

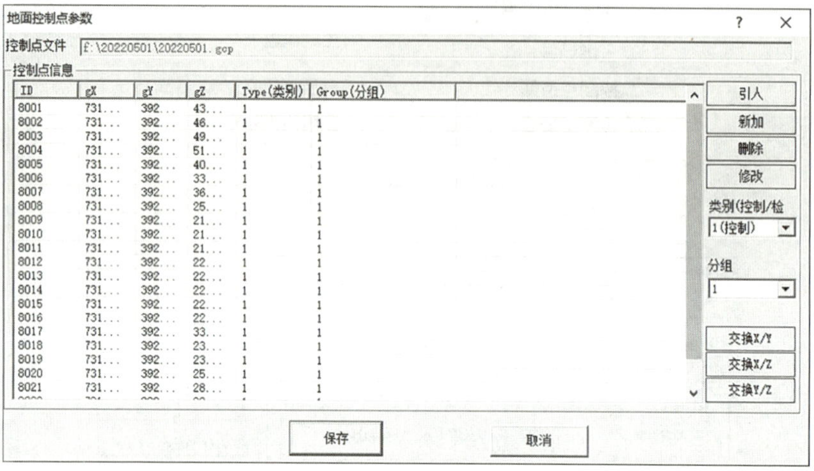

图 9-22　保存控制点文件

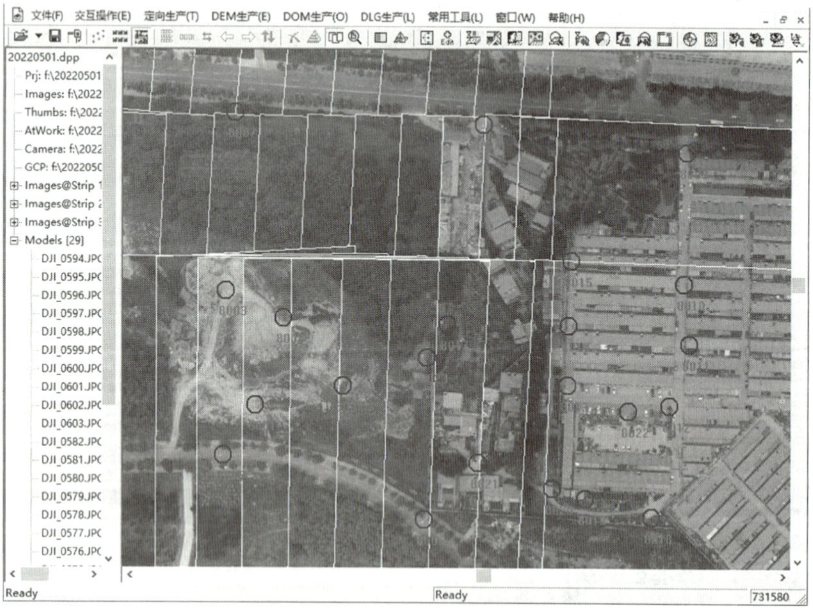

图 9-23　控制点分布图

（7）鼠标左键单击菜单栏中的【定向生产】，选择【空中三角测量】下的【平差与编辑】（或鼠标左键单击工具栏中的【平差与编辑】），进入 TMAtEdit 界面，如图 9-24 所示。

（8）鼠标左键单击工具栏中的【匹配加连接点】功能，如图 9-25 所示。

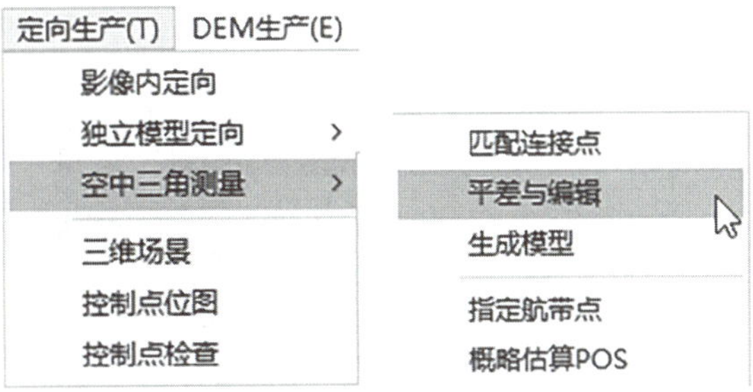

图 9-24　平差与编辑

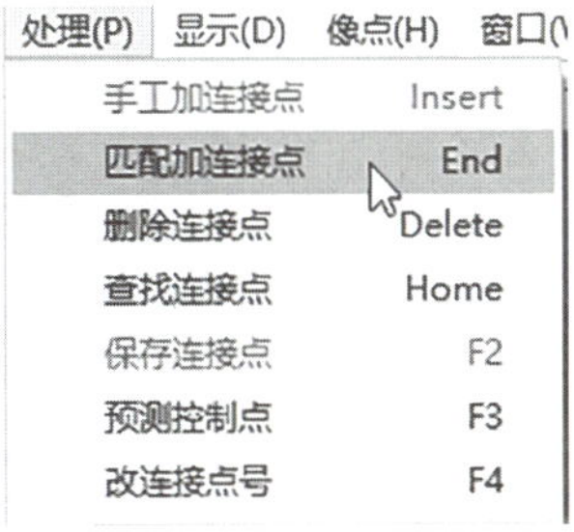

图 9-25　匹配加连接点

(9)根据提供的控制点信息，在图上用鼠标左键双击控制点附近位置，弹出精调界面，若不可见控制点点位，可鼠标左键单击菜单栏中的【像点】，选择【点位粗选择】(或鼠标左键单击工具栏中的【点位粗选择】)，单击【保存】，如图 9-26 所示。

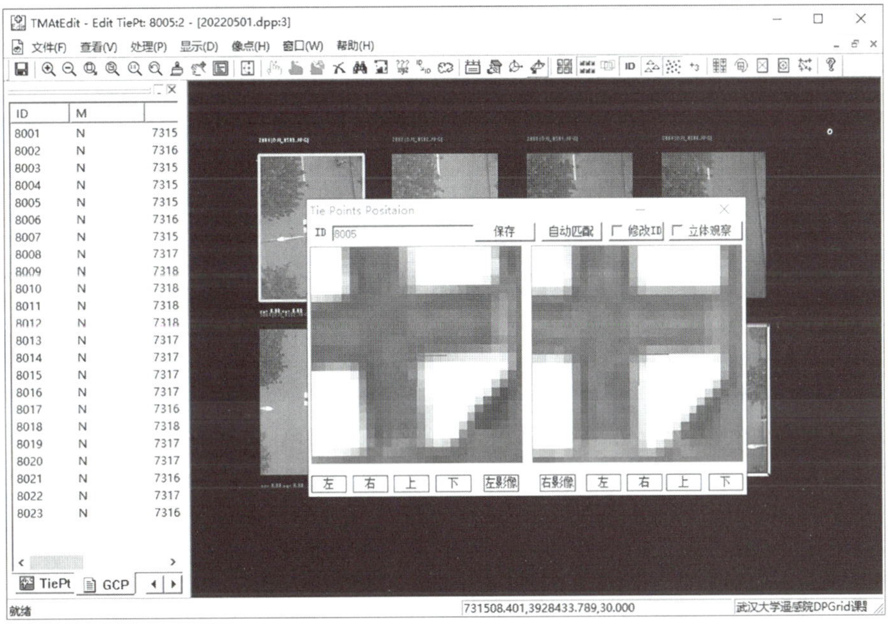

图 9-26　空三刺点

(10)精细调整控制点点位，并确认控制点点号及保存后关闭刺点界面(至少添加 5 个控制点)，如图 9-27 所示。

(11)鼠标左键单击菜单栏中的【处理】，选择【平差方式】中的【平差软件 iBundle】，如图 9-28 所示。

图 9-27　控制点保存

图 9-28　平差方式

(12)鼠标左键单击菜单栏中的【处理】，选择【运行平差】(或鼠标左键单击工具栏中的【运行平差】)，弹出 Adjust Frame Camera V2.0 界面，如图 9-29 所示。

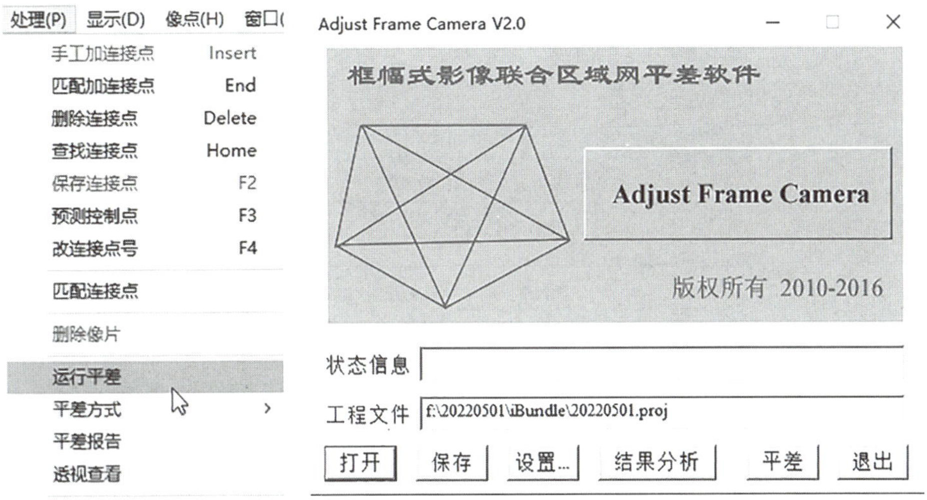

图 9-29　打开平差界面

(13)鼠标左键单击【设置】按钮，弹出 Bundle Adjustment Setup 界面，如图 9-30 所示。

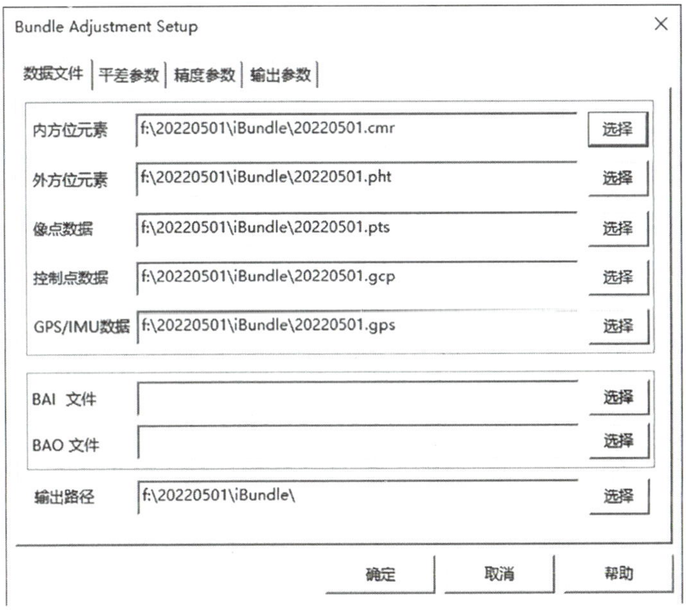

图 9-30　设置平差参数

(14)鼠标左键单击【精度参数】选项卡，将【控制点精度平面】改为 0.3，【控制点精度高程】改为 0.5，将【GPS 精度与参数】中的平面和高程改为 0，勾选【天线分量】、【航带漂移】、【线性漂移】，鼠标左键单击【确定】按钮，如图 9-31 所示。

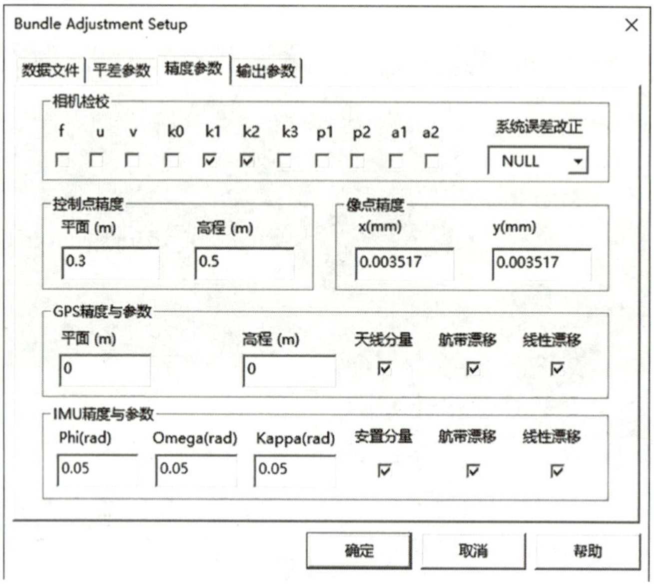

图 9-31　设置精度参数

（15）鼠标左键单击【平差】按钮，运行完成后点击【退出】按钮，如图 9-32 所示。

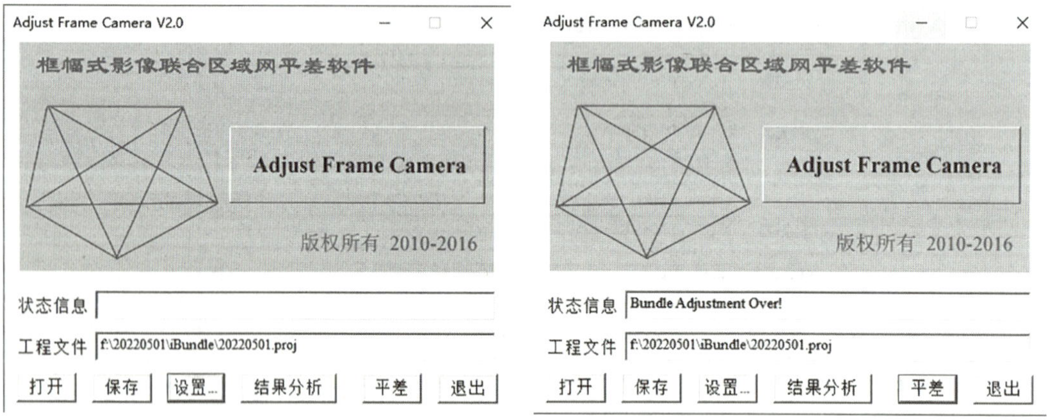

图 9-32　运行平差

（16）鼠标左键单击菜单栏中的【处理】，选择【平差报告】（或鼠标左键单击工具栏中的【平差报告】），查看精度，如图 9-33 所示。

（17）若控制点精度超限，可返回第（9）步进行重新调整或添加。

（18）确认无误后另存该报告，命名为“KS+各组编号 . txt”。

（19）鼠标左键单击菜单栏中的【处理】，选择【输出方位元素】（或鼠标左键单击工具栏中的【输出方位元素】），如图 9-34 所示。

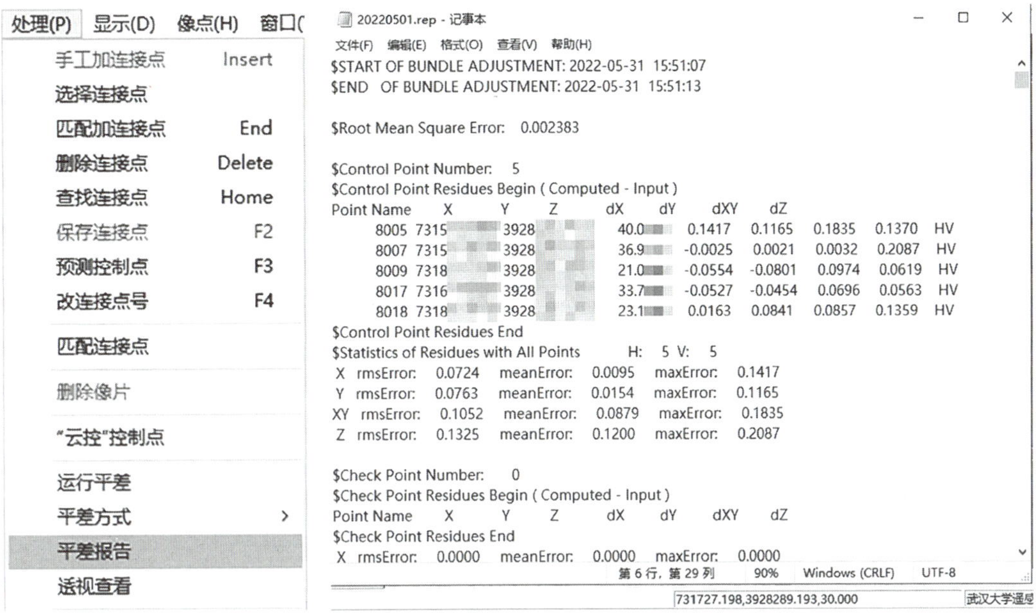

图 9-33　检查平差报告

图 9-34　输出方位元素

(20)单击【是】，弹出成功导出平差成果，如图 9-35 所示。

(21)单击【确定】，关闭 TMAtEdit 界面。

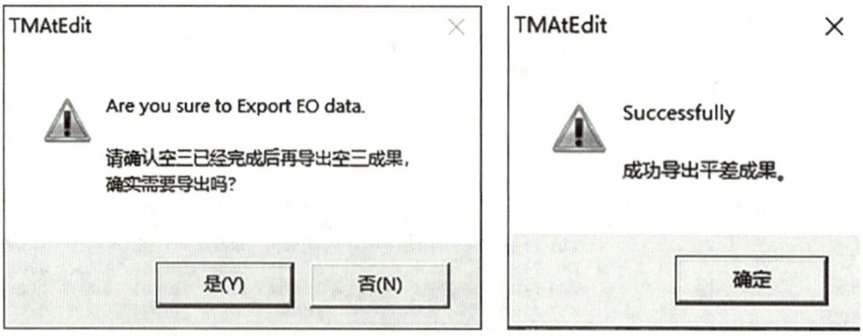

图 9-35　导出平差成果

(22)鼠标左键单击菜单栏中的【定向生产】，选择【空中三角测量】下的【生成模型】，弹出立体模型参数界面，如图 9-36 所示。

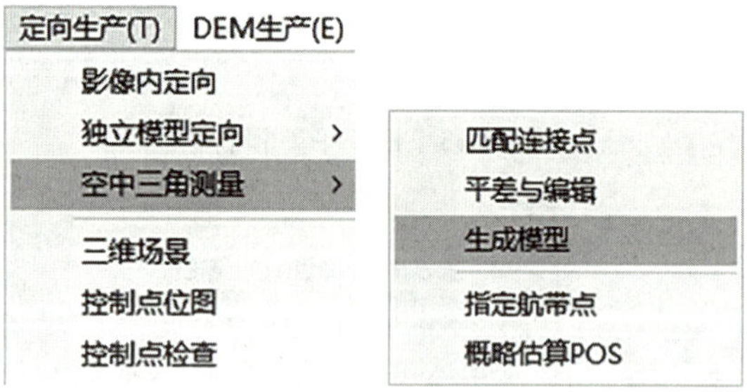

图 9-36　生成模型

(23)鼠标左键勾选【航带优先】选项，单击【自动产生】按钮，点击【确认】，如图9-37 所示。

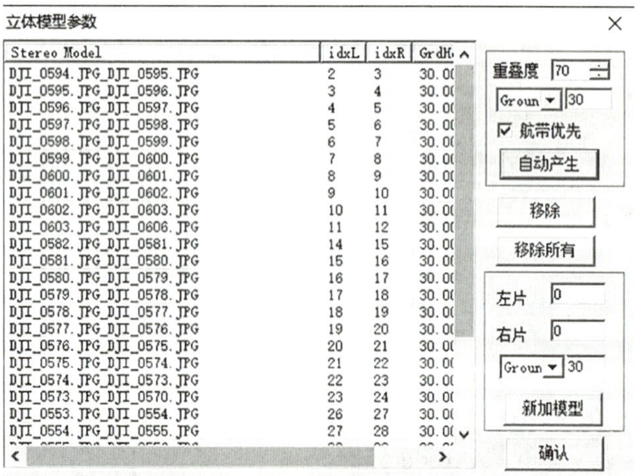

图 9-37　立体模型生产

思政点滴

中国摄影测量与遥感之父——王之卓院士

1909 年 12 月 16 日，王之卓，出生在河北省丰润县一个书香门第家庭。孩提时代，他随父亲跑了许多地方，亲眼看见军阀混战民不聊生，落后的中国已沦为帝国主义列强宰割的羔羊！从小他就立志要科学救国，长大后争取公费留学，到欧美发达国家学习先进科学技术。

1928 年王之卓以优异成绩考取上海交通大学土木工程系，1932 年毕业时成绩位列全校第一名，谢绝了清华大学请他担任土木工程系助教的聘请，来到铁路工地当实习生。他一边参加铁路支线选线、测量、购地、组织施工，一边利用工余时间攻读。而就在 1934 年春夏之交，他经过严格考试筛选，考取了第二届中英庚款公费留学生中的测量学名额。王之卓则选择 20 世纪 20 年代前后才新兴的边缘学科——航空摄影测量学。1939 年初，王之卓获工学博士学位，成为中国航测科学第一位博士。

自 1939 年在德国获得博士学位归国以后，王之卓即致力于中国的测绘教育事业，在长达 63 年的教学科研生涯中历尽艰辛、呕心沥血、精心耕耘，培养了大批测绘高级人才，桃李满天下，深受广大师生、测绘界与教育界的敬重。他提出了解析法空中三角测量加密理论与方案，以及全数字化测图的设想，是中国科学院资深院士。

2002 年 5 月 18 日 6 时 20 分，93 岁高寿的王老含笑辞世。他的身后，大批学科带头人挑起重担，继续他的遗志奋勇前进！

王之卓是中国第一位获得工学博士学位的航空摄影测量学者，他又是罕见的德国柏林工业大学“金博士”。1989 年 2 月，为了表达对王之卓以及他为科学，特别是为摄影测量与遥感所作的贡献，联邦德国摄影测量与遥感学会专门为他获得博士学位 50 周年举行了庆祝活动。柏林工业大学授予王之卓“金博士证书”，专门出版了《王之卓教授金博士纪念册》。王之卓还是国际摄影测量与遥感学会终身“荣誉会员”，早在 1938 年就参加了在意大利罗马召开的国际摄影测量学会第五届学术讨论会。50 年后，1988 年 7 月在日本京都召开的国际摄影测量与遥感学会第十六届大会上，他荣获该学会授予的“荣誉会员”证书，成为全世界获得该学会这一殊荣的在世七位国际著名学者之一。

正是有了王之卓院士等先辈的努力，才为我国摄影测量与遥感事业从理论到实践，打下了坚实基础。而今天张祖勋院士的理论和中国大疆无人机的创新、北斗卫星定位系统的技术支持，将航测从“贵族测绘”发展到“平民化无人机测绘”，为航空摄影测量高效率、高机动、高适应、低成本的发展做出革命性推动，无人机测量将在测绘现场发挥更大的作用。

资料来源：百度百科。

作业习题

一、选择题

1. 在摄影测量中投影中心向像面所作垂线的垂足叫作________。
   A. 像主点　　B. 中心点　　C. 框标连线交点
2. 像空间坐标系的坐标原点是________。
   A. 像主点　　B. 摄影(或投影)中心　　C. 地面上某一控制点
3. 下列坐标系不是右手坐标系的为________。
   A. 像空间坐标系　　B. 大地测量坐标系　　C. 地面摄影测量辅助坐标系
4. 下列坐标系中，不属于过渡坐标系的是________。
   A. 像空间辅助坐标系　　B. 摄影测量坐标系　　C. 大地测量坐标系
5. 用以确定摄影中心与像片平面相关位置的数据是________，有________个。
   A. 外方位元素、3　　B. 内方位元素、6　　C. 内方位元素、3
6. 确定摄影光束在空间的位置及其姿态的数据是________，包括________。
   A. 内方位元素、3 个线元素和 3 个角元素
   B. 外方位元素、3 个线元素和 3 个角元素
   C. 外方位元素、2 个线元素和 2 个角元素
7. 依据少量野外地面控制点，以摄影测量方法建立起一个同实地完全一致的数字模型，从而获得更多加密点的三维坐标信息，该项工作叫作________。
   A. 空中三角测量　　B. 像片控制点测量　　C. 影像纠正
8. 下列关于解析空中三角测量优点，说法错误的是________。
   A. 不触及被量测目标即可测定其位置和几何形状
   B. 区域内部精度均匀，且不受区域大小限制
   C. 可快速地在大范围内同时进行点位测定，不需要野外测量工作
9. 空中三角测量最终需要求解出每张影像的________。
   A. 外方位元素　　B. 内方位元素　　C. 像控点坐标
10. 同一地物点在不同影像上成的像点叫作________。
   A. 特征点　　B. 同名点　　C. 像控点

二、简答题

1. 摄影测量常用坐标系有哪些？各自是怎么定义的？
2. 简述空中三角测量基本原理和作用。

三、名词解释

内方位元素、外方位元素、单像空间后方交会、航摄像对空间前方交会。
相对定向元素、绝对定向元素、特征点、航摄像对、同名点。

（选择题答案：A B B C C B A C A B）

任务清单

任务描述：利用外业获取的影像、控制点进行空三制作。

姓名		班级		学号		组别	
数据类型		数据编号		坐标系			
处理项目			检查			记录	
数据准备							
新建工程							
导入控制点							
刺点							
平差							
输出方位元素							
另存平差报告							
结论							
综合评价							

评价清单

<table>
<tr><td rowspan="3">基本信息</td><td>姓名</td><td></td><td>班级</td><td></td><td>学号</td><td></td><td>组号</td><td></td></tr>
<tr><td>角色</td><td colspan="7">□主操作员　　□辅操作员</td></tr>
<tr><td>规定时间</td><td></td><td>完成时间</td><td></td><td>考核日期</td><td></td><td>指导教师</td><td></td></tr>
<tr><td rowspan="8">考核内容</td><td rowspan="2">序号</td><td colspan="2" rowspan="2">步骤</td><td colspan="5">完成情况</td></tr>
<tr><td colspan="2">完成</td><td colspan="3">未完成</td></tr>
<tr><td>1</td><td colspan="2">考核准备：
设备：
数据：</td><td colspan="2"></td><td colspan="3"></td></tr>
<tr><td>2</td><td colspan="2">1. 选取控制点时务必选取四角及中心的点；
2. 合格控制点不得少于五个</td><td colspan="2"></td><td colspan="3"></td></tr>
<tr><td>3</td><td colspan="2">控制点平面精度</td><td colspan="2"></td><td colspan="3"></td></tr>
<tr><td>4</td><td colspan="2">控制点高程精度</td><td colspan="2"></td><td colspan="3"></td></tr>
<tr><td>5</td><td colspan="2">平差报告精度满足要求后输出方位元素</td><td colspan="2"></td><td colspan="3"></td></tr>
<tr><td>6</td><td colspan="2">将 . rep 格式平差报告另存为 . txt 格式</td><td colspan="2"></td><td colspan="3"></td></tr>
<tr><td colspan="2">指导教师评价</td><td colspan="7">□优秀　□良好　□中等　□及格　□不及格</td></tr>
<tr><td>团队协作</td><td colspan="8"></td></tr>
<tr><td>沟通表达</td><td colspan="8"></td></tr>
<tr><td>教师评语</td><td colspan="8"></td></tr>
</table>

模块 10

无人机航测 DEM 生产

思维导图

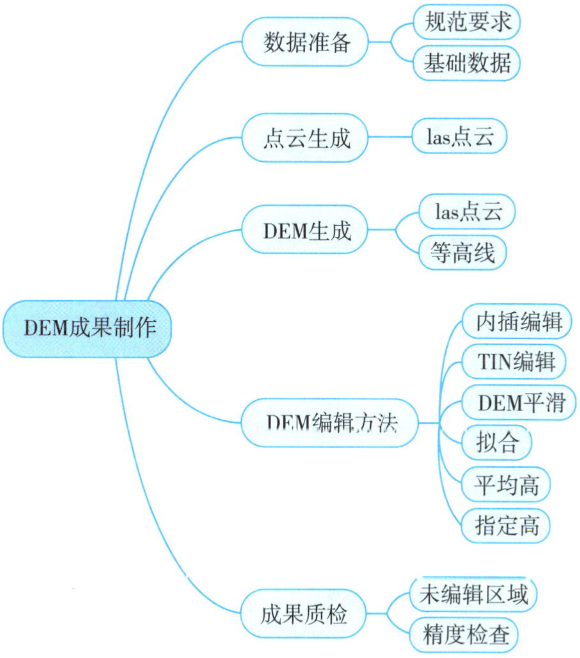

10.1 DEM 基本概述

10.1.1 数字高程模型的概念

传统的地形图是用等高线和地貌的图式符号以及必要的数字注记表示地形起伏，这种图解表示方法比较抽象，不便于地形图的修复、存放和检索。此外，由于地形图的负载量是有限的，地面的很多信息不能直接表示在地形图上，而且成图过程不便于自动化。随着计算机的发展、工程设计自动化和建立地形信息系统的需要，出现了以数字方式表示地面的起伏形态，即数字高程模型(DEM)。

DEM 是地形起伏的数字化表达。最常用的是用一系列地面点的平面坐标 X、Y 以及该地面点的高程 Z 组成的数据阵列。

与传统的地图相比，DEM 作为地面信息的一种数字表达形式，有着无可比拟的优越性。首先，它直观地展示了地表的高程起伏，可以直接输入计算机，供各种计算机辅助设计系统使用；其次，DEM 可运用多层数据结构存储丰富的信息，包括地形图无法容纳与表达的垂直分布地物信息，以适应国民经济各方面的需求；此外，由于存储的信息是数字形式的，便于修改、更新、复制和管理，也可以方便地转换成其他形式的地表资料文件及产品。

10.1.2　数字地面模型的表示

一个地区的地表高程的变化可以采用多种方法表达，用数学定义的表面或点、线、影像等都可用来表示 DEM，如图 10-1 所示。

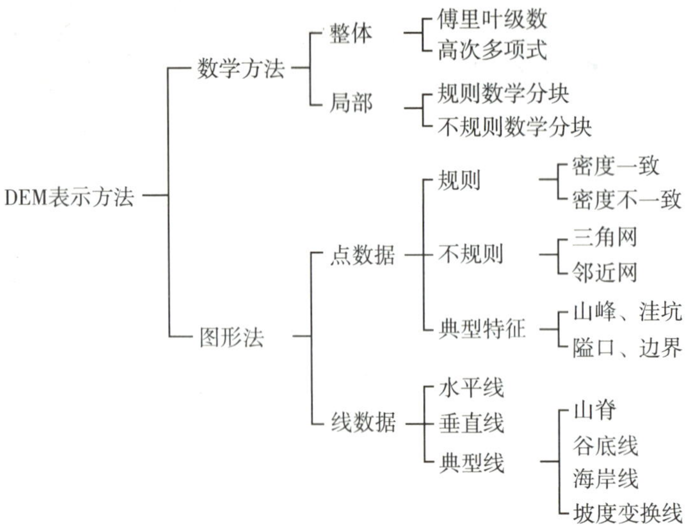

图 10-1　DEM 的表示方法

1) 数学方法

用数学方法来表达，可以采用整体拟合方法，即根据区域所有的高程点数据，用傅里叶级数和高次多项式拟合统一的地面高程曲面，也可用局部拟合方法，将地表复杂表面分成正方形规则区域或面积大致相等的不规则区域进行分块搜索，根据有限个点进行拟合形成高程曲面。

2）图形方法

（1）线模式。

表示地形的最普通线模式是一系列描述高程曲线的等高线。由于现有的地图大多绘有等高线，这些地图便是数字地面模型的现成数据源，用扫描仪在这些图上自动获取数据，即可生成 DEM。另外，根据各局部等值线上的高程点，通过插值公式计算各点的高程，得到 DEM。

（2）点模式。

用离散采样数据点建立 DEM 是常用的方法之一。数据采样可以按规则格网采样，可以是密度一致的或不一致的；也可以不规则采样，如不规则三角网、邻近网模型等；还可以有选择性地采样，采集山峰、洼坑、隘口、边界等重要特征点。

①规则格网 DEM 地形建模。规则格网 DEM 是利用一系列在 X、Y 轴方向上都是等间隔排列的地形点的高程 Z 来表示地形，形成一个矩形格网 DEM，如图 10-2 所示。其中任意点 $P_{i,j}$ 的平面坐标可根据该点在 DEM 中的行列号 i、j 及存放在该 DEM 头部文件的基本信息推算出来。这些基本信息文件应包括 DEM 起始点坐标 X_{ij}，Y_{ij}，DEM 格网在 X 轴方向与 Y 轴方向的间隔 D_x，D_y 及 DEM 的行列数 N_x，N_y 等。点 P_{ij} 的平面坐标(X_i，Y_i)为

$$\begin{aligned} X_i &= X_0 + i \cdot D_x \quad (i = 0, 1, \cdots, N_x) \\ Y_i &= Y_0 + i \cdot D_y \quad (i = 0, 1, \cdots, N_y) \end{aligned} \tag{10-1}$$

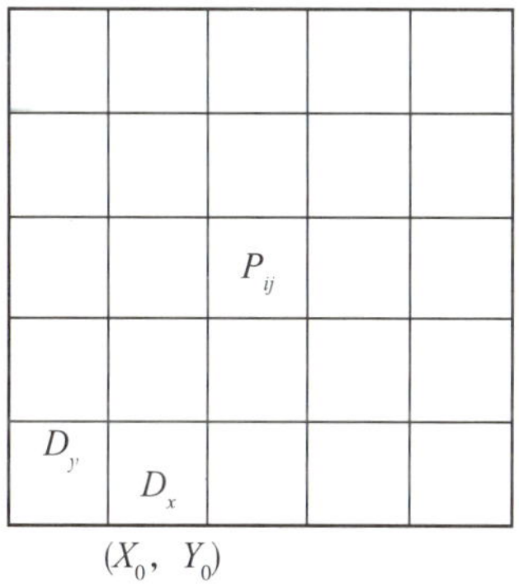

图 10-2　规则格网 DEM

在这种情况下，除了基本信息外，DEM 就变成一组规则存放的高程值。在计算机语言中，它就是一个二维数组或数学上的一个二维矩阵 $\{Z_{ij}\}$。由于离散的原始数据的排列一般是不规则的，为了获取规则格网的 DEM，内插是必不可少的重要步骤。对于表示地

形表面而言，格网点的高程一般只与其周围离散点(数据源)的高程有关，因此在建模时选取所求高程格网点周围一定范围内的离散点，采用某种内插方法得到所求格网点的高程，如图 10-2 所示。

规则格网 DEM 存储量小，非常便于使用且容易管理，因而是目前运用最广泛的一种存储方式。但其缺点是不能准确表示地形结构与细部，所以基于格网描绘的等高线不能准确地表示地貌。

规则格网 DEM 的优点：

a. 高程细节丰富；

b. 数据格式简单，便于存取、处理；

c. 建模方法比较简单。

规则格网 DEM 也有缺点，主要表现在以下几个方面：

a. 地形简单的地区存在大量的冗余数据；

b. 如不改变格网大小，则无法用于起伏程度不同的地区；

c. 由于栅格过于粗略，难以描述地形的结构特征，如山峰、洼坑、山脊、山谷等。

②基于三角网 DEM 地形建模。对于非规则离散分布的特征点数据，为了能较好地顾及地貌特征点、线，以致真实地表示复杂的地形表面，可以建立各种非规则的数字地面模型，如三角网、四边形网或其他多边形网，其中最简单的还是三角网。不规则三角网(Triangulated Irregular Network，TIN)是按一定的规则将离散点连接成覆盖整个区域且互不重叠、结构最佳的三角形，实际上是建立离散点之间的空间关系，如图 10-3 所示。每个三角网点都包含了该点的平面位置信息和高程信息。

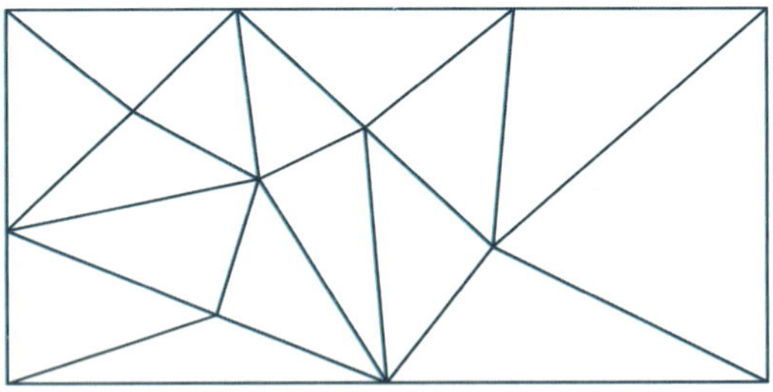

图 10-3　不规则三角网 DEM

常见的三角网建模的构网法则主要有：“三角形三边和最小”法则，“三角形边的对应角最大”法则，“最大-最小角”法则，Delaunay 法则等。所有的构网法则都必须满足一个基本的必要条件，即所构成的三角网中任何一个三角形内不包含其他的点。

三角网数字地面模型的存储方式和矩形格网的存储方式大不相同，它不仅要存储每个网点的高程，还要存储其平面坐标、网点连接的拓扑关系、三角形及邻接三角形等信息。常用的存储结构有三种形式，即直接表示网点邻接关系、直接表示三角形及邻接关系、混合表示网点及三角形邻接关系。图 10-3 所示为其中的一种。

三角网 DEM 虽能较好地顾及地貌特征点、线，表示复杂地形表面比矩形格网 DEM 精确，但数据量较大，数据结构较复杂，因而使用与管理也较复杂。因此近年来，人们对三角网的快速构成、压缩、存储及应用也做了不少研究并取得了相应的成果。

三角网 DEM 缺点：

a. 不规则三角网的三角面元以及三角形的点、边之间的拓扑关系比较复杂；

b. 对不规则三角网进行处理比较复杂。

三角网 DEM 优点：

a. 能够简单地表达地形的结构特征；

b. 能够充分反映点的分布密度和地形的复杂度，建模的复杂度与地形的复杂度一致；

c. 较少的点能够表达一定精度要求的地形模型。

③基于矩形格网-三角网混合形式 DEM。

由于矩形格网及三角网都有着各自的特点，为了充分利用两种形式 DEM 的优点，有的采取两者的结合，即基于矩形格网-三角网混合形式的 DEM，如图 10-4 所示。即一般地形平坦地区使用矩形格网数据结构，而且还可根据不同的地形采用不同密度的格网，沿地形特征则附加三角网数据结构，这样既保持矩形格网存储量小、易于管理、使用的优点，又继承三角网能较好地顾及地貌特征的优点，起到扬长避短的作用。

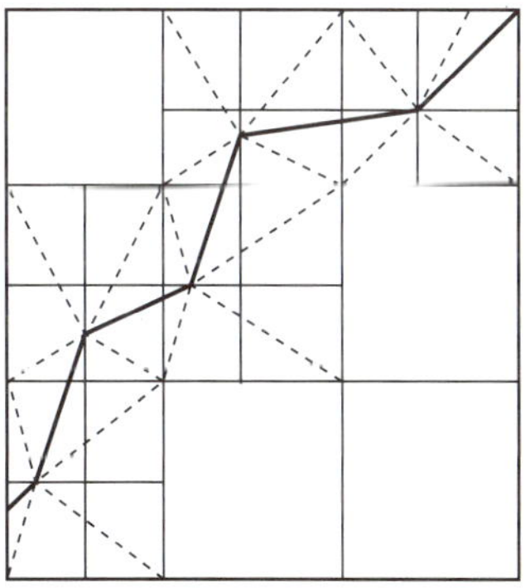

图 10-4　矩形格网-三角形网混合形式 DEM

10.2　DEM 制作

10.2.1　数字高程模型的获取

数字高程模型 DEM 的数据由平面位置和高程数据两部分组成，获取数字高程模型的原始数据，即点的三维坐标，是建立数字高程模型的最基础、最关键的一步，它在整个模型建立过程中劳动量最大，对生成的精度的影响也最大。数据获取的方法主要有以下5种：

(1)摄影测量与遥感；

(2)野外利用全站仪等仪器直接进行测量；

(3)已有地形图数字化；

(4)利用空间传感器采集；

(5)水下采集地形数据。

具体采用何种数据源和相应的生产工艺取决于源数据获得的可行性、DEM 的分辨率、精度要求、数据量大小和技术条件等。

1)摄影测量与遥感方法

摄影测量是广泛获取数据点最有效、最主要的手段，摄影影像由于其丰富的地表信息而成为高精度大范围构建 DEM 的最有价值的数据源。摄影测量数据是使用适当的摄影测量设备，在正确立体判读航摄像片、卫星影像的基础上，采用一定的摄影测量技术获取的数据。摄影测量与遥感方法是一种自动化程度较高的采样方法，该方法速度快，但容易产生误差，必须采用一定的自动误差检测或修正的方法来提高数据质量。

2)地形图数字化

地形图是 DEM 的另一主要数据源，已有地形图数字化采集是信息丰富而廉价高效的方法。所使用的数字化器包括三种类型：手扶跟踪数字化器、扫描数字化器和半自动跟踪数字化器等。对既有地形图数字化采集存在两种问题，一是地形数据的时效性问题，即其数据信息落后于实际的变化，特别是在经济发达地区；二是数据的质量，尤其是数学精度方面的指标，也就是精度问题，它跟比例尺有关，比例尺越小，地形的综合程度越高，因而近似性就越大。

3)野外数据采集法

利用全站仪、经纬仪、测距仪等测量仪器配合计算机，观测到目标点的方向、距离和高差三个元素，计算出目标点的三维坐标，在实地采集可以获得具有很高精度的数据，常用于有限范围内的大比例尺高精度的建模，在土木工程中的道路、场地平整、矿山、水利桥梁、隧道和房屋建设等方面得到广泛应用。但此方法工作量大、效率低且费用高、周期长，不适合于大范围的数据采集。

4)利用空间传感器采集法

利用空间传感器采集法是利用雷达和激光测高仪等进行数据采集。近年来发展起来的利用机载激光扫描采集数据的方法，其原理是将激光脉冲测距仪安置在飞行器上，通过记录激光脉冲从发射到经地面目标物反射后的时间延迟，然后再乘以光速，来精确测定发射点到地面反射点激光脚点的斜距。同时惯性测量系统测定飞行器在空间的姿态参数(横滚角、仰俯角和航向角)，提供飞行器精确的位置信息。在后处理过程中，联合确定的姿态信息，测定的飞机航迹信息及激光脉冲测定的倾斜距离可求出每个激光脚点精确的三维空间直角坐标。通过扫描，就可以得到一定带宽的大量地面的三维坐标。与其他测量方法不同的是，激光扫描不需要反光镜，激光能够穿透玻璃或清水进行量测，但是下雪会导致能见度降低。

5) 水下采集地形数据的方法

水下地形测量是通过一定的测量方法获取水下地面的三维坐标。水下地形测量方法很多，比较原始的数据采集方法，如采用测深杆或测深锤进行水深测量；比较先进的数据采集方法有数字测深仪加导航，数字测深仪采集水深数据，差分系统进行平面定位。

数字高程模型的采集方法可以从性能、成本、时间、精度等方面进行评价。这些采集方法各有自己的特点，因此要根据实际需求选择合理的采集方法。

为了保证地形建模的精度，在选择采样点时，尽量地适应地形变化，选择合适的网点数，储存每个三角形顶点的三维坐标。当有精度非常高的地形图时，可以采用数字化仪采集特征点和离散点的平面坐标，由人工输入高程；对于等高线地形图，可用数字化仪跟踪某一条等高线连续取点；当没有足够精度的地形图时，可用全站仪、卫星定位系统等现代化方法采集地形表面点的三维坐标。对于水下地形坐标的获取可以采用数字化海图或者采用平面定位加多波束测深仪测水深。

10.2.2 数字高程模型内插算法

在摄影测量中所做的曲面内插和逼近，是指根据一系列数据点上的某些信息(例如高程、像片系统误差、地面点系统误差等)来拟合反映该信息特征的表面，并内插出其他点上的信息。在数字测图中主要指由一组已知 X，Y，Z 坐标的离散点(数据点)来内插数字高程模型，这种数据点可以是等高线、沿断面分布或是一组无规律的离散点，此外，还要考虑一些特征点、高程注记点、沿地貌结构线和边界线分布的点。

数学模型内插是数字高程模型内插的核心问题，它贯穿在生产、质量控制、精度评定和分析应用等各个环节。内插就是根据若干相邻参考点的高程求出待定点上的高程值，在数学上属于插值问题。数字高程模型的各种内插方法都是基于地形表面的空间自相关性。按内插点的分布范围，可以将内插方法分为整体内插、分块内插和逐点内插三类。内插的中心问题在于邻域的确定和选择适当的插值函数。

1) 整体内插

所谓整体内插，就是在整个区域用一个数学函数来表达地形曲面。整体内插函数通常是高次多项式，要求地形采样点的个数大于或等于多项式的系数数目。当地形采样点的个数与多项式的系数相等时，这时能得到一个唯一的解，多项式通过所有的地形采样点，属纯二维插值；而当采样点个数多于多项式系数时，没有唯一解，这时一般采用最小二乘法求解，即要求多项式曲面与地形采样点之间差值的平方和为最小，属曲面拟合插值或趋势面插值。从数学角度讲，任何复杂曲面都可由多项式在任意精度上逼近。

2) 局部分块内插

利用数学曲面来模拟实际地形表面，是地形表达的一个常用的手段。例如，一阶线性平面可模拟具有单一坡度的斜坡地形表面，二次曲面方程可表达山头、洼地区域，而三次曲面则能描述较为复杂的地形曲面。虽然高阶多项式可表达各种地形曲面，但一个地区常常包含各种复杂的地貌形态，简单的曲面并不能很好地表达这些地形曲面。理论上任何复杂的曲面都可用多项式进行逼近，由于高阶多项式的上述缺点，它也不是理想的地形描述工具。解决这类问题的方法就是采取分而治之，即将复杂的地形地貌分解成一系列的局部单元，在这些局部单元内部地形曲面具有单一的结构，由于范围的缩小和曲面形态的简化，用简单曲面就可较好地描述地形曲面。

将地形区域按一定的方法进行分块，对每一块根据地形曲面特征单独进行曲面拟合和高程内插，称为 DEM 分块内插。区域分块简化了地形的曲面形态，使得每一块都可用不同的曲面进行表达，但随之而来的问题是如何进行分块和如何保证各个分块之间曲面的连续性。一般可按地形结构性或规则区域进行分块，而分块大小取决于地形的复杂程度、地形采样点的密度和分布，为保证相邻分块之间的平滑连接，相邻分块之间要有一定宽度的重叠。另外一种保证分块之间的平滑连接的方法是对内插曲面补充一定的连续性条件。

不同的分块单元可用不同的内插函数，常用的内插方法有线性内插、双线性多项式内插、样条函数内插法、移动曲面拟合法、多面函数拟合法、有限元内插法等。

10.2.3 曲线的内插与逼近

在数字测图中，需要根据采集的离散点坐标绘出地物的曲线轮廓，在由数字高程模型内插等高线时，均需要对曲线上的点进行插补，才能绘出连续光滑的曲线。

10.2.4 DEM 编辑

制作正射影像图所需的 DEM 数据质量好坏直接关系到正射影像图成果的精度。目前，生成和编辑 DEM 数据的软件较多，比如北京达北时代科技有限公司的 DoubleGrid，在利用 DoubleGrid 软件进行 DEM 生成与编辑的作业过程中，总结了一些作业技巧和方法，提高了 DEM 生成与编辑的质量和效率。

1) DEM 数据获取的三种方式及编辑技巧

(1)通过系统自动匹配生成 DEM。

利用 DoubleGrid 软件中的 DemMaker 模块，自动生成 DEM 数据。在 DemEdit 模块下对 DEM 格网点进行编辑修改，具有速度快、自动化程度高、质量好等优点。但是，影像匹配过程中，精度会受到影像质量的影响，影像质量较差或纹理不清晰的区域匹配精度较差，DEM 编辑工作量大，为了提高编辑效率，应注意以下几点。

①灵活运用“量测点内插”功能。对于一些特殊地形区域，如山谷、阴影及烟、雾遮盖区等，由于匹配质量的原因，可能得到的 DEM 精度很差，而且格网点的误差分布很不规则，对单点进行编辑的工作量很大，此时需要利用软件中的“量测点内插”功能。具体步骤是：在选择的编辑范围内，准确采集一定数量的特征点，然后通过内插计算，对各格网点进行自动修正，最终满足精度要求。为了提高编辑效率及质量，特征点的选择应按照从低到高的顺序，在某个高程值采完所有的特征点后再调整至下一高度继续采集，由于系统默认的点数有限，故不宜过密，尽量选在山体的特征变化处。

②坡度较陡和大片居民地等区域的编辑。系统自动匹配生成的 DEM 格网点误差分布较规则，编辑修改时不必用“量测点内插”，可采用方法是：在选择编辑范围后，整体调整范围内的格网点高程值(键盘调整步距的数值应合理确定)，然后进行“平滑”处理，使格网点误差变化均匀，从而满足精度要求。

③大片的阴影区域。大的高山峡谷等，背阴处为面积很大且色调非常暗的阴影区域，基本看不清山体走势，系统自动匹配的误差很大。对于这种情况，应首先关闭 DEM 格网点及等高线显示，再将屏幕的对比度及亮度值调到最大，基本能看清山体的走势，然后用“量测点内插”的方法进行编辑。需要注意的是，由于编辑的范围很大且量测点内插时特征点数量有限，应尽量分块编辑。

(2)利用现有 DEM 成果数据。

某些测区有现成的 DEM 数据，或者由等高线成果转换而来的 DEM 数据，对于此类已经编辑过的数据，编辑工作量相对较小。但由于数据陈旧、现势性差以及加密、定向误差等原因，DEM 数据可能会有局部不套合或整体偏移等情况，实际作业中应注意以下几点。

①合理确定整体位移数值。已有的成果 DEM 数据，由于加密、定向误差等原因，在 X、Y、Z 轴方向上会出现整体偏移，需要对数据进行整体位移，合理确定位移数值是关键，一般是在图幅的周围及中心位置选择 8~10 个检查点，并分别记录每个点位的 X、Y、Z 位移值。如果图幅内格网点高程无扭曲现象，各检查点的位移值基本相同，则可直接

根据此位移值进行位移；如果有扭曲的情况，各检查点在同方向上的位移值又不尽相同，则要根据每个检查点位移值上出现的频率来确定整体位移值，一般是选择出现频率最高的数值；如果图幅整体位移后工作量仍然很大，应该考虑是否采用系统自动匹配生成的 DEM 数据，此时应进行合理评估。

②整体位移后的编辑。整体位移后有些区域的格网点仍然会有误差，但一般较规则，故不必采用量测点内插的方法，应采用选择范围后整体调整格网点高程值的方法，以提高作业效率。

③地形发生变化区域的编辑。对于地形发生变化的区域，如露天采掘场、山区中新建的高速公路等，应用“量测点内插”的方法进行精确编辑。

(3)利用系统匹配生成数据与现有 DEM 成果数据拼接成图。

已有的 DEM 数据由于系统误差等原因，有时会出现局部扭曲变形严重的情况，整体位移后工作量仍然很大，而其他区域则可以满足套合精度。这就需要单独对此区域引入系统自动匹配生成的 DEM 数据拼接成新的数据再进行编辑，这个区域可以是某几个模型，也可以通过 DTMStudio 模块由人工确定。

以上三种方法在实际作业过程中应灵活运用，方法的选择将直接决定作业效率及质量，应根据每幅图的实际情况进行合理选择，以达到事半功倍的效果。

2)典型地形的 DEM 编辑处理技巧

(1)山地 DEM 编辑。

对于山地 DEM 的编辑主要有量测点内插、整体抬高或降低高程以及拟合等方法，作业中应视不同情况合理应用。

①对地形发生变化的和匹配质量较差(如山谷、阴影及烟雾遮盖区等)的区域，应用“量测点内插”方法精确编辑。

②对于格网点匹配误差较规则的区域，应尽量采用整体抬高或降低高程，然后边缘平滑的方法，此方法能在很大程度上提高作业效率。

③对于山体坡度变化很均匀的区域，编辑时可以采用“拟合”方法，先选择编辑范围，再单击【拟合】按钮，系统即对所选区域进行拟合运算，最后再根据情况整体抬高或降低整个范围内格网点的高程。此方法不仅可以提高作业效率，而且使得编辑后的数据光滑、美观。拟合时一般使用“二次曲面”拟合法，编辑范围的选择十分重要，应选在均匀变化的山体区域，作业中应多加练习、增加经验。

(2)水域 DEM 编辑。

对于封闭的水域，如水库、湖泊、水塘等，其格网点高程的设定一般采用“定值平面”方法。这种方法精度较高，但操作较繁琐，在水域较多的地区应尽量采用“设置平均高”方法。具体步骤为：选择编辑区域后，单击【平均高】按钮，系统则把所选区域拟合为水平面，其高程为该区域中所有高程点的平均值，然后再通过整体调整格网点高程值，使区域内所有格网点切准水平面，此方法可减少作业时间，而且符合精度要求。对于河流，由于其高程会有落差，应分段用“设置平均高”方法处理，但分段长度应视河流的落差而定。

(3)居民地 DEM 编辑。

DoubleGrid 系统对居民地房屋进行自动匹配时，其格网点高程会默认为房顶高程值，不符合切准地面的要求，在编辑时，对于地面平坦的区域应尽量采用整体设置平均高的方法；而对于地面有坡度起伏的区域应直接进行整体调整格网点高程值后平滑处理。

(4)大型堤坝、高大桥梁、大型高架管道、高架桥等重要地物编辑。

编辑时，一般要求地物上的格网点严格切准其表面。但在影像纠正过程中发现，由于这些格网点与相邻点的高差一般很大，会出现地物扭曲变形的情况，有时甚至无法修补。为了确保此类重要地物纠正后不变形，编辑时要对格网点进行外扩，具体方法是：沿重要地物外沿外扩 1～2 排格网点，确定编辑范围，设置平均高后整体抬高或降低高程，切准地物。

另外，软件自带有定义快捷键的功能，可以将常用的操作设为快捷键，以提高工作效率。

10.3　DEM 质检

10.3.1　DEM 质量检验内容

目前，DEM 质量检验执行的标准主要是《数字测绘成果质量检查与验收》(GB/T 18316—2008)，它将 DEM 质量的问题按特性概况归纳为空间参考系、位置精度、逻辑一致性、时间精度、栅格质量和附件质量 6 类质量元素。质量元素由质量子元素(描述质量元素的某一特定方面)构成，质量子元素又由具体检查项(描述具体检查内容)构成。DEM 质量检验内容如表 10.1 所示。

表 10.1　**DEM 质量检验内容**

序号	质量元素	质量子元素	检查项	检查子项
(一)	空间参考系	大地基准	坐标系统	检查坐标系统是否符合要求
		高程基准	高程基准	检查高程基准是否符合要求
		地图投影	投影参数	检查地图投影参数是否符合要求

续表

序号	质量元素	质量子元素	检查项	检查子项
（二）	位置精度	高程精度	高程中误差	检查高程中误差
			套合差	检查反生成等高线与其他检核数据的套合误差超限个数
			同名格网高程值	检查同名格网高程值（接边）不符合要求的个数
（三）	逻辑一致性	格式一致性	数据归档	检查数据文件存储组织是否符合要求
			数据格式	检查数据文件格式是否符合要求
			数据文件	检查数据文件是否缺失、多余、数据无法读出
			文件命名	检查数据文件名称是否符合要求
（四）	时间精度	现势性	原始资料	检查原始资料的现势性
			成果数据	检查成果数据的现势性
（五）	栅格质量	格网参数	格网尺寸	检查格网实地尺寸是否符合要求
			格网范围	检查格网起始坐标、结束坐标以及图幅范围是否符合要求
（六）	附件质量	元数据	项错漏	检查元数据项错漏个数
			内容错漏	检查元数据各项内容错漏个数
		图例簿	内容错漏	检查图例簿各项内容错漏个数
		附属文档	完整性	检查单位成果附属资料的完整性
			正确性	检查单位成果附属资料的正确性
			权威性	检查单位成果附属资料的权威性

1）DEM 质量评价准则

按照《数字测绘成果质量检查与验收》（GB/T 18316—2008）的规定，DEM 成果的质量评价体系可以概括为以下三个层次。

（1）各检查项合格，质量子元素合格；各质量子元素合格，质量元素合格。

（2）各质量元素合格，单位成果质量合格，并取各个质量元素中的最小分值作为单位成果的最终得分。

（3）各单位成果（即样本）质量合格，批成果质量合格。

2) DEM 成果信息化质检方法研究

目前，常用的 DEM 成果格式大致可以分为文本格式和栅格格式两大类。文本格式主要包括国家标准空间数据交换格式 NSDTF-DEM(＊.dem)、ArcASCII Grid(＊.asc)等；栅格格式主要包括 ArcInfo Grid(＊.grd)、Tiff(＊.tif)等。由于不同格式的表现形式、数据结构、存储方式不同，导致具体的检验方法和检验内容也会存在差异。但不论何种格式的 DEM 成果数据，其本质都是一系列给定坐标的高程数据点集。

(1)空间参考系检查。

对于 NSDTF-DEM(＊.dem)、ArcASCII Grid(＊.asc)等文本格式的数据，空间参考系的检查主要是依据《国家基本比例尺地形图分幅和编号》(GB/T 13989—2012)中标准图幅的计算规则，通过 DEM 图号反算出其坐标范围、行列数、成果数据量等信息，进而与 DEM 头文件中所含的空间参考系信息作对比检查。值得注意的是，NSDTF-DEM(＊.dem)头文件中的定位信息为图幅范围的左上角角点坐标，ArcASCII Grid(＊.asc)头文件中的定位信息一般为图幅范围的左下角中心点坐标。文本格式的 DEM 检查主要涉及图幅范围的反算，数据读取与操作简便，利用 VC 等编程软件进行系统开发就能实现自动化检查。对于 ArcInfo Grid(＊.grd)、Tff(＊.tif)等栅格格式的数据，其检验原理与文本格式相同，且可检验的内容更丰富；但由于要涉及空间数据的操作，因此在对该类数据质检时，宜利用第三方地理信息软件开发包编写程序实现自动化检查。如利用 ESRI 的 ArcGIS Engine 组件开发包中的 IRasterProps 接口，就可以有效实现对成果空间参考系的检查，包括坐标系统、高程基准、投影参数等各个方面。

(2)位置精度检查。

位置精度检查包含高程中误差、套合差、同名格网高程值等三项检查内容。高程中误差检查：无论何种格式的 DEM 成果，其原理都是首先利用内插方法将 DEM 成果的高程值与所采集的检测点高程值作差值，然后依据不同的检测方式对 DEM 成果的高程精度进行评定。按照《测绘成果质量检查与验收》(GB/T 24356—2009)的要求，可将高程中误差检查分为同精度检测、高精度检测。高程中误差的检查，按照不同内插方法的要求，编写自动化检查程序相对容易。

套合差检查：套合差是指 DEM 再生等高线与原始等高线之间差的定量描述指标，通常以再生等高线偏移原始等高线 1/3 量值作为限差。目前，套合差利用计算机实现自动质检的方法较少，多为人工检查，评判尺度不一、检查效率低下。此结论结合汤国安等(2007)、张新利(2012)的理论方法，提出利用计算机编程实现自动质检的两点关键技术：

①线与线之间比较偏移量无法量化，应转换思路，考虑利用原始等高线的线节点高程值与 DEM 成果的高程值进行比较，从而实现数据量化。

②等高线是否偏移的评判标准应考虑两个方面，一是原始等高线的节点高程值与 DEM 高程值的差值大小；二是各超限线节点间的总长相对于整条等高线的占比多少。由

于等高线套合差检查会涉及对点、线等空间要素的操作，因此宜使用第三方地理信息软件开发包，编写程序实现自动套合检查。

同名格网高程值检查：即接边检查。“同名格网”，即同一坐标、同一位置的意思。对于 NSDTF-DEM(*.dem)等文本格式数据的检查，主要是依据《国家基本比例尺地形图分幅和编号》(GB/T 13989—2012)中的计算规则，按图号计算出重叠范围，对重叠范围内的同名格网点高程值间作差值，最后应用精度检测公式对接边精度进行评定。该项利用 VC 等编程软件进行系统开发就能实现自动化检查。对于 ArcInfo Grid(*.grd)等栅格格式的 DEM 成果，宜利用第三方地理信息软件开发包编写程序实现对空间数据的接边自动检查。如利用 ESRI 的 ArcGIS Engine 组件开发包中的 IMath Op 接口，可实现栅格数据的数学运算，将重叠区域的栅格值进行栅格相减操作，之后应用精度检测公式对接边精度进行评定。值得注意的是，不论哪种格式的接边检查，涉及跨带接边时，首先都应进行换带，将其转换为统一投影带，再检查其接边精度。由于经过换带后重叠区的格网点已不是同名格网点，因此高程较差的比较采用的是内插高程值，允许中误差应放宽一定的值。

(3)逻辑一致性检查。

DEM 成果的逻辑一致性检查，一般按照《基础地理信息数字成果　数据组织及文件命名规则》(CH/T 9012—2011)、《基础地理信息数字成果 1∶500　1∶1000　1∶2000 生产技术规程　第 2 部分：数字高程模型》(CH/T 9020.2—2013)的要求进行。一般采用人机交互的方式对文件命名的准确性，数据归档、数据格式以及数据组织的符合性进行检查。

(4)时间精度检查。

时间精度一般通过人工方式来检查。主要检查 DEM 现势性是否满足要求。

(5)栅格质量检查。

对于 NSDTF-DEM(*.dem)、ArcASCII Grid(*.asc)等文本格式的数据，格网尺寸的检查主要通过读取其头文件中的 X 轴方向和 Y 轴方向间距信息，通过比对计算进行检验；格网范围的检查，主要采用通过图号反算 DEM 成果范围，与原 DEM 成果范围进行比较的方法。

对于 ArcInfo Grid(*.grd)、Tiff(*.tif)等栅格格式的空间数据的检查，宜利用第三方地理信息开发软件实现对空间数据的自动检查。如利用 ESRI 的 ArcGIS Engine 组件开发包中 IRasterProps 接口的 Height 和 Width 的属性完成对格网尺寸的检查，通过 Extent 属性读取范围坐标来完成格网范围的检查。

(6)附件质量检查。

对于元数据和图例簿的检查，一般是依据《基础地理信息数字成果元数据》(GB/T 39608—2020)的要求或技术设计书约定的属性项与属性值内容，利用人机交互检查或计算机编程自动检查方式来实现。对于附属文档，一般通过人工检查的方式，检查 DEM 成果的技术设计书、技术总结、检查报告等文档资料的完整性、正确性和权威性。

10.3.2 数字高程模型的应用

DEM 描述的是地面高程信息，它在测绘、水文调查、气象预报、地貌调查、地质调查、土壤调查、工程建设、通信、军事等国民经济和国防建设以及人文、自然科学领域有着广泛的应用。通过 DEM 可以得到各种各样的地形参数，应用于不同的空间分析。同时，数字高程模型分析的相关理论方法为地理学研究提供了新的思路和重要的技术手段。

在工程建设上，DEM 可用于如土方量计算、断面图显示、距离计算、面积计算、体积计算、通视分析等；用于铁路、公路等各种路线的勘探设计选线，地学分析中的坡度、坡向计算，空间地物的三维可视化，土地利用现状分析、合理规划及洪水险情预报等；在防洪减灾方面，DEM 是进行水文分析如汇水区分析、水系网络分析、降雨分析、蓄洪计算、淹没分析等的基础。

下面就部分 DEM 的典型应用进行详细说明。

1) 断面图显示

地形断面一直是各种线形工程设计的基础数据，是解决一些工程技术问题的基本手段。如道路设计中纵断面(沿路线中线方向)和横断面(垂直于路线方向)是道路纵坡设计、横断面设计、土方计算的重要数据来源。在工程勘测设计、施工中，如公路、铁路设计、水利和电力设计施工部门都需要设计线路所在的断面形状，断面图能比较真实地反映断面形状。

传统的纵断面设计方法是把沿路中心线测量的中桩地面高程绘制在坐标格网纸上，以设计标准为依据，对原地面线进行拉坡，最后获得纵断面设计线。这种传统设计方法，不仅需要大量体力和时间，设计出的线路不一定最好，而且工作强度大，设计工作繁琐，受人为因素影响大，数据更新速度慢。

利用 DEM 进行纵断面设计的基本思想如下：在三维地形图上任选一直线，可以对直线上的一系列点集 L 逐点查询得到空间坐标值，计算任意相邻两点间的距离，则可按照选定的垂直比例尺和水平比例尺，自动绘制出该直线的地形，如图 10-5 所示。

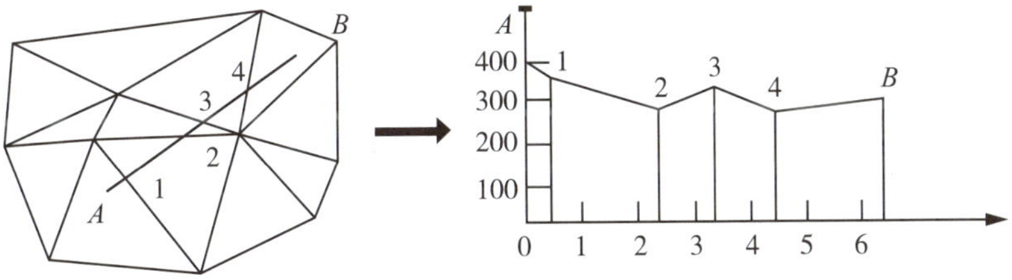

图 10-5 断面图绘制示意图

2）坡度计算

坡度是地形中常用的参数，是表示地形表面在该点倾斜程度的一个量。因此它是一个既有大小，又有方向的矢量。在各类工程中坡度计算有许多用途，例如农业土地开发中，坡度大于35°的土地一般认为是不宜开发的。空间曲面的坡度是点位的函数，如果不是平面，曲面上不同位置的坡度是不相等的。坡度是地形表面法线方向与垂直方向（天顶方向）的夹角[-90°～90°]。坡向是法线正方向在平面的投影与正北方向的夹角[0°～360°]，如图10-6所示。

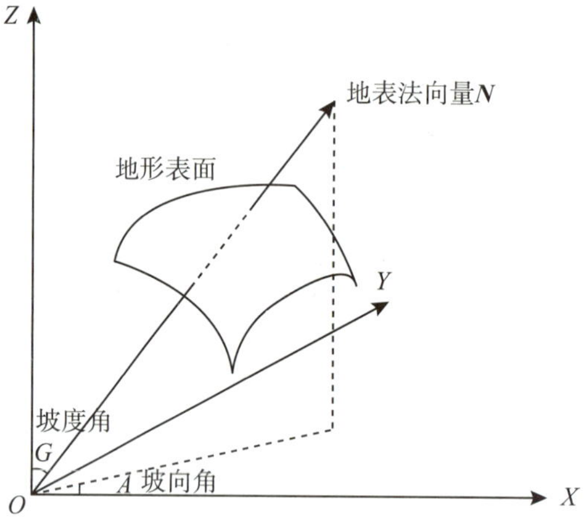

图10-6　坡向示意图

3）地貌学应用

我国基础地理数据库多尺度DEM的建立，为基于DEM的地貌分析应用创造了良好的条件。其中，基于DEM的地貌分类及分区，是数字地形分析在地貌学研究中的重要应用。

DEM在黄土高原研究中应用广泛。黄土高原与青藏高原因其特殊的地理位置、特有的地貌形态及复杂独特的成因机理，而成为我国数字地形分析在地貌学应用的重要区域。基于DEM的黄土高原地貌研究，主要包括黄土高原地貌形态空间格局和地貌演化发育研究等方面。不同学者分别从基于DEM的核心地形因子、面积高程积分、纹理分析、正负地形、流域剖面谱、坡面景观、地形特征点簇等不同角度，对黄土地貌的形态特征及其空间分异进行分析。在地貌演化发育方面，学者主要从流域尺度和区域尺度对黄土地貌演化机理与发育态势进行研究。

4) 水文学应用

地形特征的差异导致了水文特征空间差异性，地形要素间的拓扑关系和几何形状直接影响流域的性质。在水文学研究中，我国学者主要利用数字地形分析技术，对静态的水文特征分析和动态的水文过程模拟两个方面进行了研究。静态水文特征分析主要包括水文地貌关系正确的 DEM 构建、DEM 数据平地和洼地的处理方法、水文流向算法的改进以及水文特征对象提取等方面。

5) 地质灾害调查

地震、滑坡、崩塌等地质灾害的发生与地形存在密切的联系。利用 DEM 作为数据源进行地质灾害分析一直是 DEM 应用的一个重要方面。其中，基于 DEM 与专家知识进行滑坡危险性的模糊评估为滑坡地质灾害研究奠定了基础；另有学者利用 DEM 派生出的地形因子对滑坡的影响因子进行敏感性分析，确定了有利于滑坡发育的影响因子。

6) 其他方面的应用研究

我国学者对 DEM 在地图的地形渲染、遥感、人文地理等方面的应用研究也多有涉及。随着图形学技术的不断发展，基于 DEM 的地形渲染方法除了传统的细节层次模型（LOD）、高程分层设色、光照阴影等方法，又发展了许多新的图形渲染技术，如水墨风格地形绘制技术。DEM 在遥感上的应用主要体现在利用 DEM 对遥感影像的畸变进行校正以及与遥感影像共同作为数据源进行地貌研究。诸多研究表明，基于 DEM 的数字地形分析技术与遥感技术相结合，可为农业、林业生产及资源调查提供多区域尺度、高更新频率、高估算精度的服务指导。数字地形分析在城市及人工建筑的空间分布与规划方面也出现了很好的应用研究案例。

10.4　DEM 的生产

10.4.1　DEM 制作流程

（1）进入软件，单击菜单栏中的【DEM 生产】，选择【密集匹配】，弹出 DPDemMch 界面，进入 DPDem【处理】，选择【匹配整个测区】，弹出 DEM Matching 界面，如图 10-7 所示。

▸ DEM 制作

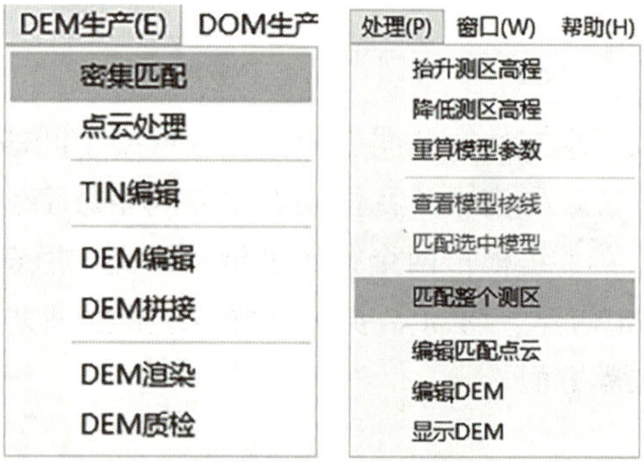

图 10-7　DEM 密集匹配

(2)根据成果比例要求进行 DEM 间隔设置,【匹配方法】改为 ETM 双扩展匹配,点击【OK】,等待软件运行完成,如图 10-8 所示。

(3)点击菜单栏中的【处理】,选择【编辑匹配点云】,弹出 DPFilter 界面,如图 10-9 所示。

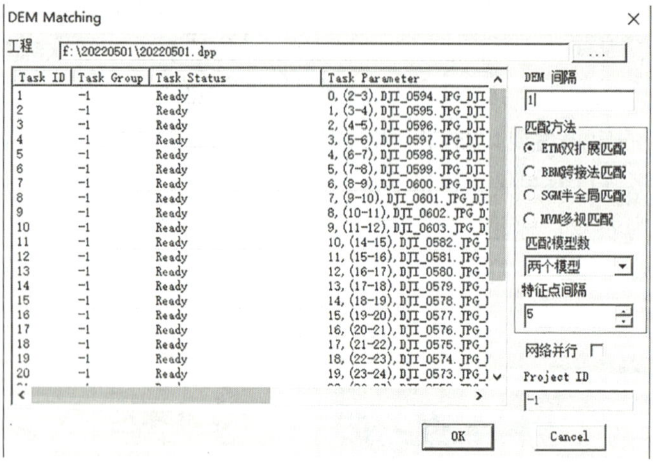

图 10-8　设置 DEM 匹配参数

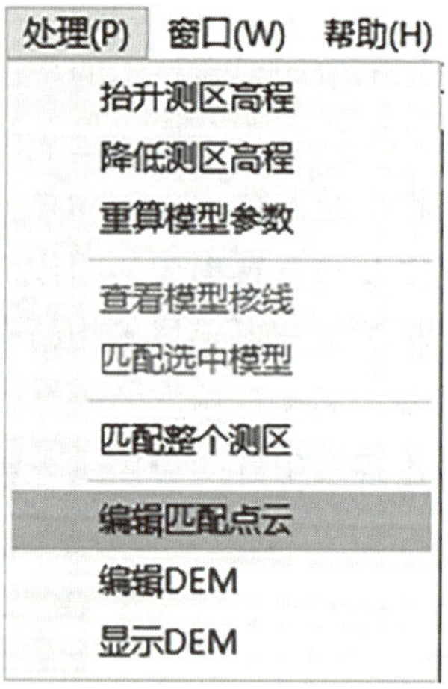

图 10-9　点云编辑

(4)点击菜单栏中【处理】,选择【点云生成 DEM】,弹出生成 DEM 界面,如图 10-10 所示。

(5)点击 DEM 后的保存路径浏览按钮,弹出另存为界面,将文件存放到工程的 DEM 目录下,命名为"DEM01",点击【保存】,如图 10-11 所示。

(6)将【X 间隔】和【Y 间隔】改为 1,选择【三角网算法】,勾选【平滑】、【无效区】、【滤波】,点击【确定】,如图 10-12 所示。

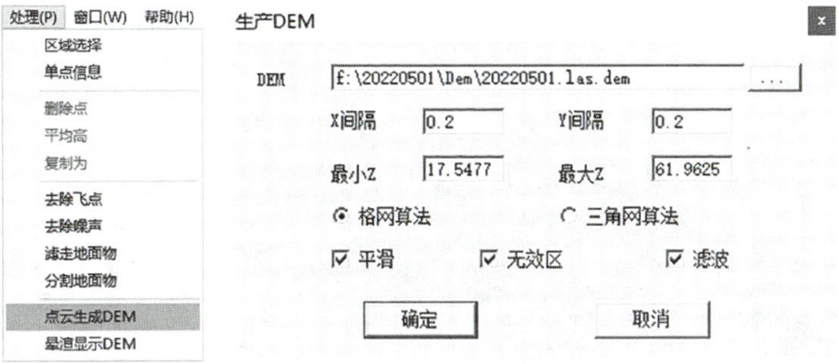

图 10-10　点云生成 DEM

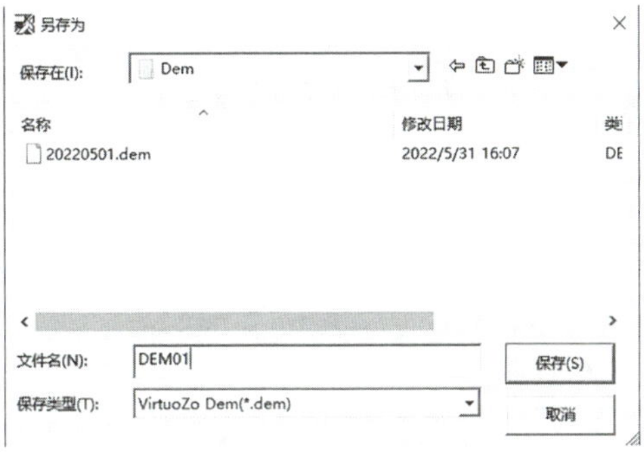

图 10-11　DEM 存放路径

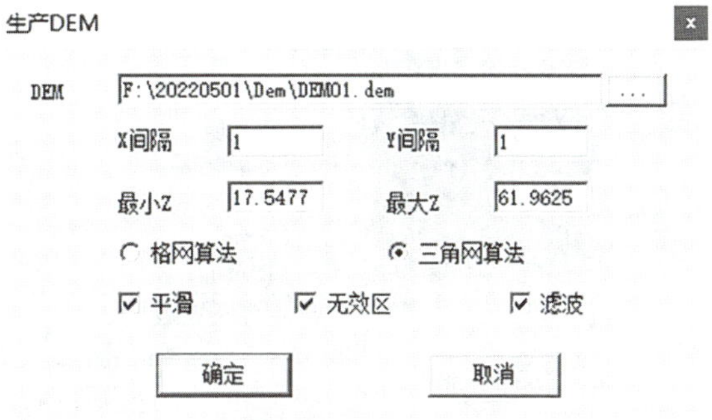

图 10-12　DEM 生产

(7)在弹出的对话框中选择【否】；关闭 DPFilter 界面，回到主界面，如图 10-13 所示。

10.4.2　DEM 编辑处理

(1)点击菜单栏中的【DEM 生产】，选择【DEM 编辑】，弹出 DPDemEdt 界面，如图 10-14 所示。

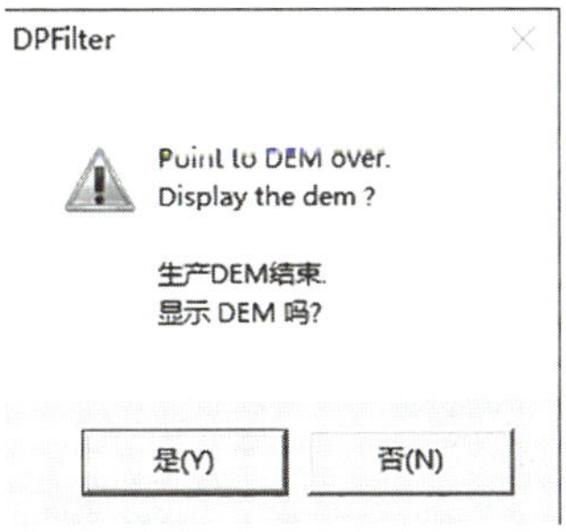

图 10-13　是否显示 DEM

图 10-14　选择 DEM 编辑

(2)打开需要编辑的 DEM，在界面左下角 Stereo Images Pair 列表空白处，单击鼠标右键，选择【测区】，如图 10-15 所示。

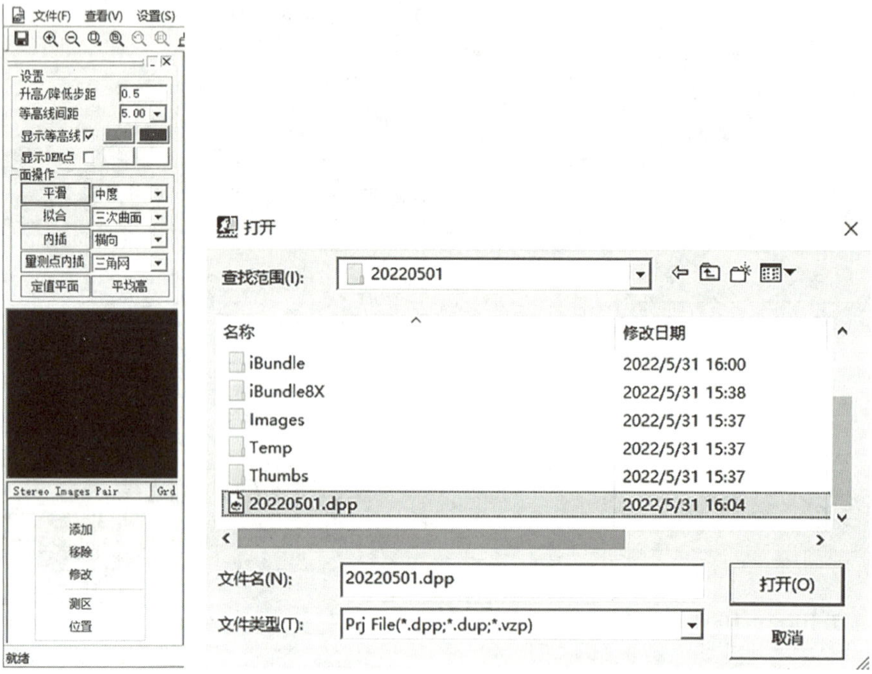

图 10-15 引入测区

(3)在弹出的页面中(图 10-15)，选择工程路径下 . dpp 格式文件，点击【打开】，左下角显示导入的立体像对，如图 10-16 所示。

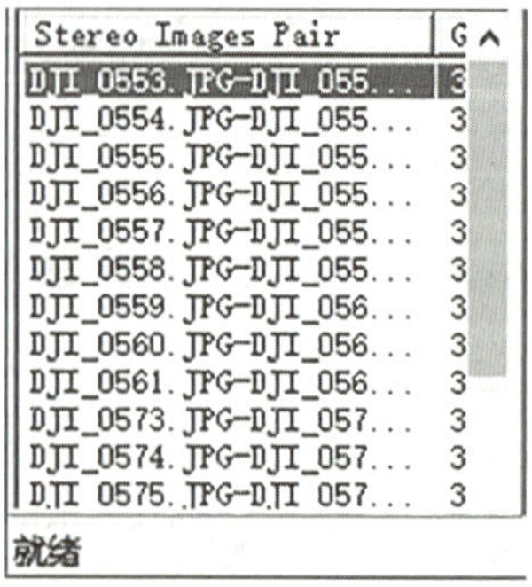

图 10-16 导入立体像对

(4)双击一组像对，右边弹出模型和 DEM 窗口；戴上立体眼镜，选择立体像对，通过编辑功能对 DEM 进行编辑，在编辑过程中进行如下操作，如图 10-17 所示。

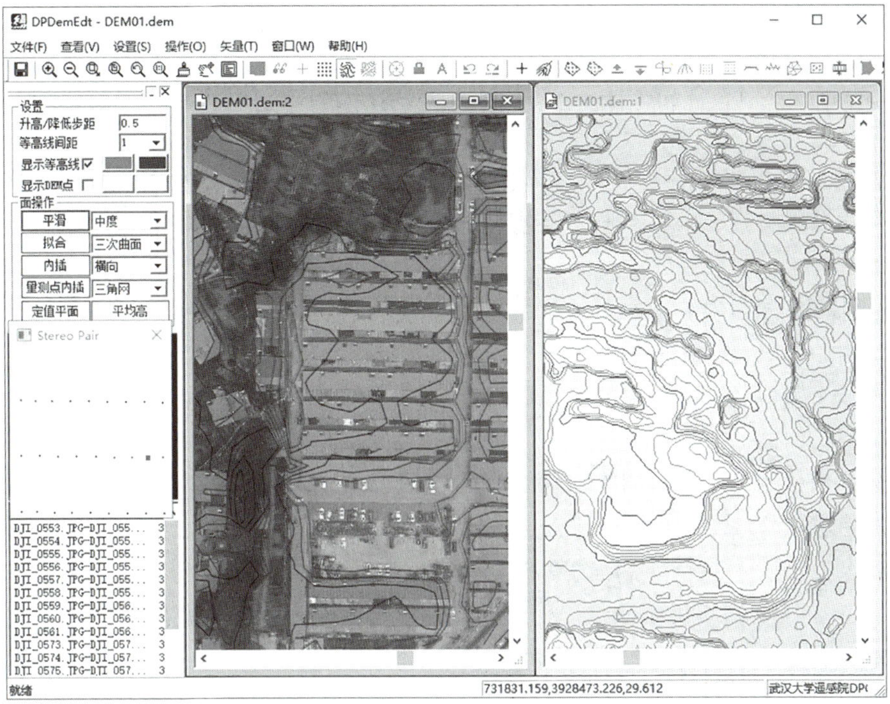

图 10-17 DEM 编辑过程

①平滑，也可叫滤波，或者合在一起叫平滑滤波，平滑滤波是低频增强的空间域滤波技术。它的目的有两类：一类是模糊，另一类是消除噪音。空间域的平滑滤波一般采用简单平均法，就是求邻近像元点的平均亮度值。邻域的大小与平滑的效果直接相关，邻域越大，平滑的效果越好；但邻域过大，平滑会使边缘信息损失得越大，从而使输出的图像变得模糊，因此需合理选择邻域的大小。

②拟合，是把平面上一系列的点，用一条光滑的曲线连接起来。

③内插，是用一组已知的未知函数的自变量的值和与它对应的函数值来求一种未知函数其他值的近似计算方法，是一种未知函数，数值逼近求法。

④量测点内插，是根据不同量值之间的相关法则和该量的两个已知的测得值，确定位于该两个已知值之间的待测量值的一种方法。

⑤定值平面，给选定的区域指定一个高程。

⑥平均高，自动计算区域内所有点的平均高。

(5)切换其他像对继续编辑，直至任务区域所有 DEM 都无问题；编辑完成后，单击菜单栏中的【文件】，选择【保存】及【退出】。

思政点滴

刘先林院士，测绘“大国工匠”的代表

2017年，一张照片走红网络，照片中一头银发、光脚穿着旧皮鞋的老人坐在动车二等座上埋头修改报告。这位老人就是中国工程院院士、中国测绘科学研究院名誉院长刘先林。

刘先林院士满头银发、一身简朴，一生潜心科研。他是甘为人梯、淡泊名利的大国工匠，一张旧书桌，一坐就是四十五年。他更是扛鼎测绘装备国产化的国家脊梁，以“不达目的，誓不罢休”的决心和勇气，让国产测绘装备开始走向世界。

“祖国需要什么，一线需要什么，我们就要研究什么！”1962年，刘先林从武汉测绘学院毕业，被分配到原国家测绘总局测绘科学研究所，老所长语重心长的这番话语成为他一生的追求。

1988年，刘先林主持研制出JX-3解析测图仪，结束了我国解析测图仪全部进口的历史。1998年，JX-4数字摄影测量工作站的成功推出，成为我国模拟测图向数字化测图转变的里程碑。此后，国产航测系统占据90%以上的国内市场并成功出口海外。2007年，刘先林带领团队又研制出SWDC数字航空摄影仪，成为助力我国实景三维测绘的主力仪器。如今，SWDC系列数字航摄仪已经占领国内一半以上的市场份额，在我国如火如荼的实景三维建设中发挥着重要作用。

刘先林院士对科研创新不懈追求的精神与他对生活的淡泊态度形成了鲜明的对照，他平易近人、博学严谨的人格像一盏明亮的航灯，为年轻一代的测绘工作者照亮着前进的方向，也让我们真正感受到爱国、创新、求实、奉献、协同、育人的中国科学家精神。

“我们中国人并不比外国人笨，一定要有勇气赶超世界先进水平。”

——中国工程院院士、著名摄影测量与遥感专家刘先林

资料来源：i自然全媒体公众号。

作业习题

一、选择题

1. 数字高程模型的英文缩写是________。

A. DOM　　B. DEM　　C. DSM

2. ________是用一系列地面点的平面坐标 X、Y 以及该地面点的高程 Z 组成的数据阵列。

A. 数字高程模型　　B. 数字正射影像图　　C. 数字线划图

3. 数字高程模型以________表示地面的起伏形态。

A. 坐标值　　B. 模拟方式　　C. 数字方式

4. 与传统的地图相比，关于 DEM 的优越性表述错误的是________。

A. 可以直接输入计算机，供各种计算机辅助设计系统利用

B. 可运用多层数据结构存储丰富的信息

C. 可以方便地转换成任意形式的文件及产品

5. 数字高程模型 DEM 的数据由________两部分组成。

A. 平面位置、高程数据

B. 空间位置、高程数据

C. 平面位置、影像数据

6. 数字高程模型的获取方法不正确的是________。

A. 摄影测量与遥感　　B. 利用水准仪直接测量　C. 已有地形图数字化

7. ________是广泛获取数字高程模型最有效、最主要的手段。

A. 地形图数字化　　B. 摄影测量　　C. 野外测量

8. 在一定范围内通过规则格网点描述地面高程信息的数据集，用于反映区域地貌形态空间分布的是________数据。

A. DEM　　B. DOM　　C. DRG

9. 利用 DEM 和共线方程可以________。

A. 制作正射影像　　B. 进行单幅影像制图　　C. 测量像控点坐标

10. ________是建立数字高程模型的最基础、最关键的一步。

A. 获取控制点平面坐标　B. 获取高精度影像　　C. 获取点的三维坐标

二、简答题

1. 数字高程模型的应用有哪些？

2. 简述无人机影像 DEM 生成流程。

（选择题答案：B A C C A B B A C C）

任务清单

任务描述：利用空三结果生成点云并用点云匹配生成 DEM，且进行 DEM 编辑、质检。

姓名		班级		学号		组别	
数据类型		数据编号		坐标系		高程点数量	
处理项目			检查			记录	
数据准备							
密集匹配							
点云生成 DEM							
DEM 编辑							
DEM 质检							
DEM 精度检查							
结论							
综合评价							

评价清单

<table>
<tr><td rowspan="3">基本信息</td><td>姓名</td><td></td><td>班级</td><td></td><td>学号</td><td></td><td>组号</td><td></td></tr>
<tr><td>角色</td><td colspan="7">☐主操作员　☐辅操作员</td></tr>
<tr><td>规定时间</td><td></td><td>完成时间</td><td></td><td>考核日期</td><td></td><td>指导教师</td><td></td></tr>
<tr><td rowspan="8">考核内容</td><td rowspan="2">序号</td><td colspan="3" rowspan="2">步骤</td><td colspan="4">完成情况</td></tr>
<tr><td colspan="2">完成</td><td colspan="2">未完成</td></tr>
<tr><td>1</td><td colspan="3">考核准备：
设备：
数据：</td><td colspan="2"></td><td colspan="2"></td></tr>
<tr><td>2</td><td colspan="3">DEM 成果格网尺寸</td><td colspan="2"></td><td colspan="2"></td></tr>
<tr><td>3</td><td colspan="3">DEM 编辑</td><td colspan="2"></td><td colspan="2"></td></tr>
<tr><td>4</td><td colspan="3">DEM 成果精度检查</td><td colspan="2"></td><td colspan="2"></td></tr>
<tr><td>5</td><td colspan="3">DEM 非地貌地物编辑检测</td><td colspan="2"></td><td colspan="2"></td></tr>
<tr><td>6</td><td colspan="3">DEM 成果格式</td><td colspan="2"></td><td colspan="2"></td></tr>
<tr><td colspan="2">指导教师评价</td><td colspan="7">☐优秀　☐良好　☐中等　☐及格　☐不及格</td></tr>
<tr><td>团队协作</td><td colspan="8"></td></tr>
<tr><td>沟通表达</td><td colspan="8"></td></tr>
<tr><td>教师评语</td><td colspan="8"></td></tr>
</table>

模块 11

无人机航测 DOM 生产

思维导图

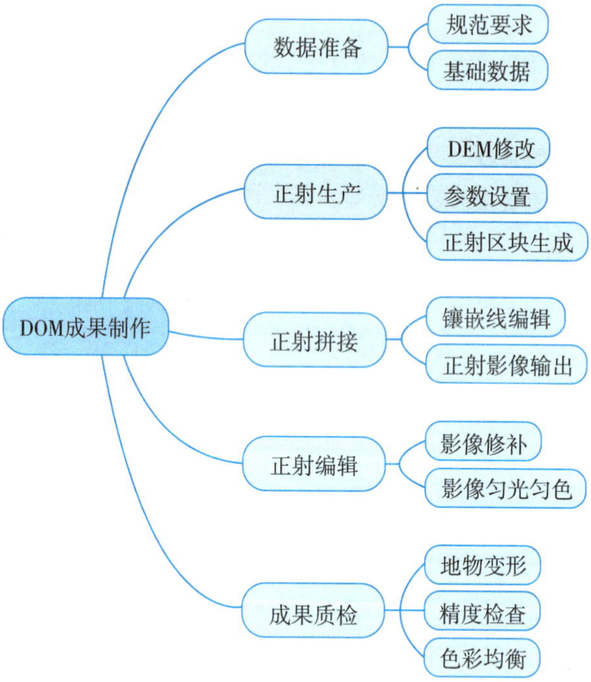

11.1　DOM 基本概念

11.1.1　数字正射影像

数字正射影像(Digital Orthophoto Map，DOM)是利用数字高程模型(DEM)对航空像片或者遥感影像，经逐个像元进行投影差改正，再按影像镶嵌，根据图幅范围裁剪生成的影像数据，它是一种带有公里格网、图廓(内、外)整饰和注记的平面图。

DOM 同时具有地图几何精度和影像特征，精度高、信息丰富、直观真实、制作周期短。它可作为背景控制信息，评价其他数据的精度、现实性和完整性，也可从中提取自然资源和社会经济发展信息，为防灾治害和公共设施建设规划等应用提供可靠依据，如图 11-1 所示。

图 11-1　数字正射影像

11.1.2　数字正射影像特点

作为数字摄影测量的主要产品之一的数字正射影像有如下特点。

(1)数字化数据。用户可按需要对 DOM 的比例尺进行任意调整、输出，也可以对分辨率及数据量进行调整，DOM 直接为城市规划、土地管理等用图部门以及 GIS 用户服务，同时便于数据传输、共享、制版印刷。

(2)信息丰富。数字正射影像信息量大、地物直观、层次丰富、色彩(灰度)准确、易于判读。DOM 应用于城市规划、土地管理、绿地调查等方面时，可直接从图上了解或量测所需数据和资料，甚至能得到实地踏勘所无法得到的信息和数据，从而减少现场踏勘的时间，提高工作效率。

(3)专业信息。数字正射影像同时还具有遥感专业信息，通过计算机图像处理可进行各种专业信息的提取、统计与分析，如农作物、绿地调查，森林生长及病虫害调查，水体及环境的污染调查、道路及地区面积统计等。

11.2 DOM 制作

11.2.1 DOM 制作基本原理

正射影像制作最根本的理论基础就是共线条件方程：

$$\begin{cases} x = -f\dfrac{a_1(X-X_S)+b_1(Y-Y_S)+c_1(Z-Z_S)}{a_3(X-X_S)+b_3(Y-Y_S)+c_3(Z-Z_S)} \\ y = -f\dfrac{a_2(X-X_S)+b_2(Y-Y_S)+c_2(Z-Z_S)}{a_3(X-X_S)+b_3(Y-Y_S)+c_3(Z-Z_S)} \end{cases} \tag{11-1}$$

式(11-1)共线条件方程建立了物方点(地面点)和像方点(影像点)的数学关系，根据这个关系式，任意物方点都可以在影像上找到对应像点，正射影像的采集过程就是获取物方点所对应像点的过程。

正射影像制作过程就是一个微分纠正的过程。传统方法的摄影测量中微分纠正利用光学方法纠正图像。例如在模拟摄影测量中应用纠正仪将航摄像片纠正为像片平面图；在解析摄影测量中利用正射投影仪制作正射影像。近代随着遥感技术中许多新的传感器的出现，产生了不同于经典的框幅式航摄像片的影像，使得经典的光学纠正仪器难以适应这些影像的纠正任务，而且这些影像中有许多本身就是数字影像，不便使用这些光学纠正仪器。使用数字影像处理技术，不仅便于影像增强、反差调整等，而且可以非常灵活地应用到影像的几何变换中，形成数字微分纠正技术。根据有关的参数与数字地面模型，利用相应的构像方程式，或按一定的数学模型用控制点解算，从原始非正射投影的数字影像获取正射影像，这种过程是将影像划分为很多微小的区域逐一进行，且使用的是数字方式处理。

11.2.2 航测微分纠正的原理方法

正射影像图能够真实、客观地反映地表面的景物，具有非常丰富的信息，但航空影像并不是与地面保持几何相似的，而是地面经过中心投影后的影像。这样形成的影像存在由于像片倾斜和地面起伏所引起的像点位移。利用航空影像制作正射影像图，首先就要面临将中心投影转换为正射投影的问题。当航空摄影时，不能保证像片严格水平，地面也不可能没有起伏，这样致使像片上的像点存在位移，像片比例尺不能处处一致。将竖直摄影的航摄像片通过投影变换，获得相当于航摄像机物镜主光轴在铅垂位置摄影的水平像片，同时改换为规定的比例尺，称为像片纠正。

早期的像片纠正方法主要是利用摄影过程的几何反转，采用光学的纠正仪器进行像片纠正，它的基本思想就是利用摄影过程的几何反转，恢复航摄像片在摄影时的内外方位元素，得到与航空摄影时相同的光束，然后用一个水平截面(承影面)在适当的高度上截取一张水平影像。这种纠正像片仍是中心投影，因此，像片纠正只能消除像片倾斜引起的像点位移，而不能消除地形起伏产生的投影差，理论上只有真正平坦地区的航摄像片适于纠正。但实际作业时，只要使图上所存在的投影差不超过规定的某一容许值时，仍可采用这种纠正的方法。当地面的高差大于限差，投影差不满足规定限差要求时，我们如何获得起伏地区具有统一比例尺的正射影像平面呢？解决的方法有两种：一种是用分带纠正的方法，另一种是用微分纠正的方法。

分带纠正是根据投影误差具有相对性的特性，把整张像片按地面高程的变化范围分成若干个“带”进行纠正的技术，其中每个“带”可近似看作一个符合要求的平坦地区。这种方法不仅作业繁琐，而且精度不均匀(在“带”边缘仍然存在投影差)，特别对于起伏较大的区域，容易造成过多分带而实际已无法操作。目前很少使用这种方法进行起伏地区的像片纠正。

对于地形起伏较大的区域，可以在像片上用一个足够小的面积(通常为一线段)作为纠正单元，并根据该纠正单元的地面实际高程来改变投影高度，使之实现从中心投影到正射投影的正确变换，这就是所谓的微分纠正。最理想的纠正单元应是点，但实际纠正是很难办到的，通常是以一定长度的小缝隙或小面积代替点作为纠正单元，影像被纠正单元“分割”成很多个小范围，化整为零(微分)，每个小范围可近似看作一个平坦区域，逐一对每个小范围进行纠正，完成整幅影像的像片纠正。

微分纠正的方式有很多种，常见的有数控微分纠正和数字微分纠正。数控微分纠正是利用计算机控制的正射投影仪进行纠正，也叫光学微分纠正；数字微分纠正是利用计算机对数字影像进行逐个像元的微分纠正。使用数字影像处理技术，纠正单元可缩小为一个像素大小，还可通过使用相应的数学模型纠正各种成像方式的图像。

在已知像片的内定向参数、外方位元素及数字高程模型的前提下，进行数字微分纠正与光学微分纠正一样，其基本任务仍然是实现两个二维图像之间的几何变换，因此首先要确定原始图像与纠正后图像间的几何关系。

设任意像元在原始图像与纠正后图像中的坐标分别为(x, y)和(X, Y)，它们直接存在着映射关系，即如式(11-1)共线条件方程式。

$$\begin{cases} X = Z\dfrac{a_1x + a_2y - a_3f}{c_1x + c_2y - c_3f} \\ Y = Z\dfrac{b_1x + b_2y - b_3f}{c_1x + c_2y - c_3f} \end{cases} \tag{11-2}$$

式(11-1)是由纠正后的像点$P(X, Y)$出发，根据像片的内、外方位元素及P点的高程反求其在原始图像上相应像点 p 的坐标(x, y)，经内插出 P 的灰度值后，再将灰度值赋给 P，这种方法称为反解法(或称间接法)。式(11-2)则反之，是由原始图像上的像点 p 的坐标(x, y)解求出纠正后图像上相应纠正点 P 的坐标(X, Y)，并将原始图像点 p 的灰度值赋给纠正点 P，这种方法称为正解法(或称直接法)。

正解法存在很大缺点，即在纠正后的影像上所得到的像点并非规则排列，有的像素内可能空白(无像点)，有的可能重复(多个像点)。因此难以实现灰度内插，获得规则排列的纠正数字影像。另外，利用式(11-2)正解法时，还必须先知道 Z，但 Z 又与待定量 X、Y 有关，因此，要由 x、y 求得 X、Y 必须先假定一个近似值，然后再进行反复迭代运算。因此，由式(11-1)计算 X、Y，实际上是一个由二维图像(x, y)变换到三维空间(X, Y, Z)的过程，它必须是迭代求解过程。由于正解法的缺点，数字微分纠正一般采用反解法。

下面介绍反解法数字微分纠正的过程。

1)计算地面点坐标

设纠正后的影像上任意一像点(像素中心)P 的坐标称为(X', Y')，由该影像左下角图廓点地面坐标(X_0, Y_0)与正射影像比例尺分母 M 计算 P 点对应的地面点坐标(X, Y)：

$$\begin{cases} X = X_0 + MX' \\ Y = Y_0 + MY' \end{cases} \tag{11-3}$$

2)计算像点坐标

利用公式计算原始影像上相应像点坐标 $p(x, y)$，式中的 Z 是地面点 P 的高程，由 DEM 内插求得。原始数字影像是以扫描坐标(I, J)即行列为计量。为此，应利用像片平面坐标与扫描坐标的关系，再求得相应的像素坐标。像平面坐标与扫描坐标的关系为

$$\begin{cases} x = h_0 + h_1 I + h_2 J \\ y = k_0 + k_1 I + k_2 J \end{cases} \tag{11-4}$$

上述式(11-4)可以将扫描坐标 I、J 换算成像片平面坐标，当然也可以由像点的像平面坐标反求扫描坐标。因此，由像点的像平面坐标(x, y)，就可以求得扫描坐标(I, J)，再由(I, J)从数字影像中取出相应的像素。

3)灰度内插

由于所求得的像点坐标不一定正好落在其扫描采样的点上，为此这个像点的灰度值不能直接读出，必须进行灰度内插，一般可采用双线性内插，求得 p 点的灰度值 $g(x, y)$。最后将像点 p 的灰度值赋给纠正后的像元素 P，依次对每个像元完成上述纠正，即获得反解法纠正的数字影像，其基本原理与各步骤如图 11-2 所示。

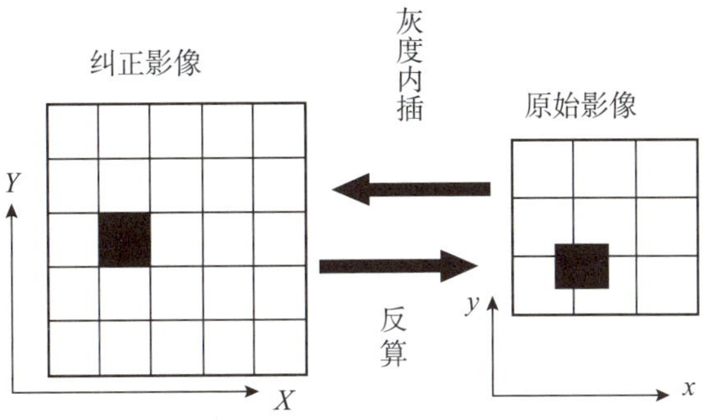

图11-2 反解法数字纠正原理图

11.2.3 数字正射影像匀光处理

一张正射影像一般不能覆盖一幅图(标准分幅)的范围(除非小比例尺的卫星影像)，因此，将多张像片拼成整幅影像图的过程称为影像镶嵌。影像镶嵌的内容分为几何镶嵌和辐射镶嵌。辐射镶嵌(又叫匀光处理)，是影像镶嵌的重点和难点，特别对于彩色影像。

1)匀光的目的

传感器的特性不同，如曝光参数、成像特性、系统处理差异等，航空摄影拍摄的时间不同(同一条航线不同像片之间、不同航线上的像片之间)，拍摄的环境不同(太阳高度不同、季节不同、天气不同)，地面景物不同(水域差异、地形起伏等)，这些因素都会造成不同像片之间(甚至同一张像片内)存在色彩和亮度差异，从而影响影像的镶嵌乃至影像的判读与应用。

航空影像匀光匀色也叫航空影像的色彩一致性处理，是正射影像无缝拼接的重要环节之一。匀光处理是指将一幅原始影像调整成亮度适中、反差均匀的影像，匀色处理是指将原始影像调整成影像清晰、色调均匀、色彩一致的影像。

2)影像匀光的方法

影像的色彩差异为正射影像的生产提出了一个挑战。为了实现影像之间的无缝镶嵌，国内外学者提出很多匀光的方法，根据原理的不同可以分为绝对辐射校正和相对辐射校正两种类型。绝对辐射校正主要是通过大气校正模型、辐射定标系数及其他一些相关的大气校正参数将影像由灰度值转变为地表反射率，消除成像时由太阳入射角、大气及光照条件带来的影响。绝对辐射校正恢复传感器量化数值与其对应的地表物体所代表的特定物理量之间的关系，主要用于卫星影像之间的匀光匀色处理。相对辐射校正(即色彩均衡)，不同于绝对辐射校正需要传输模型模拟成像过程，而是通过相对辐射校正系数来消除影像之间色彩信息不一致的现象。根据处理方式的不同，色彩均衡处理方法可以分为直接映射方法、路径传播法及全局优化方法3种类型。直接映射方法通过制定参考信息，将其他待处理影像的色彩信息直接调整至与参考影像一致，典型的方法有灰度直方图匹配。路径传播法中将参考色彩信息通过邻接影像的重叠区域进行传递。相对辐射校正方法更适用于航空影像的匀光匀色处理，无需复杂的物理传输模型进行参数解算，使用条件简单。

在生产实践中，在专业的航空影像处理软件中都有匀光处理的功能模块。DoubleGrid系统是由武汉大学张祖勋院士领衔开发的一款基于高性能并行计算技术与最新图像处理算法的数字摄影测量软件系统。在OrthoMaker模块中的匀光匀色处理过程可以保证生成色调一致、亮度均衡的单张正射影像，进而生产具有良好整体视觉效果和判读效果的无缝镶嵌数字正射影像图。此外，还可以采用图形图像处理软件如Photoshop等进行匀光处理。

11.3 DOM质检及应用

11.3.1 数字正射影像质量检查

数字正射影像的质量检查主要依据任务要求和现有的国家标准及行业标准。国家标准和行业标准主要依据《数字测绘成果质量检查与验收》(GB/T 18316—2008)和《数字测绘成果质量要求》(GB/T 17941—2008)。标准规定，影像质量检查的主要内容有：空间参考系(包括大地基准、高程基础和地图投影)、位置精度(平面位置)、逻辑一致性、时间精度(现势性)、影像质量(分辨率、影像特征)、元数据质量。质量检查的方式，分为程序自动检查和手工检查，视具体检查内容，确定采用一种或两种结合的方法。

数字正射影像的核心质量检查是位置数学精度和影像质量。数学精度主要包括平面位置精度和接边精度。

1)位置精度检查

位置精度质量检查的方法主要有三种：检测点法、实地测定法和矢量地图叠加法。

(1)检测点法。

需要利用已有空三加密资料，选取一些具有方位意义的点，在数字正射影像图上量取相应点的坐标进行比较及精度分析。

检测点的选取：

①数字正射影像图平面精度以及接边精度是通过在影像图上选取一定数量的检测点，通过检验检测点的精度来度量整幅图的精度。

②检测点由产品的检测单位自行抽取，也可由生产单位在加密控制点时生成加密保密点，供检查使用。

③抽取的检测点应是便于在实地野外检测或在比例尺较大一级的线划图、数字栅格图等上能明显判读的地物点。

④每幅图的检测点数量视地形情况而定，一般不少于 20 个点，且在图幅内尽量分布均匀，地形复杂地区，如在黄土沟壑区、喀斯特地区等需多选点，地势平坦地区可适当减少检测点个数。

(2)实地测定法。

实地测定法则选取数字正射影像图上明显地物点，利用 RTK 或全站仪进行外业坐标测量。实测数据与数字正射影像图读取的数据相比较。

(3)矢量地图叠加法。

矢量地图叠加法利用较大一级比例尺的线划图与 DOM 叠加，线划图上读取明显目标点坐标与 DOM 上同名像点坐标进行比较。

2)接边检查

接边检查主要检查接边处的影像质量和接边精度。

(1)接边处影像检测。

用目视检测法看相邻数字正射影像图幅接边处影像的亮度、反差、色彩是否基本一致。

(2)接边精度的检测。

DOM 影像与图幅整饰叠加，取相邻两影像图重叠区域处同名地物点作为检测点，分别量取两检测点的坐标，作比较运算，求出各检测点的接边误差，按公式计算点位中误差。检测点的选取有人工选取和自动影像匹配两种方法。

3)影像质量检查

目视检查影像是否清晰易读、反差是否适中、色调是否均匀一致、纹理是否清楚。对于彩色影像，目视检查影像色彩是否鲜明、有真实感，影像上不能有因作业过程中的失误而造成的肉眼可见的重影。

11.3.2　数字正射影像应用

数字正射影像图作为一种国家基础地理信息数据，应用比较广泛。数字正射影像数据可以作为地理信息系统数据库的基本数据层，满足各类用户的信息需求，如空间定位及矢量数据的质量控制、专题信息提取与数据更新、绿地调查、建筑密度统计、土地管理与地籍测量、设施规划、城市规划、环境分析、土石方量计算、三维景观显示以及流域管理等。借助各种专业软件直接在数字正射影像数据上进行规划或设计。目前，DOM 地图既是一种广受欢迎的地图产品类型，也是国家基础地理信息产品的重要组成部分。

数字正射影像的主要应用：

(1)可制作影像地图；

(2)与等高线套合可制作影像地形图；

(3)可用于与线划图(DLG)套合进行地形图修测，或检查其精度、现势性和完整性；

(4)数字正射影像与数字高程模型生成景观图；

(5)与立体像对一起可用于检查 DEM 的质量。

11.4 DOM 的生产

DOM 制作

(1)单击【DOM 生产】，选择【正射生产】，进入生产正射影像界面，如图 11-3 所示。

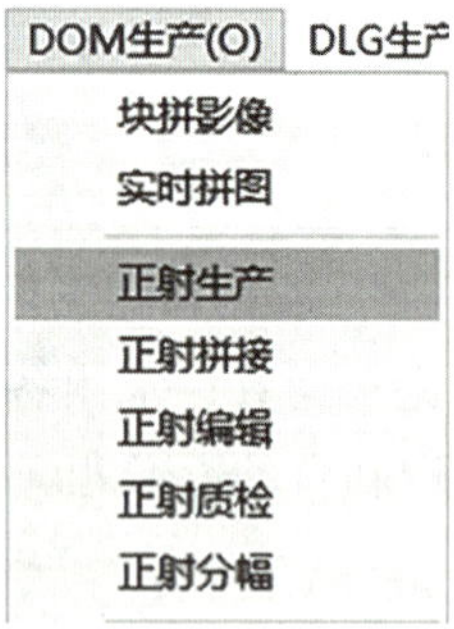

图 11-3　进行正射生产

(2)修改输出分辨率，如图 11-4 所示。

(3)单击【DOM 生产】，选择【正射拼接】，进入影像拼接界面，如图 11-5 所示。

(4)将文件存放到工程根目录 DOM 文件夹下，命名为“PJYX”，单击【打开】，其他参数不变，单击【确认】，如图 11-6 所示。

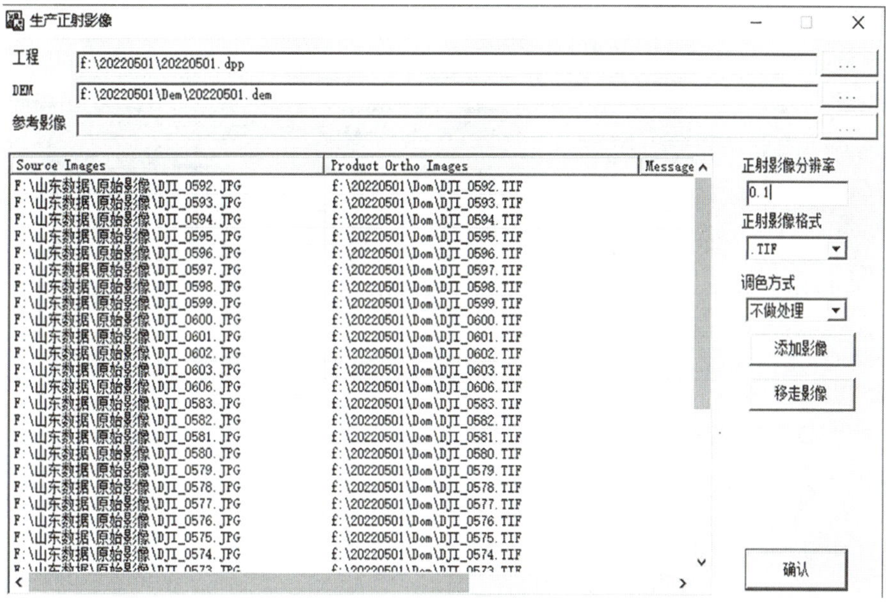

图 11-4　设置相关参数

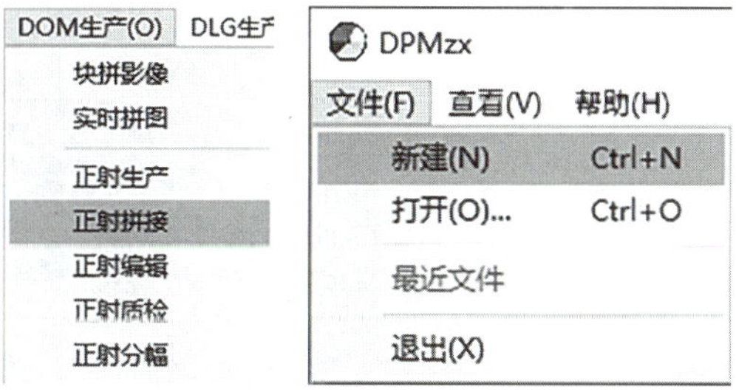

图 11-5　新建工程

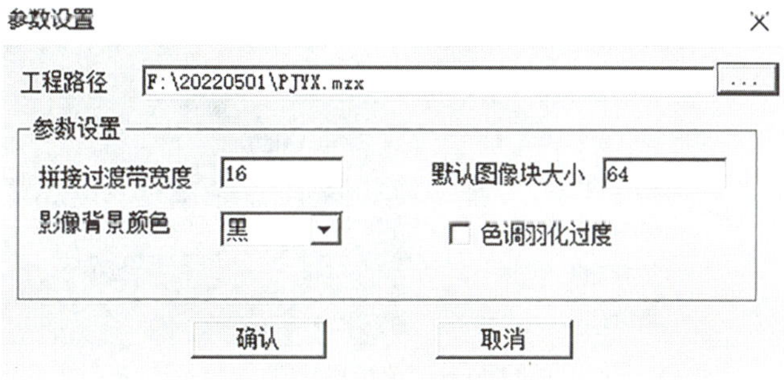

图 11-6　设置工程路径

(5) 添加影像，选择文件夹下的所有单片正射影像，生成正射影像，如图 11-7 所示。

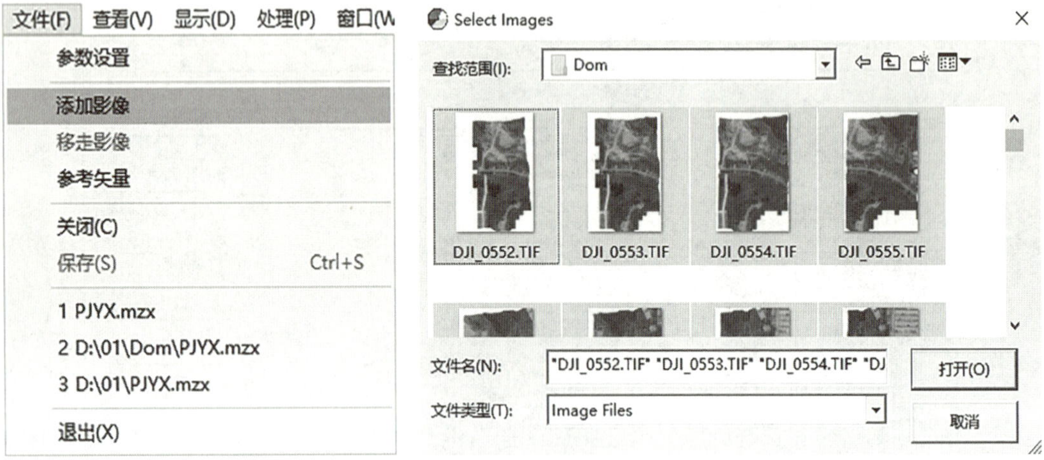

图 11-7　添加影像

(6)生成拼接线，编辑拼接线，直至任务区完成，如图 11-8 所示。

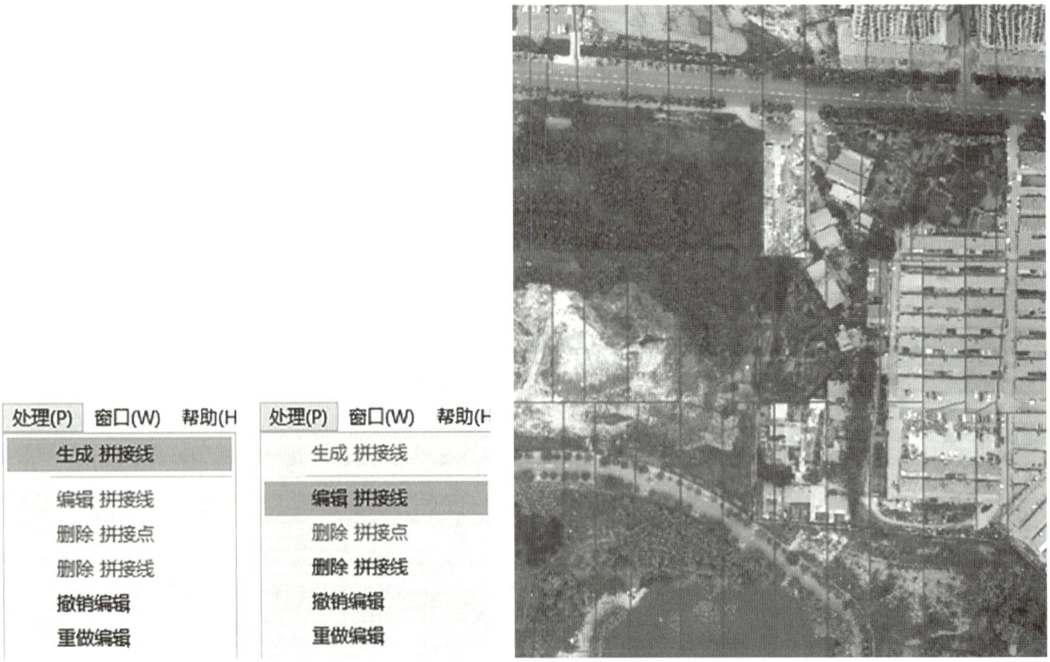

图 11-8　编辑拼接线

(7)输出拼接线，对成果进行命名、保存，如图 11-9 所示。

(8)输出拼接影像，对成果进行命名、保存，如图 11-10 所示。

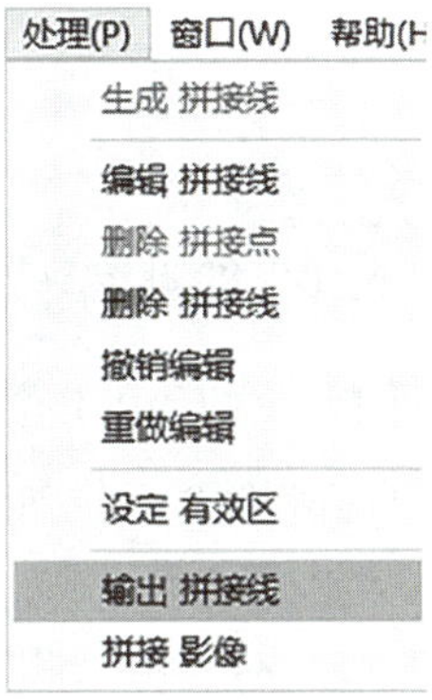

图 11-9　输出拼接线

图 11-10　输出拼接影像、成果保存

思政点滴

最“奢侈”的测绘基础课

这是一门叫作“测绘学概论”的课程，先后由7位院士、4位教授共同讲授，有人称它为“最奢侈的测绘基础课”。课上的阶梯教室后排挤挤挨挨站着人，课后找院士签名的学生排成长队。一门课，七位院士，二十年……

宁津生、李德仁、陈俊勇、张祖勋、刘经南、龚健雅和李建成，这7位院士被认为是测绘学领域内的“传奇”“一代奠基人”。他们亲身经历了新中国测绘行业从弱向强的发展转变，亲手推动中国测绘科学在国际上实现弯道超车。他们是科研报国的践行者、测绘学科历史的书写者、中国测绘科学快速发展进步的推动者和见证者。但在武汉大学的这门课上，他们是最普通的授课老师。

“院士们强烈的民族自豪感、卓越的工匠精神和赤诚的爱国情怀，生动地诠释着爱国真谛。”这是武汉大学测绘学院本科生的上课感受。在一次次课前暖场、课间笑谈中，院士们讲述着亲身经历，如涓涓细流，润泽学生心田，引领他们认识测绘，树立远大理想，立下报国之志。

2020年3月15日，被誉为“大地之星”的中国工程院院士、武汉大学教授宁津生院士逝世，那位开设“最奢侈测绘基础课”的院士走了。2016年，第二届“感动测绘人物”的颁奖词这样评价宁津生院士：“地球重力场，天地大舞台。满腹经纶，国之栋梁。一生相许，矢志不渝。”严谨治学、创新发展、贡献祖国、服务人民，新时代的大学生将会传承和发展，为实现“中国梦”而努力奋斗！

资料来源：武汉大学官网、极目新闻、《中国青年报》。

作业习题

一、选择题

1. 数字正射影像的英文缩写是________。

A. DOM　　B. DEM　　C. DSM

2. ________是利用数字高程模型对扫描处理的数字化航空像片，经逐个像元进行投影差改正，再按影像镶嵌，根据图幅范围裁剪生成的影像数据。

A. 数字高程模型　　B. 数字正射影像　　C. 数字线划图

3. DOM 同时具有________和影像特征。

A. 纹理特征　　B. 地图几何精度　　C. 高程模型

4. 不属于数字正射影像特点的是________。

A. 数字化数据　　B. 信息丰富　　C. 含丰富波段信息

5. 正射影像制作最根本的理论基础就是________。

A. 共面方程　　B. 单像空间后方交会　　C. 共线方程

6. 关于数字正射影像的主要应用描述不正确的是________。

A. 可用于与数字线划图套合进行地形图修测，或检查其精度、现势性和完整性

B. 数字正射影像与数字线划图可生成景观图

C. 与立体匹配片一起可用于检查 DEM 的质量

7. 正射影像的采集过程就是获取________的过程。

A. 物方点所对应像点　　B. 像点所对应物方点　　C. 像片控制点

8. ________既是一种广受欢迎的地图产品类型，也是国家基础地理信息产品的重要组成部分。

A. DEM　　B. DOM　　C. DRG

9. 共线方程建立了________和________的数学关系。

A. 物方点、像控点　　B. 地面控制点、像片控制点　　C. 物方点、像方点

10. 数字三维地形景观一般由________和________组合而成。

A. DEM、DOM　　B. DOM、DLG　　C. DOM、DRG

二、简答题

1. 数字正射影像的特点及应用有哪些?

2. 简述无人机影像 DOM 生产流程。

3. 简述无人机影像 DOM 制作基本原理。

（选择题答案：A B B C C B A B C A）

任务清单

任务描述：利用 DEM 成果生成正射影像并进行正射影像拼接、编辑、质检。

<table>
<tr><td>姓名</td><td></td><td>班级</td><td></td><td>学号</td><td></td><td>组别</td><td></td></tr>
<tr><td>数据类型</td><td></td><td>数据编号</td><td></td><td>坐标系</td><td colspan="3"></td></tr>
<tr><td colspan="3">处理项目</td><td colspan="3">检查</td><td colspan="2">记录</td></tr>
<tr><td colspan="3">数据准备</td><td colspan="3"></td><td colspan="2"></td></tr>
<tr><td colspan="3">导入编辑后 DEM</td><td colspan="3"></td><td colspan="2"></td></tr>
<tr><td colspan="3">生成正射图块</td><td colspan="3"></td><td colspan="2"></td></tr>
<tr><td colspan="3">新建拼接工程</td><td colspan="3"></td><td colspan="2"></td></tr>
<tr><td colspan="3">导入影像</td><td colspan="3"></td><td colspan="2"></td></tr>
<tr><td colspan="3">生成拼接线</td><td colspan="3"></td><td colspan="2"></td></tr>
<tr><td colspan="3">编辑拼接线</td><td colspan="3"></td><td colspan="2"></td></tr>
<tr><td colspan="3">输出拼接线</td><td colspan="3"></td><td colspan="2"></td></tr>
<tr><td colspan="3">输出拼接影像</td><td colspan="3"></td><td colspan="2"></td></tr>
<tr><td colspan="3">结论</td><td colspan="5"></td></tr>
<tr><td colspan="3">综合评价</td><td colspan="5"></td></tr>
</table>

评价清单

<table>
<tr><td rowspan="3">基本信息</td><td>姓名</td><td></td><td>班级</td><td></td><td>学号</td><td></td><td>组号</td><td></td></tr>
<tr><td>角色</td><td colspan="7">□主操作员　　□辅操作员</td></tr>
<tr><td>规定时间</td><td></td><td>完成时间</td><td></td><td>考核日期</td><td></td><td>指导教师</td><td></td></tr>
<tr><td rowspan="7">考核内容</td><td rowspan="2">序号</td><td colspan="3" rowspan="2">步骤</td><td colspan="4">完成情况</td></tr>
<tr><td colspan="2">完成</td><td colspan="2">未完成</td></tr>
<tr><td>1</td><td colspan="3">考核准备：
设备：
数据：</td><td colspan="2"></td><td colspan="2"></td></tr>
<tr><td>2</td><td colspan="3">DOM 成果影像分辨率</td><td colspan="2"></td><td colspan="2"></td></tr>
<tr><td>3</td><td colspan="3">DOM 拼接成果检查</td><td colspan="2"></td><td colspan="2"></td></tr>
<tr><td>4</td><td colspan="3">DOM 拼接线检查</td><td colspan="2"></td><td colspan="2"></td></tr>
<tr><td>5</td><td colspan="3">DOM 拼接成果明显变形、错位</td><td colspan="2"></td><td colspan="2"></td></tr>
<tr><td colspan="2">指导教师评价</td><td colspan="7">□优秀　　□良好　　□中等　　□及格　　□不及格</td></tr>
<tr><td>团队协作</td><td colspan="8"></td></tr>
<tr><td>沟通表达</td><td colspan="8"></td></tr>
<tr><td>教师评语</td><td colspan="8"></td></tr>
</table>

模块 12

无人机航测 DLG 生产

思维导图

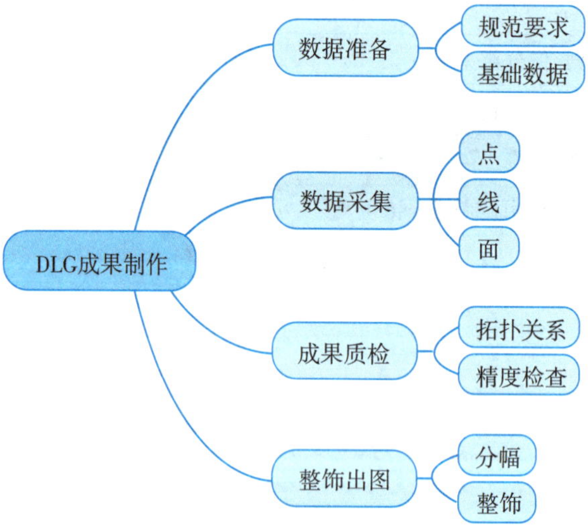

12.1 DLG 基本概述

数字线划图(Digital Line Graph，DLG)是摄影测量的主要数字化地图产品之一，也称为数字地形图，是按照一定的比例尺将测区内各地物和地貌要素缩小后，经过制图综合以点、线、面形式和地图特定图形符号形式，表达地形要素的地理信息矢量数据集。虽然现在的数字化地图产品种类丰富，有数字高程模型、数字正射影像图、三维实景模型等，而数字线划图作为矢量数据，它的优点在于数据量小，方便检索、查询、量测、提取，分层管理、叠加以及单体化表达，所以数字线划图与其余数字化地图产品各有特点，互为补充，不存在替代关系。

12.2　DLG 制作

12.2.1　数字线划图的制作

数字线划图的制作方法有以下几种。

1) 航空摄影测量双目立体测图法

目前航空摄影测量立体测图的制图思路是：申请空域，外业布控，航空摄影，内业空三平差，立体测图，外业调绘，地形图编辑，整饰出图等。

2) 传统野外实测法

传统野外实测法包括全站仪外业碎部点采集，配合外业草图，内业 CASS 软件成图，或者 GNSS-RTK 碎部点采集配合内业制图软件绘图，该方法适合小区域作业。大面积作业时，效率低、成本高、外业工作时间长、工作量大且辛苦。

3) 对现有地形图扫描数字化

对现有地图扫描数字化，一般采用人机交互地图矢量化的生产方式，常用软件有 ArcGIS 和 MapGIS。

4) 倾斜摄影测量裸眼立体测图法

目前这一方法普遍用于对地形数据精度要求不严格的项目，如房地一体项目，其思路是采用无人机倾斜摄影测量技术从多个角度获取测区的倾斜影像数据，利用三维建模软件建立测区的三维实景模型，配合测区的 DEM 数据和 DOM 数据，高程采用自吸附模式，可以摘掉立体眼镜实现裸眼立体测图。该方法为了得到高精度的数据成果，通常采用无人机低空航拍，一般飞行高度控制在 100m 左右，对于高楼林立的都市测区，会因建筑物过于密集、遮挡等因素导致模型拉花，模糊不清，给立体采集带来困难。其优点是可以减少外业调绘的工作量，所以基于三维模型的裸眼立体测图法与传统双目立体测图法配合使用。

12.2.2　数字线划图的应用

数字线划图是现有地形图上地理要素分层存储的矢量数据集，既包括空间信息，也包括属性信息，能进行空间信息的分层与叠加，提取属性数据，根据矢量对象查询属性或根据属性查询矢量对象，数据易于更新与编辑，易于创建专题属性和绘制专题地图。数字线划图全面地描述地表现象，色彩丰富，满足各种空间分析要求，可随机地进行数据选取和显示，与其他信息叠加，可进行空间分析、决策。数字线划图可用于建设规划、资源管理、投资分析等各个方面以及作为人口、资源、环境、治安等各专业信息系统的空间定位基础。

数字线划图可以计算距离、面积，确定直线方位，确定两点的高程、高差信息，勾绘汇水线和分水岭，截取断面图及绘制断面图等。

(1)数字线划图在道路规划设计中的应用：目前在道路设计中，应用最为广泛的地形图比例尺有：1∶1000，1∶2000 和 1∶10000。其中，1∶2000 地形图主要用于道路的初步设计与施工图设计；1∶10000 地形图主要用于线路方案选线设计；1∶50000 主要用于路线总体走向及路线方案选择；大比例尺地形图可以用于勾绘和计算桥涵汇水面积，应用于水文计算。

(2)数字线划图在各类选线中的应用：通过数字线划图，新建线路应该选择在坡度平缓地区，利用有利的地形地势，在地形图上可以通过量取两点的水平距离，再根据比例尺和高差信息计算两点的坡度，充分考虑路线的长短、坡度，少过河建桥，翻山时选择缓坡，并通过鞍部，以降低施工难度和建设成本。引水线路选线：在数字线划图上可以参考地势高处向低处流。输油管道的选线基本要求：路线尽可能短，尽量避免通过山脉、大河等。水利大坝选址：在数字线划图上选择河谷、山谷地区口袋形洼地处。

12.2.3 数字线划图 DLG 的符号

地球表面上的自然和社会经济现象用统一规范的符号系统来表示，这些符号总称为地形图图式。图式是测绘和使用地形图的重要依据，目前使用的地形图图式是国家标准《1∶500、1∶1000、1∶2000 地形图图式》(GB/T 20257.1—2017)。

数字线划图上表示的图形不是地面物体形象的简单缩小，而是使用特殊的符号系统来实现的，这就是地形图符号。地图符号提供地图极大的表现能力，是空间信息的传递手段。

地理要素的地图符号表达一般分为点状要素、线状要素和面状要素。从比例尺的角度，地图符号又可划分为依比例尺符号，半依比例尺符号以及不依比例尺符号。依比例尺符号：地物依比例尺缩小后，其长度和宽度能依比例尺表示的符号。半依比例尺符号：地物依比例尺缩小后，其长度能依比例尺而宽度不依比例尺的符号。不依比例尺符号：地物依比例尺缩小后，其长度和宽度均不依比例尺的符号。湖泊、田块、房屋等面状区域多采用依比例尺符号表示。单线道路、围墙、篱笆、栅栏等线状要素多采用半依比例尺符号。

12.2.4　数字线划图 DLG 的内业采集

采集方法分为双目立体采集和基于三维实景模型的裸眼三维采集，两种采集方法对地形的认知判断力、需要遵循的采集原则都是一致的。

1) 地物要素采集原则

(1) 在采集过程中，内业定位、外业定性。

(2) 除了直接可利用的资料外，所有要素基于立体环境，影像或实景三维模型尽量采集清晰，原则上不综合表示，可适当取舍，保证所采要素完整齐全、精度可靠。

(3) 立体模型的测图范围不应超出该模型测图定向点连线外 1cm(以像片比例尺计)，且离像片边缘不小于 1.5cm。

(4) 采集依比例尺地物时，测标应切准地物的外轮廓线，双目立体采集时切准地物的顶部，三维模型采集时切准地物的模型可任意采集(顶部、中部、底部)，采集半依比例尺和不依比例尺的地物时，测标应切准其定位线或定位点，各要素空间关系要正确。

(5) 对阴影、树等遮盖或影像模糊不清无法判读的地物，做出标记，进行外业实地调绘后返回内业编辑处理。

(6) 使用折线进行数据采集时应注意及时调整折线参数，使线条流畅、光滑，避免产生冗余。

(7) 有向线表示在线状要素定位线位置，应保持要素符号主体在采集前进方向的左侧。

(8) 涉及军事设施和国家保密单位的名称注记不采集。

2) 数据编辑注意事项

(1) 居民地层：房屋属性是否正确，注记大小、附属设施的线型是否正确。

(2) 道路设施层：道路边线属性是否一致，线宽是否按地形图比例要求设置，路口线相交处是否做打断圆滑处理，整饰是否按照左虚右实、上虚下实的原则，路面铺装材质是否用注记表示。

(3) 水系设施层：注意单线水渠和双线水渠线宽按地形图比例要求设置。

(4) 独立地物层：符号大小按地形图比例要求设置。

(5) 管线设施层：符号大小按地形图比例要求设置。

(6) 地貌土质层：斜坡需重新生成符号；等高线的线宽要按地形图比例要求设置，道路、河流双线内侧的等高线需打断删除，穿过陡坎的等高线需打断，最后等高线将折线拟合使曲线圆滑、顺畅；高程点需重新展点并按地形图比例要求设置字体大小和保留位数。

（7）植被层：植被范围的骨架线设置为“不保留”，地类界与陡坎、斜坡、房屋边线、道路等边线重合时，需打断处理。

3）数据接边要求

（1）接边处的数据应连续、无裂缝、图形自然平滑。

（2）同一要素在相邻图幅的位置、属性、关系正确一致。

（3）符号化数据接边时，应保持符号图形形状特征的正确性，图形过渡自然，避免生硬。

12.3 DLG 质检

12.3.1 数据检查

内业采集完后，作业员应对数据的完整性、准确性、一致性、拓扑正确性、接边精度 5 个方面进行 100%的自检。

12.3.2 外业调绘

1）调绘底图制作

（1）将内业不能准确判读或定性等存疑处在底图上做出标识，存疑应分为属性存疑和位置存疑，以上两类问题在要素位置上用文字进行说明。需外业调绘和核实的内容应准确、说明清晰，不能遗漏的进行标识。

（2）按照一定比例尺及标准制作分幅图。

（3）利用内业编辑的矢量成果叠加 DOM 制作调绘底图。

（4）调绘底图储存为“ *.jpg”格式，输出比例尺根据项目及调绘工作要求来确定。

2）调绘的内容

调绘内容分为两部分：一部分是对内业采集时存疑属性要素进行定性调绘，如交通及附属设施、管线、地貌、植被与土质、地理名称等要素属性；另一部分是受地物遮挡或分辨率影响在内业采集时看不清、看不准、遗漏的地物需进行外业补测。

12.4　DLG 成果整理及分幅

12.4.1　内业成果整理

将内业采集的 DLG 数据与外业调绘数据相结合进行汇总修改，对整理完的数据进行最终接边后分幅输出。

1) 内业补充修改

调绘完成后，内业对照调绘图纸对外业调绘的各要素属性数据进行录入；将内业采集时看不清、判不准、遗漏且外业已判绘的地物进行补充编辑，必要时进行立体或模型下补充采集。

(1) 居民地：房屋类属性注记、层数的修改、居民地说明注记的补充。

(2) 道路交通：铺装材质注记、等级公路以及城市道路注记的补充。

(3) 水系：河流沟渠的名称注记、流向的修改。

(4) 管线：管线的属性、走向、说明注记的补充。

(5) 植被：种植种类的修改、范围的修改、说明注记的补充。

2) 图幅接边编辑

DLG 数据修改完成后，相邻数据应进行接边处理。注意图幅接边处是否做到属性内容一致、线型过渡平滑自然，按要求进行编辑整理；套合地貌数据，协调地貌与地物相关关系，编辑达到入库数据的要求。接边处埋原则有如下几项。

(1) 接边偏差在限差范围内，优先考虑要素的几何形状，接边点可在该范围内移动。

(2) 接边处相互位置偏差大于限差，应分析原因，排除粗差后再作处理。

(3) 成图时间不同的数据接边，当接边差超限，且确认新数据无误时，可不接边，在元数据中说明。

(4) 在同一测区内，一般规定由本任务区批次数据负责与西、北边之间的数据接边。

(5) 相邻数据之间对同一要素进行接边，做到位置正确、形态合理、属性一致：①位置接边，同一要素在任务区批次范围线处相互接边，实交于一点；②形态接边，同一要素接边后保持合理的几何形状，如输电线路、道路、等高线、水岸线等不应在接边处出现转折；③属性接边，同一要素接边后应保证属性完全一致。

12.4.2 地形图分幅

由于测区面积大或者不规则，而输出的地图产品一般分为规则的矩形分幅，或者梯形分幅，规则矩形分幅是指将地图产品以每幅图 50cm×50cm，或者 50cm×40cm 等标准尺寸输出，所以就涉及地形图分幅，即把整个测区按照标准图幅分块输出。

12.5 DLG 的生产

12.5.1 DLG 生产流程

▸ DLG 制作

（1）鼠标左键单击菜单栏中的【DLG 生产】，选择【立体影像测图】（或鼠标左键单击工具栏中的【立体测图】），如图 12-1 所示。

（2）弹出 DPDraw 界面。

（3）鼠标左键单击菜单栏中的【文件】，选择【新建】，弹出【图幅参数】界面，如图 12-2 所示。

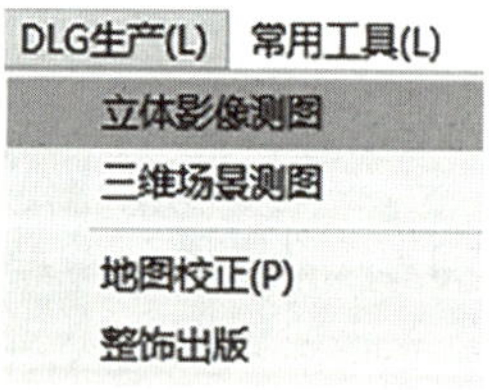

图 12-1　打开立体影像测图

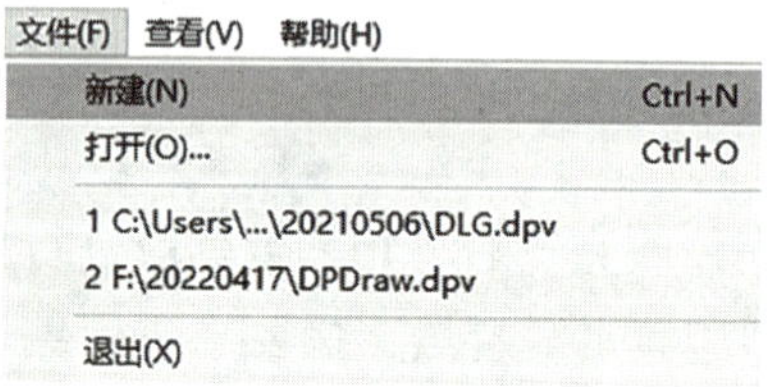

图 12-2　新建工程

（4）在图幅参数界面设置符号比例为 1∶1000，高程点小数位为 2，将【起点 X】、【起点 Y】、【右上 X】、【右上 Y】，按照测图范围进行设置，设置完后单击【保存】，弹出【打开】对话框，如图 12-3 所示。

（5）将矢量文件保存在工程根目录下，单击【打开】，弹出 DPDraw 界面，如图 12-4 所示。

（6）在界面左下角 Stereo Images 列表空白处，单击鼠标右键，选择【测区】，在弹出的页面，选择工程路径下 .dpp 格式文件，单击【打开】，左下角显示导入的立体像对，如图 12-5 所示。

（7）鼠标左键双击一组像对，弹出【DPDraw】对话框，选择【是】，右边弹出【模型和矢量】窗口，如图 12-6 所示。

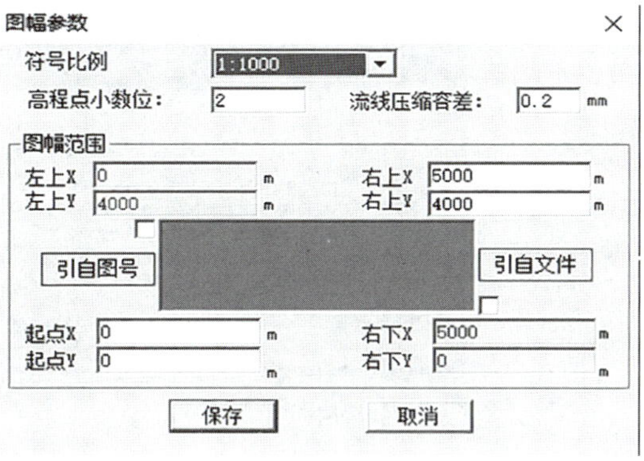

图 12-3　设置图幅相关参数

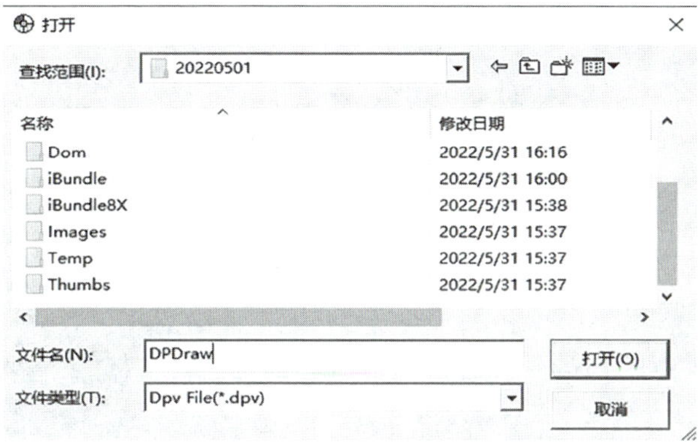

图 12-4　矢量文件保存路径

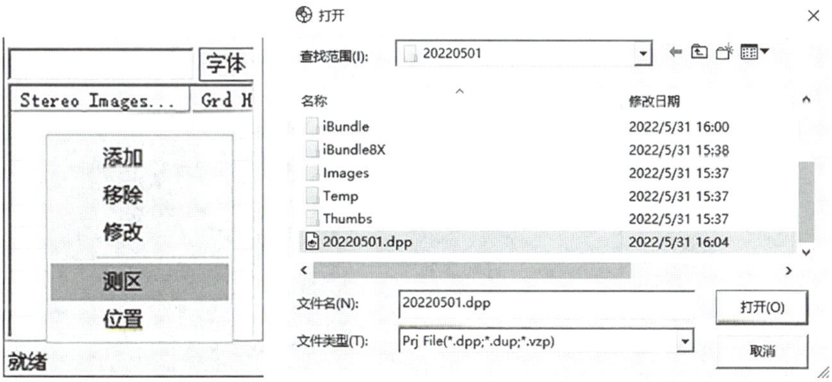

图 12-5　引入测区

(8)戴上红蓝(绿)眼镜，通过鼠标滚轮调整测标高程，鼠标左键单击左上角的符号面板，选择正确符号，在模型上采集对应的地物、地貌，一个模型完成后，继续用其他模型采集地物、地貌，如图 12-7、图 12-8 所示。

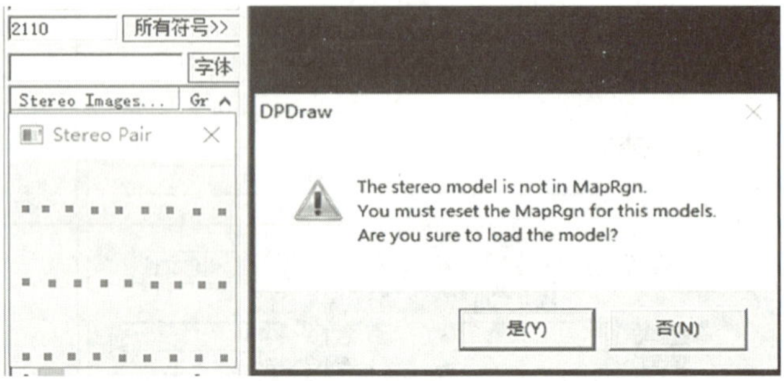

图 12-6　确定立体像对

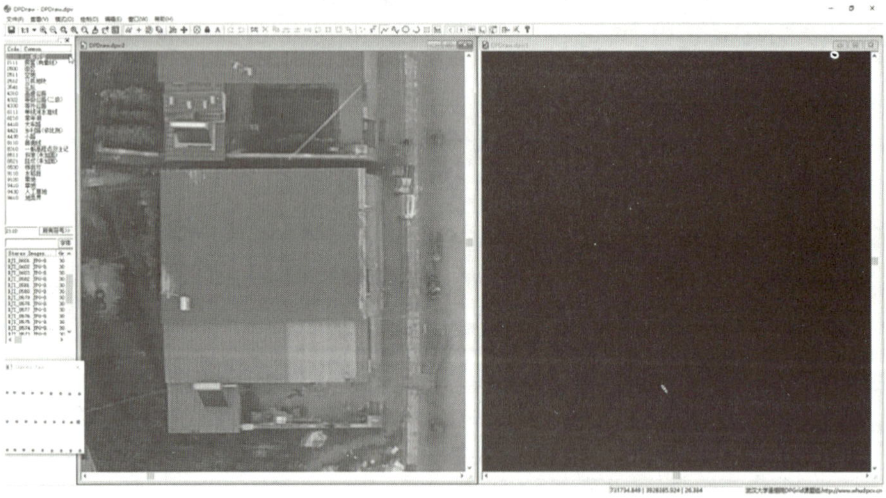

图 12-7　采集地物、地貌

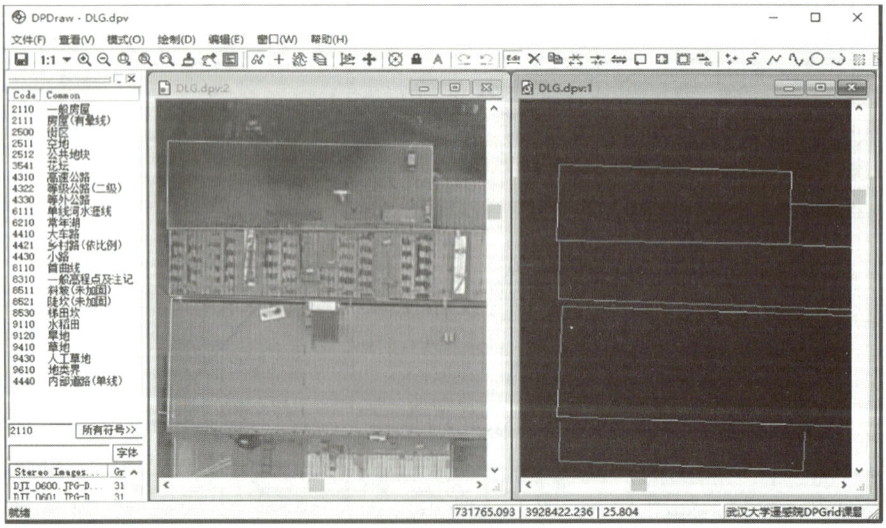

图 12-8　房屋采集

(9)选择【一般高程点及注记】符号，量取指定位置高程，如图 12-9 所示。

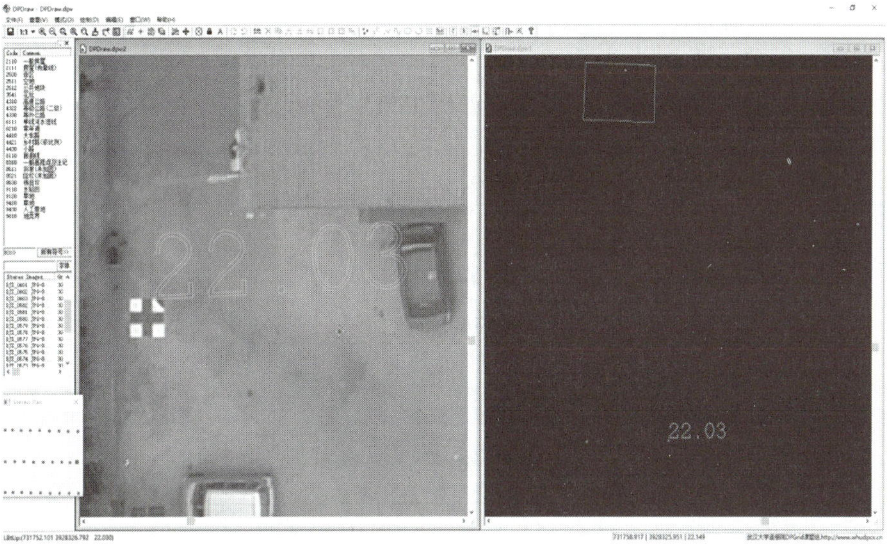

图 12-9　一般高程点注记

(10)完成所有规定的地物、地貌的绘制后，鼠标左键单击菜单栏中的【文件】，选择【保存】及【退出】，如图 12-10 所示。

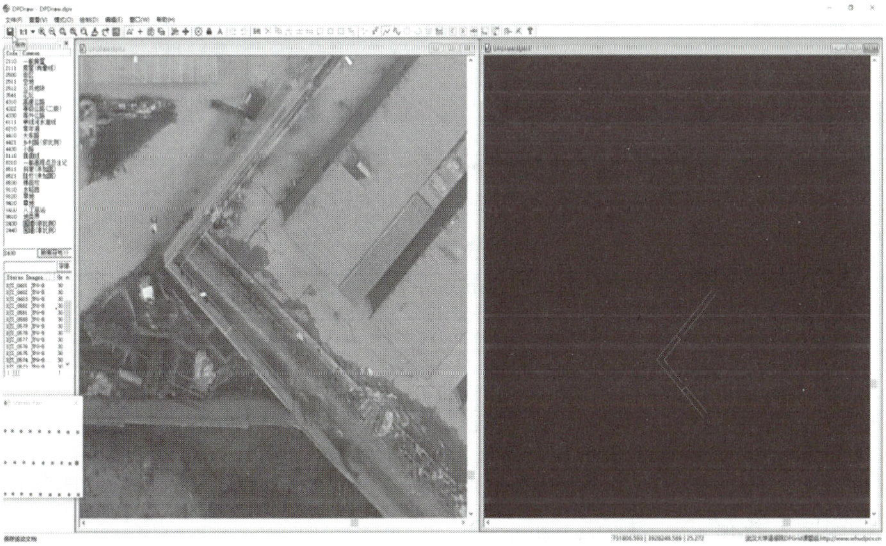

图 12-10　成果保存

12.5.2 整饰出版

(1)鼠标左键单击菜单栏中的【DLG生产】，选择【整饰出版】(或鼠标左键单击工具栏中的【整饰出版】)，弹出DPPlot界面，如图12-11所示。

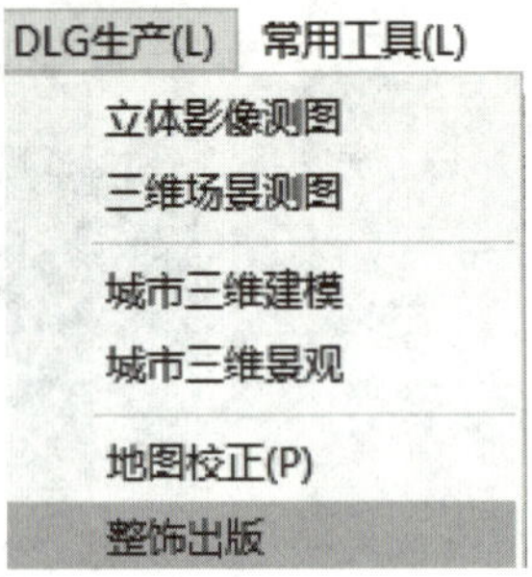

图12-11 整饰出版

(2)鼠标左键单击菜单栏中的【文件】，选择【打开】，弹出打开界面，在弹出的界面中选择DLG生产中保存的.dpv矢量文件，如图12-12所示。

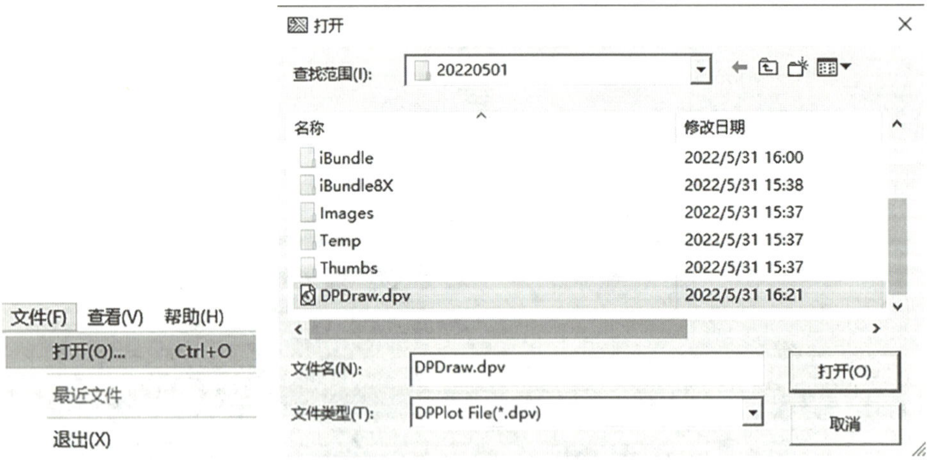

图12-12 打开成果文件

(3)鼠标左键单击菜单栏中的【设置】，选择【设置图廓参数】(或鼠标左键单击工具栏中的【设置图廓参数】)，如图12-13所示。

(4)鼠标左键单击菜单栏中的【设置】，选择【设置格网参数】(或鼠标左键单击工具栏中的【设置格网参数】)，如图12-14所示。

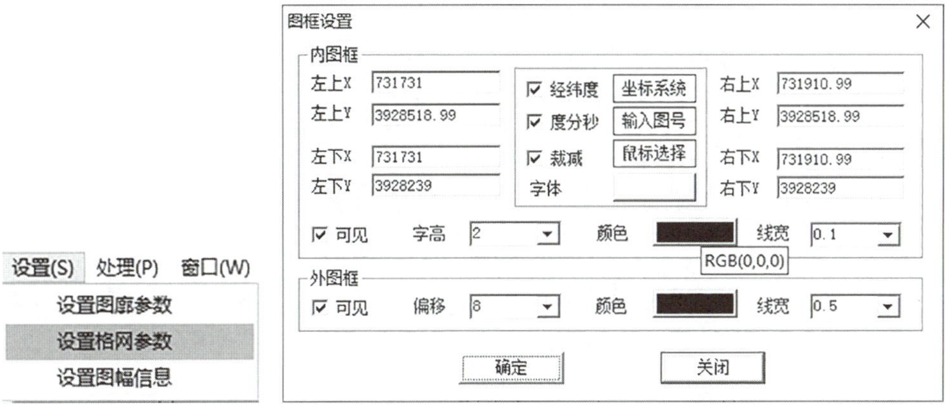

图 12-13　设置图廓参数

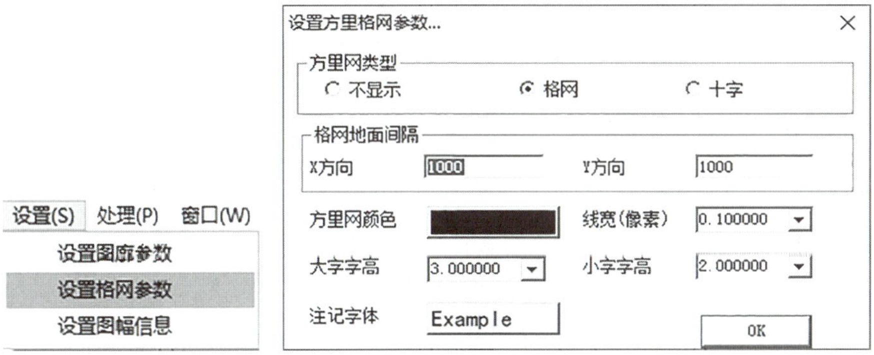

图 12-14　设置格网参数

（5）按照数据生产要求对格网进行设置。

（6）鼠标左键单击菜单栏中的【设置】，选择【设置图幅信息】（或鼠标左键单击工具栏中的【设置图幅信息】），按照数据生产要求对图名、图号、地区、版权单位进行设置，核查比例尺数值，不勾选【结合图表】选项，单击【确认】，如图 12-15 所示。

图 12-15　设置图幅信息参数

(7)鼠标左键单击菜单栏中的【处理】，选择【输出结果】(或鼠标左键单击工具栏中的【输出结果】)，弹出【输出成果图】对话框，命名为“DLG+各组编号”，文件的格式设置为.jpg，单击【确认】，弹出【DPPlot】对话框，单击【是(Y)】，弹出DPviewer界面查看整饰成果，如图12-16~图12-19所示。

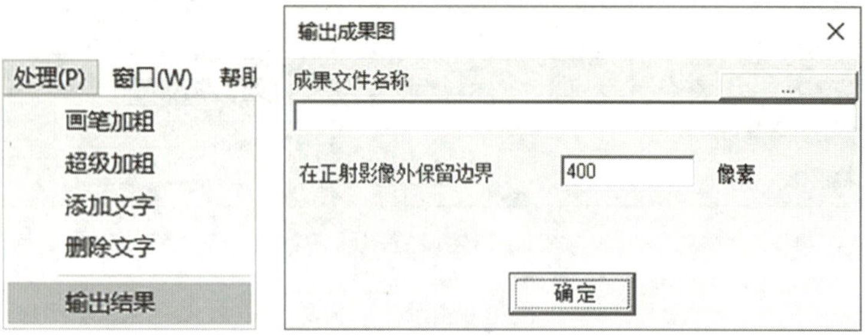

图12-16　成果输出

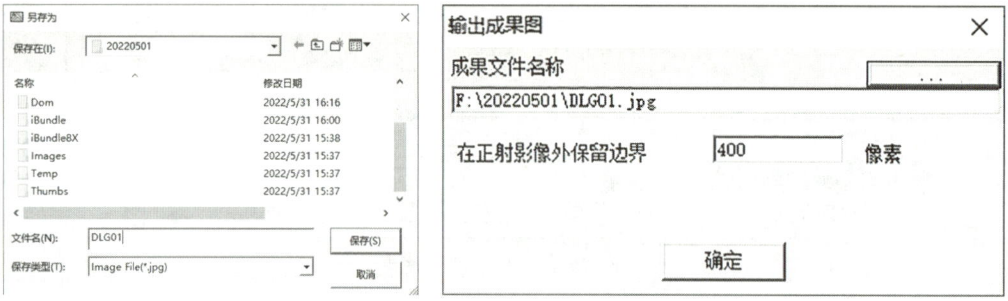

图12-17　成果保存路径

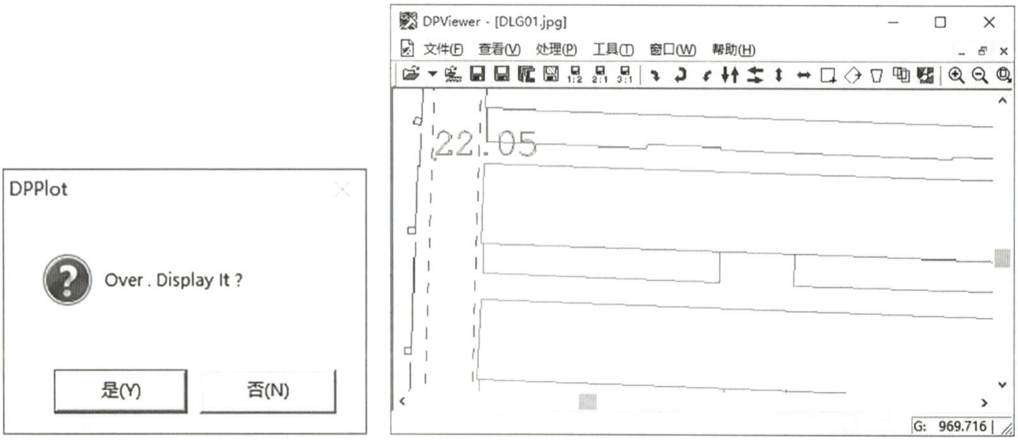

图12-18　是否查看成果

图 12-19 成果展示

思政点滴

陈兆海：25 年坚守工测一线，修为测绘匠心

2020 年 11 月 24 日，全国劳动模范和先进工作者表彰大会在北京人民大会堂隆重举行，中交一航局第三工程有限公司测量首席技能专家陈兆海被授予“全国劳动模范”，接受表彰。作为测量施工的主要负责人，他是索塔上随叫随到的“蜘蛛侠”，也是中国土木工程詹天佑奖的获得者，更是创下了靠人工测量方法，将沉箱水下基床标高精度控制在厘米级的奇迹。

1995 年，陈兆海毕业于天津航务技工学校测量试验专业。25 年来，他执着专注、不忘初心，从“攻克悬索安装”到“高精度测量”，他不仅精炼了“中国速度”，更创造了“中国精度”。从我国首座 30 万吨级矿石码头——大连港 30 万吨级矿石码头工程，到我国首座航母船坞——大船重工香炉礁新建船坞工程，到国内最长船坞——中远大连造船项目 1 号船坞工程，再到我国首座双层地锚式悬索桥——星海湾跨海大桥工程，以及 2022 年在建的大连湾海底隧道和光明路延伸工程，顺利承建的背后，见证陈兆海攻坚克难、精雕细琢、勇于创新、追求极致的匠人匠心。

匠人易得，匠心难修。作为中交一航局第三工程有限公司目前在测量施工领域当之无愧的领军人物，陈兆海不仅是技艺精湛的匠人，更有一颗竭尽所能让工匠技艺和精神薪火相传的匠心。他不仅把自己的知识和技能倾囊相授，更能敞开心扉，与青年测量人员分享个人的成长故事，引领大家开启自己与众不同的测量人生，学会用心测量人生的轨迹。

平凡的世界里总会涌现出一批不平凡的人，用心做事、踏实做人总能赢得人生的掌声。

资料来源：中交一航局公众号。

作业习题

一、选择题

1. 数字线划图的英文缩写是________。

A. DOM B. DEM C. DLG

2. ________是按照一定的比例尺将测区内各地物和地貌要素缩小后，经过制图综合用国标地图符号表达在图纸上的矢量图形数据。

A. 数字高程模型 B. 数字正射影像 C. 数字线划图

3. 数字线划图是以________形式和地图特定图形符号形式，表达地形要素的矢量数据集。

A. 点、线 B. 点、线、面 C. 坐标值

4. 不属于数字线划图优点的是________。

A. 数据量小 B. 制作简单快速 C. 方便检索和查询

5. 数字线划图的制作方法不包括________。

A. 水准仪测量法

B. 航空摄影测量立体测图法

C. 地形图扫描数字化

6. 传统野外实测法包括外业________，和内业________。

A. 碎部点采集、软件成图

B. 像片控制点测量、软件坐标计算

C. 像片调绘、编辑成图

7. 采用________技术从多个角度获取测区的倾斜影像数据，利用三维建模软件建立测区的三维实景模型。

A. 地形图矢量化

B. 无人机垂直摄影测量

C. 无人机倾斜摄影测量

8. 目前航空摄影测量立体测图的制图思路是________。

A. 航空摄影、内业空三平差、立体测图、外业调绘、地形图编辑、整饰出图

B. 航空摄影、立体测图、外业调绘、地形图编辑、整饰出图

C. 航空摄影、立体测图、内业空三平差、外业调绘、地形图编辑、整饰出图

9. 数字地形图是________投影。

A. 中心 B. 正射 C. 圆锥

10. DLG 质量检查包括________和________。

A. 属性精度检查、影像精度检查

B. 几何精度检查、影像精度检查

C. 几何精度检查、属性精度检查

二、简答题

1. 数字线划图的特点和应用有哪些?
2. 简述采用无人机航测法数字线划图 DLG 的生产流程。

（选择题答案：C C B B A A C A B C)

任务清单

任务描述：利用空三成果或正射影像进行矢量采集并进行分幅、质检。

<table>
<tr><td>姓名</td><td></td><td>班级</td><td></td><td>学号</td><td></td><td>组别</td><td></td></tr>
<tr><td>数据类型</td><td></td><td>数据编号</td><td></td><td>坐标系</td><td></td><td>高程点数量</td><td></td></tr>
<tr><td colspan="4">处理项目</td><td colspan="2">检查</td><td colspan="2">记录</td></tr>
<tr><td colspan="4">1. 数据准备</td><td colspan="2"></td><td colspan="2"></td></tr>
<tr><td colspan="4">2. 新建工程</td><td colspan="2"></td><td colspan="2"></td></tr>
<tr><td colspan="4">3. 导入立体像对</td><td colspan="2"></td><td colspan="2"></td></tr>
<tr><td colspan="4">4. 绘制房屋、道路、管线等地物要素</td><td colspan="2"></td><td colspan="2"></td></tr>
<tr><td colspan="4">5. 绘制高程点、等高线等地貌要素</td><td colspan="2"></td><td colspan="2"></td></tr>
<tr><td colspan="4">6. 分幅</td><td colspan="2"></td><td colspan="2"></td></tr>
<tr><td colspan="4">7. 整饰出图</td><td colspan="2"></td><td colspan="2"></td></tr>
<tr><td colspan="4">结论</td><td colspan="4"></td></tr>
<tr><td colspan="4">综合评价</td><td colspan="4"></td></tr>
</table>

评价清单

<table>
<tr><td rowspan="3">基本信息</td><td>姓名</td><td></td><td>班级</td><td></td><td>学号</td><td></td><td>组号</td><td></td></tr>
<tr><td>角色</td><td colspan="7">□主操作员　　□辅操作员</td></tr>
<tr><td>规定时间</td><td></td><td>完成时间</td><td></td><td>考核日期</td><td></td><td>指导教师</td><td></td></tr>
<tr><td rowspan="10">考核内容</td><td rowspan="2">序号</td><td colspan="3" rowspan="2">步骤</td><td colspan="4">完成情况</td></tr>
<tr><td colspan="2">完成</td><td colspan="2">未完成</td></tr>
<tr><td>1</td><td colspan="3">考核准备：
设备：
数据：</td><td colspan="2"></td><td colspan="2"></td></tr>
<tr><td>2</td><td colspan="3">DLG 采集：戴红蓝(绿)眼镜进行立体采集，将房屋、树木等地物进行矢量采集</td><td colspan="2"></td><td colspan="2"></td></tr>
<tr><td>3</td><td colspan="3">DLG 高程检核：在指定位置量取的高程检核点，若高程误差≥0.5m 视为超限</td><td colspan="2"></td><td colspan="2"></td></tr>
<tr><td>4</td><td colspan="3">DLG 高程检核点漏绘、错绘：作业时 DLG 任务测区内高程检核点应全部采集，未采集视为漏绘；
DLG 任务测区内高程检核点将指定位置，未按规定位置采集视为错绘</td><td colspan="2"></td><td colspan="2"></td></tr>
<tr><td>5</td><td colspan="3">DLG 出版成果地物地貌漏绘：作业时 DLG 任务测区内房屋、围墙、道路，未采集视为漏绘</td><td colspan="2"></td><td colspan="2"></td></tr>
<tr><td>6</td><td colspan="3">DLG 出版成果地物间拓扑关系：地物间相互压盖(例如房屋与房屋间的压盖、房屋与道路间的压盖等)、道路之间不合理交叉均属于地物间拓扑关系错误</td><td colspan="2"></td><td colspan="2"></td></tr>
<tr><td>7</td><td colspan="3">DLG 出版成果图廓整饰信息不完整：图廓整饰信息未按照规范要求进行输出(四角坐标、图名、图号、地区、版权单位、比例尺、图幅大小以及其他默认项等，增减均算作未按要求提交)</td><td colspan="2"></td><td colspan="2"></td></tr>
<tr><td>8</td><td colspan="3">DLG 成果：提交文件未按规定格式提交</td><td colspan="2"></td><td colspan="2"></td></tr>
<tr><td colspan="2">指导教师评价</td><td colspan="7">□优秀　□良好　□中等　□及格　□不及格</td></tr>
<tr><td>团队协作</td><td colspan="8"></td></tr>
<tr><td>沟通表达</td><td colspan="8"></td></tr>
<tr><td>教师评语</td><td colspan="8"></td></tr>
</table>

模块 13

无人机航测综合生产案例

思维导图

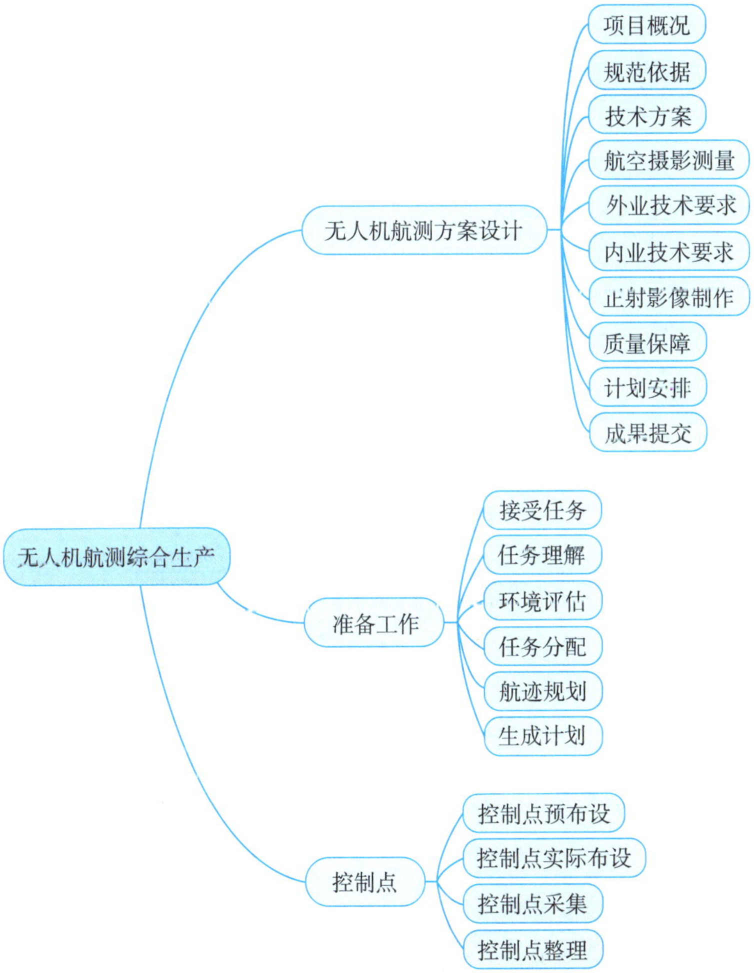

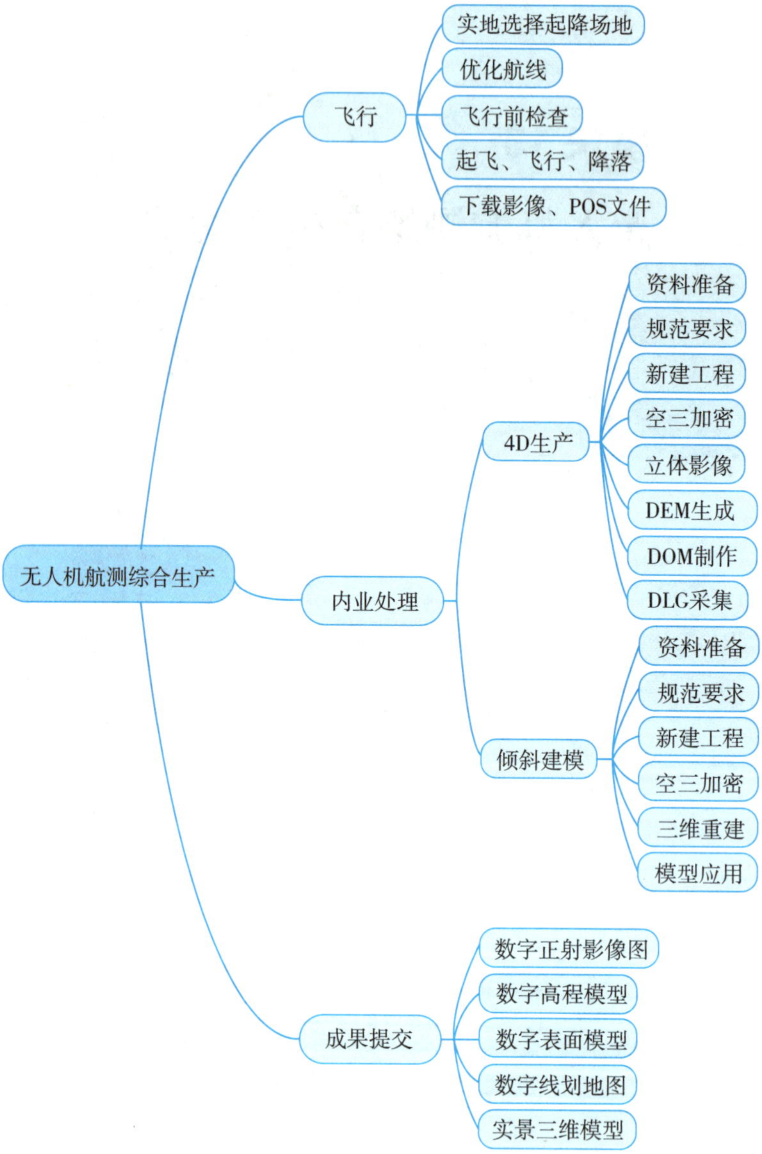

13.1 无人机航测生产流程

随着近年来无人机航空摄影技术的进步，越来越多的测绘工作应用无人机获取影像数据。无人机体积小巧、机动灵活、生产效率高、综合成本低，在小区域和飞行困难地区的高分辨率影像快速获取方面具有明显优势。

无人机航测生产具体流程如图 13-1 所示。

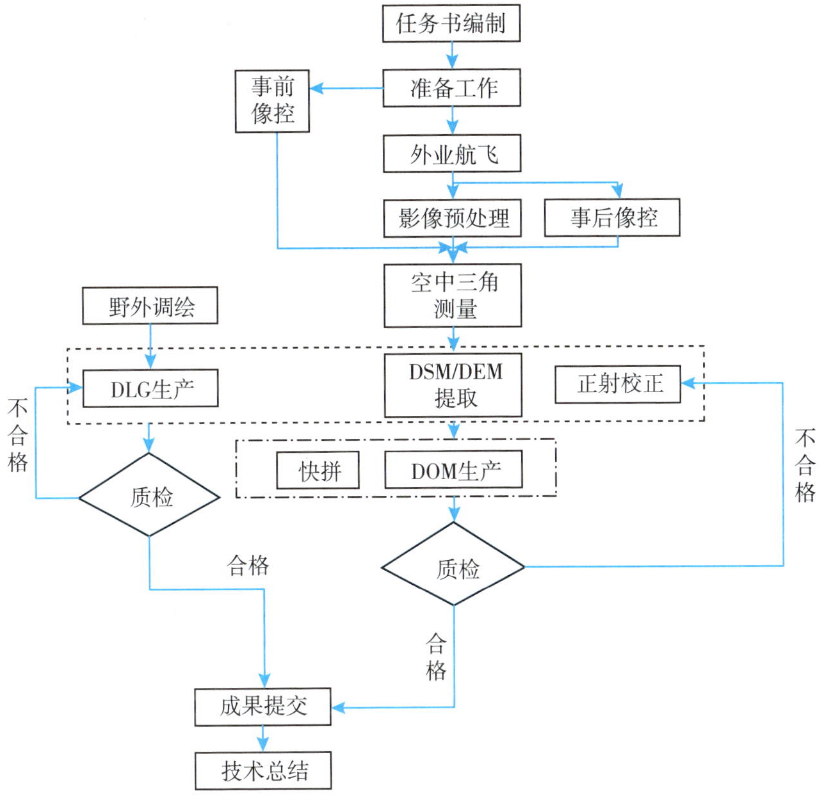

图 13-1　无人机航测生产流程图

13.2　无人机航测方案设计

无人机航测方案的设计主要包括以下 10 个方面的内容：①项目概况；②作业依据及基本规定；③技术方案；④航空摄影；⑤航测外业技术要求；⑥航测内业技术要求；⑦成果制作；⑧质量保障措施；⑨项目计划安排；⑩成果提交。

13.3　无人机航测外业实施

13.3.1　基本流程

无人机航测外业流程为：收集测区资料，对测区所处地理位置、地形地貌等进行评估，考虑周围是否有机场、军区等，是否需要报备和空域申请等；然后根据成果要求(如成果比例尺、地面分辨率大小等)和已有无人机航测设备，确定是否可以飞行；确定可以飞行后，在地面站软件进行航线规划，设置飞行高度、重叠度、起降场等，形成飞行计划，必要时可进行现场踏勘，进行像控点布设、采集，根据测区地形地貌，也可在飞行任务完成后进行像控点采集；将飞行计划上传至飞行控制系统，进行起飞、飞行、降落，采集影像数据，记录飞行的 POS(Position Orientation System，POS)数据，获取飞行数据；地面监测系统显示无人机飞行航迹，地面工作人员据此监视无人机工作情况；飞行任务完成后，下载航测数据，基本流程如图 13-2 所示。

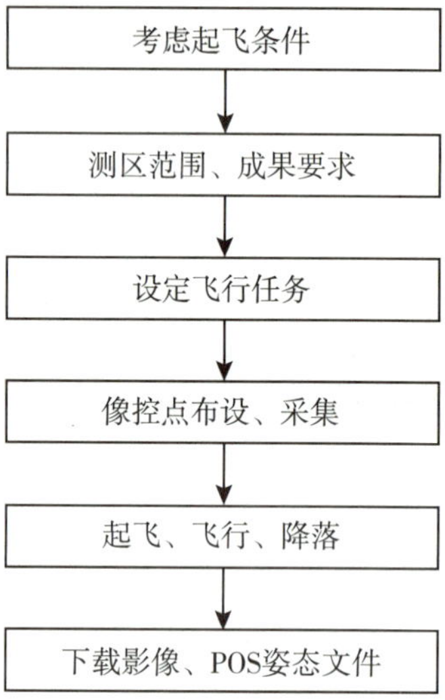

图 13-2　无人机航测外业基本流程图

13.3.2　航线规划

根据地面分辨率大小、相机 CCD 大小、焦距，确定飞行航高；根据地形复杂程度，如高差大小，确定航向重叠度、旁向重叠度的大小；根据飞机续航时间，划分飞行架次。

13.3.3　像控点布设与测量

像控点布设一般采用区域网布点方案，布点个数根据测区地形调整，测量方式采用 RTK 测量。像控点中的平高控制点要求选在影像清晰的细小线状地物点、明显地物拐角点，高程控制点还要求高程起伏较小；选点困难地区，可考虑实地布设控制点。为了满足大比例测图需求，一般采用实地布设控制点。

13.4　内业处理与质量检查

13.4.1　内业处理流程

航飞数据获取后，采用内业数据处理软件如 Pix4Dmapper、ContextCapture、DoubleGrid 等进行无人机数据处理。主要流程为：导入航飞的原始影像数据、POS 数据，进行影像预处理，修正影像畸变和相机检校，自动进行连接点提取和自由网平差，进行影像相对定向；加入外业控制点，进行区域网平差、纠正，进行绝对定向；生成数字表面模型(DSM)，数字正射影像图(DOM)，点云、实景三维模型等数据；数字高程模型(DEM)、数字线划图(DLG)则要借助立体测图软件、地理信息系统(GIS)软件以及外业调绘等进一步生产，内业处理流程图如图 13-3 所示。

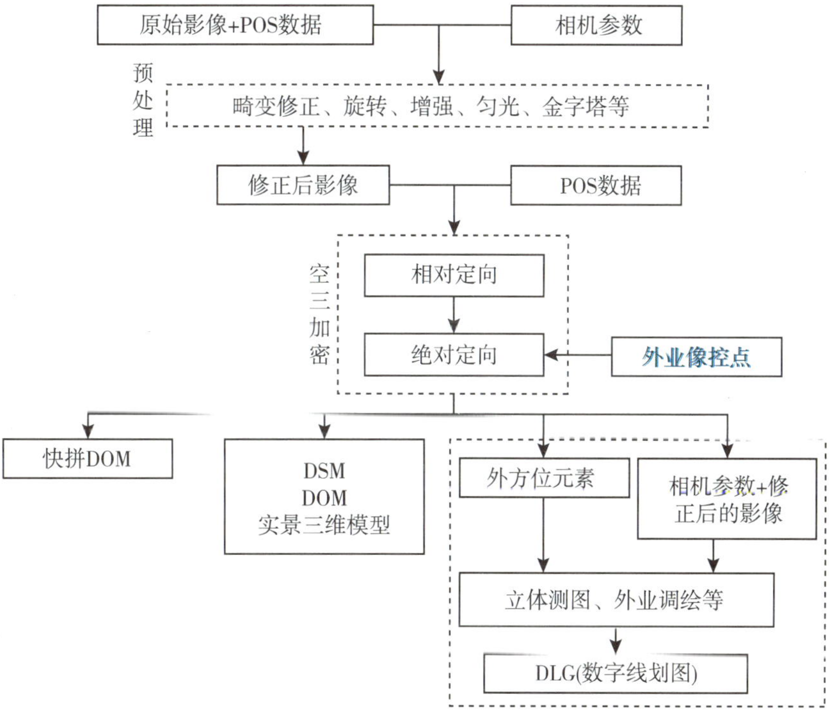

图 13-3　无人机内业数据处理流程图

本教材主要采用 DoubleGrid 无人机航测软件进行无人机数据处理，主要流程为：影像和 POS 导入→自动空三处理(相对定向)→相片刺点(绝对定向)→成果输出。这里的成果为 DOM、DSM 以及实景三维模型。DLG 的生产则要进一步借助立体测图软件获取，采用 DoubleGrid 测图软件进行水系、居民地、交通等地理要素的采集，地理要素采集的详细程度以满足实际需求为原则。

13.4.2 数据质量检查

无人机航测所获取的遥感数据，除了现场检查影像的色调、饱和度、云和雾之外，还要从以下几个方面进行检查。

1)影像重叠度

同一条航线内相邻的影像重叠称为航向重叠，相邻航线的重叠为旁向重叠。根据相关测量规范要求，航向重叠度一般为 60%~75%，不得小于 56%；旁向重叠度一般为 30%~60%，不得小于 13%。航向重叠度和旁向重叠度要根据具体项目区情况确定。

2)航线弯曲度

无人机在飞行过程中，受外界自然条件影响会出现偏离预设航线的情况。实际飞行的航线弯曲度会影响影像重叠度。如果航线弯曲度过大，可能会产生航摄漏洞，影响摄影测量的作业。航线弯曲度不应大于 3%。

3)航带内最大高差

无人机在飞行过程中，实际飞行高度会偏离预设高度。测量规范要求同一航线上相邻相片的航高差不应大于 30m，最大航高与最小航高之差不应大于 50m。

4)像片旋偏角

同一航线中相邻像片主点的连线与同方向像片边框方向的夹角称为像片旋偏角，如图 13-4 所示。像片旋偏角一般不得大于 15°，最大不超过 25°。

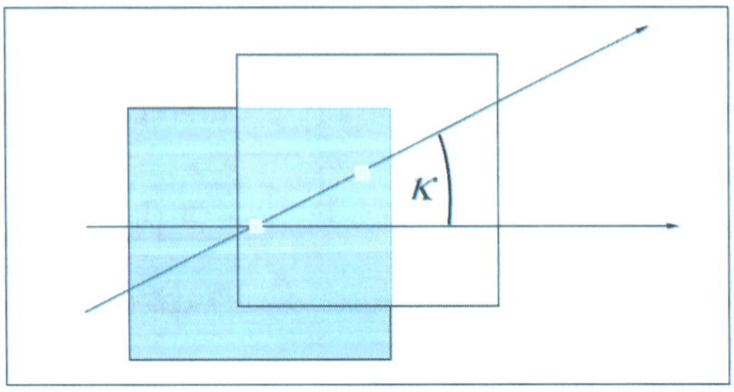

图 13-4　像片旋偏角

5) DOM 影像质量检查

(1)检查内容。

对项目区的 DOM 进行影像质量检查。

(2)影像质量检测过程。

将影像放大到一定倍数，观察每一处影像是否清晰，影像色彩是否真实，是否存在划痕、影像变形、模糊等现象。同时注意影像色调是否均匀，反差是否居中，是否存在影像处理所留下的斑点、划痕、折裂，影像镶嵌处出现拼接问题(如重影)等缺陷。

(3)影像接边检测。

如果项目涉及两个(或者两个以上)测区，就会涉及测区与测区间的接边。通常要保证相邻数字正射影像图幅是否存在裂缝，接边处影像的亮度、色调、饱和度是否一致，灰度是否平滑过渡。

6) DOM 精度检查

DOM 精度检测采用两种方法，利用已有控制点进行检验和通过在空三测量中采集的保密点进行检查。

利用已有的控制点进行检测，是通过已有控制点与 DOM 上相应地物点进行坐标比较，计算检测点坐标差 ΔX_i、ΔY_i，并统计平面位置中误差。

采用保密点进行检测，将保密点与 DOM 上对应的地物点进行坐标比较，同样计算检测点坐标差 ΔX_i、ΔY_i，并统计平面位置中误差。

DOM 制作应符合《低空数字航空摄影测量内业规范》(CH/Z 3003—2010)的要求。正射影像图上明显地物点的平面位置中误差不能大于如表 13.1 所示的规定。

表 13.1　**1：2000 正射影像图平面中误差(m)**

检测点类型	平地、丘陵地	山地、高山地
保密检测点	0.8	1.1
外业实地采集检测点	1.2	1.6

13.5　成果提交与技术总结编制

13.5.1　成果提交

需要提交的成果数据主要有：①数字正射影像 DOM 数据；②实景三维模型；③数字

线划图 DLG 数据。

图 13-5 为 DOM 数据，图 13-6 为实景三维模型数据，图 13-7 为 DLG 数据。

图 13-5　数字正射影像 DOM 数据

图 13-6　实景三维模型

图 13-7　数字线划图 DLG 数据

13.5.2　技术总结编制

(一)项目概况

阐述与项目来源相关的技术背景，现有技术基础和工作基础，包括前期所取得的成果或技术情况，项目区概况、工作内容以及相关的数学基础。

(二)作业依据

项目所涉及的参考依据或标准。

(三)投入设备及技术情况

所使用的设备及人员投入情况介绍。

(四)无人机航摄

航线设计情况、飞行场地、气象条件、飞行质量及影像质量等。

(五)像片控制点测量

像控点选点原则、布设状况及精度状况等。

(六)内业数据处理

介绍内业数据处理的整个过程。

(七)精度评定

空三加密精度评定状况、DOM、DLG精度状况分析。

(八)提交的成果

(九)结论

介绍采用的技术手段和获取的成果是否满足合同约定的要求。

13.6 无人机航测地形图测绘实践操作

13.6.1 数据准备

(1)准备原始数据，将无人机拍摄的数据拷贝至电脑进行整理，剔除镜头未垂直向下的照片及试拍时的照片，如图13-8所示。

图13-8 不满足要求的照片

(2)整理用GNSS-RTK采集的控制点，建议导出控制点坐标时选择以.csv格式导出，方便后期坐标系的转换，在文件命名时建议添加控制点采集坐标系/投影/中央经线。

(3)制作控制点对应的点之记，方便内业人员的空三刺点工作，如前文表8.2所示。

13.6.2 快拼制作

打开DPGridEdu，开始新建工程，导入影像设置相关参数，点击【OK】，进行快拼图制作，如图13-9、图13-10所示。

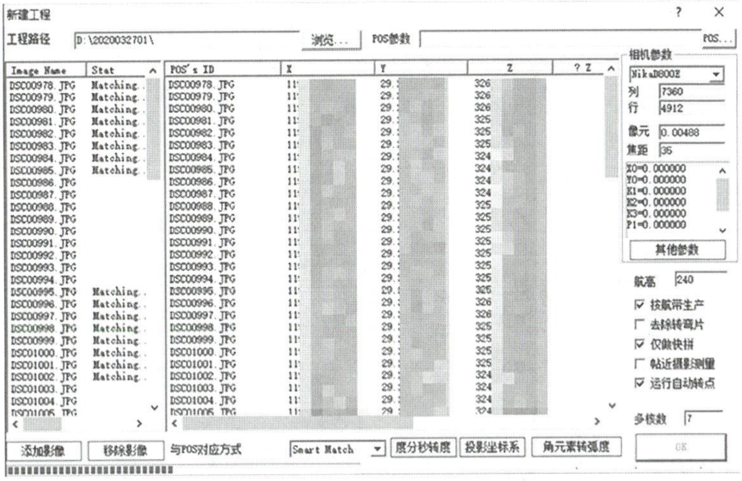

图 13-9　快拼工程新建窗口

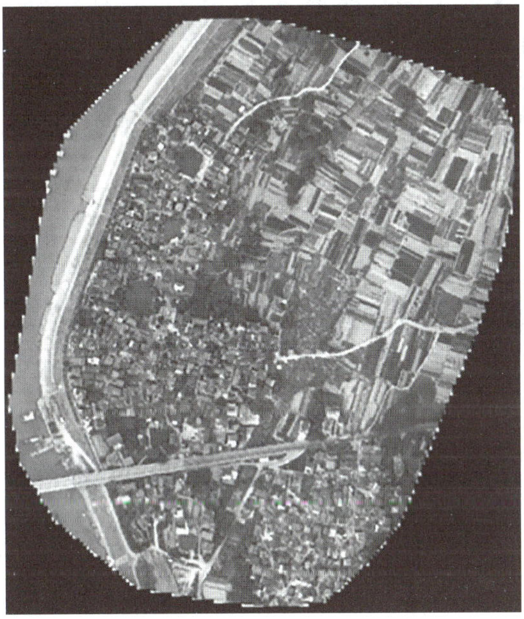

图 13-10　快拼示意图

13.6.3　空三内业处理

（1）打开 DPGridEdu，开始新建工程，导入影像设置相关参数，点击【OK】，进行处理。

（2）进行连接点匹配。

(3)选择地面控制点文件进行控制点导入，并进行刺点(注意：将没有控制点位置的照片进行删除，并保存，然后选择其他点位进行刺点)。

(4)控制网平差及计算，同时输出平差报告及方位元素。

13.6.4 DEM 生成

(1)生成点云，如图 13-11 所示。

(2)由点云生成 DEM。

(3)进行 DEM 编辑，生成符合实际地表的 DEM，如图 13-12 所示。

图 13-11　点云数据

图 13-12　DEM 数据

13.6.5　DOM 生成

(1)正射拼接。

(2)编辑拼接线。

(3)生成 DOM，如图 13-13、图 13-14 所示。

图 13-13　拼接线

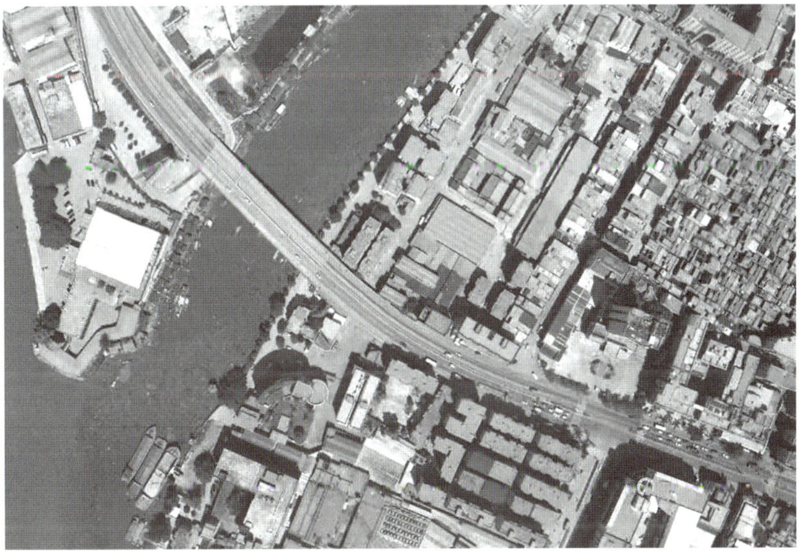

图 13-14　生成的 DOM 数据

13.6.6 DLG 生产

建立相关工程，按照DLG的生产要求制作数字线划图，如图13-15、图13-16所示。

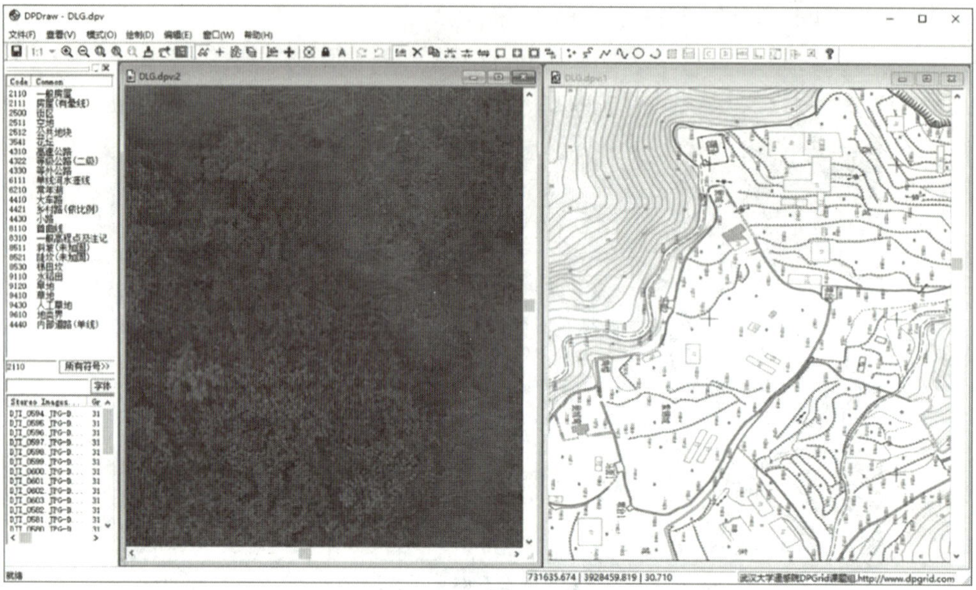

图 13-15　DLG 生产窗口及结果

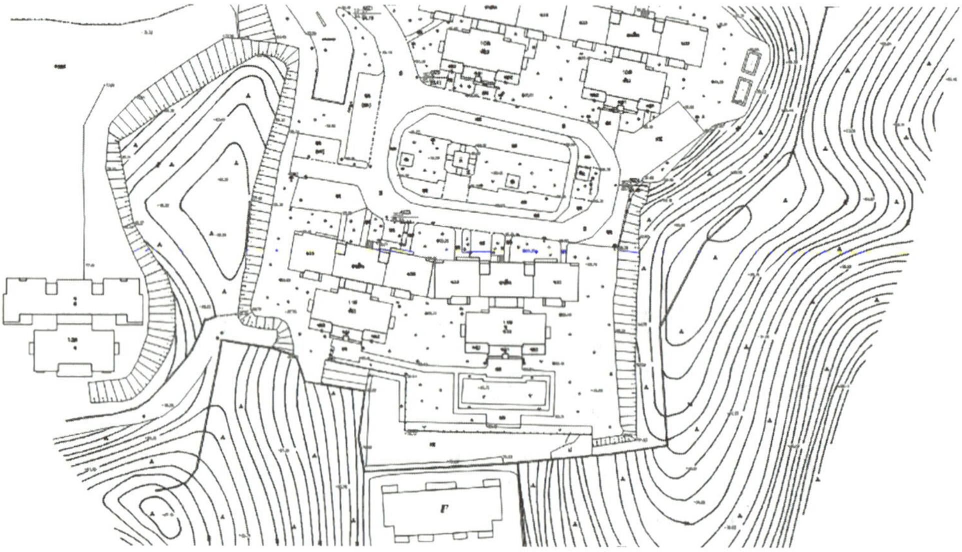

图 13-16　DLG 生产结果

13.7 基于实景三维的无人机测绘

13.7.1 无人机倾斜摄影测量

传统航空摄影只能从垂直角度拍摄地物，倾斜摄影则通过在同一平台搭载多台传感器，同时从垂直、侧视等不同的角度采集影像，有效弥补了传统航空摄影的局限。倾斜摄影技术是国际测绘遥感领域近年发展起来的一项高新技术，它打破了以往正射影像只能从垂直角度拍摄的局限，通过在同一飞行平台上搭载多台传感器，同时从垂直、倾斜等不同角度采集影像，获取地面物体更为完整准确的信息。

13.7.2 实景三维

实景三维英文名简称为 3D IVR，它是一种运用数码相机对现有场景进行多角度环视拍摄然后进行后期缝合并加载播放程序来完成的三维虚拟展示技术。三维实景在浏览中可以由观赏者对图像进行放大、缩小、移动、多角度观看等操作。实景三维成果经过深度制作，可实现场景中的热点链接、多场景之间虚拟漫游、雷达方位导航等功能。三维实景技术广泛应用于诸多领域网络虚拟展示。

随着智慧城市建设逐步落地，空间信息从二维到三维转变正变得日益迫切。目前，实景三维产业已具备充分的技术条件，且市场需求强烈。而无人机测绘技术的日趋成熟，正是空间高精度数据大范围获取的重要推手。

实景三维的技术特点主要有以下几点：

(1)通过专业相机把现场场景完整、细致地拍摄记录下来，不留死角。再通过播放器将图片一切景致以多角度、全方位地展示给访问者，一览无遗。

(2)三维实景图像源自对真实场景的摄影捕捉，虽然通过实景制作出虚拟空间，但此虚拟空间完全源自真实的场景，有别于电脑绘制出的虚拟空间，给访问者更加真实的视觉享受。

(3)360°环视播放效果，让访问者置身于三维立体空间里，任意穿行、观赏，身临其境，享受虚拟世界带来的奇妙幻境。

13.7.3 基于无人机倾斜摄影的实景三维

目前世界上支持多视角影像三维实景建模的软件有许多，诸如 ContextCapture、Pixel

Factory、Pix4D、VirtuosoGrid、VirtuoZo、DP-Smart、PhotoScan 等软件，其高度自动化和智能化给建模带来极高的效率。在硬件方面也得到国内外许多倾斜无人机的支撑，如 Harwar、MicroDrones、JOUAV、Dragon50 等。软件和硬件的支持给实景三维建模带来改革性的变化，推动着实景三维建模飞速发展。

在建立建筑物表面模型的过程中，相比垂直影像，倾斜影像有着显著的优点，因为它能提供更好的视角去观察建筑物侧面，这一特点正好满足了建筑物表面纹理生成的需要。同一区域拍摄的垂直影像可用来生成三维模型或是改善生成的三维模型，具体流程如图 13-17 所示。

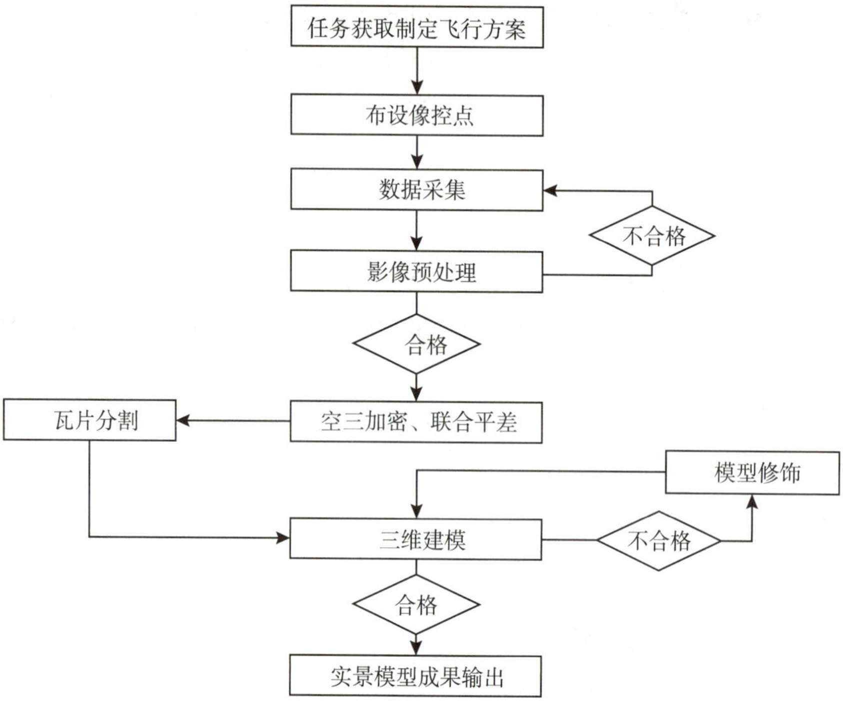

图 13-17　倾斜模型生产流程图

13.7.4　无人机倾斜摄影拍摄注意事项

（1）为保证顺利完成三维建模并提高模型精度，航向重叠度和旁向重叠度要在 80% 以上。

（2）相机与被测物体的距离之差不能太大，如果想得到局部更加精细的三维模型，要采取逐步递进的方法采集影像。

（3）被摄物体或部位要占照片的一半区域以上，每个部位至少在 3 张影像上出现。

(4)如果地物表面有凸出或镂空等部位，需要对局部进行多角度采集。

(5)如果地物太高，需要分层多地物进行采集，两层之间的重叠度也遵循原则(1)的规定。

非倾斜摄影测量设备若要达到倾斜测量级别的成果质量和精度，必须提高影像的重叠度、降低地物的摄影距离、采取多冗余影像采集，严格按照以上原则操作才能达到预期效果。

13.7.5 倾斜摄影的应用领域

倾斜摄影技术的发展不仅扩展了遥感和摄影测量技术的应用领域，该技术的引进也使得三维城市建模的成本大大降低。目前，倾斜摄影技术被广泛应用于城市管理、国土资源管理、智慧城市建设、应急指挥、国土安全管理、地质灾害防治等领域。

1)全方位实景展示

倾斜摄影三维模型为实景模型，地表附着物、构筑物等相互关系十分精确，且表面纹理颜色等均与实际情况一致。通过对实景模型的浏览，可以方便地了解整个工程范围情况，对整个工程形成直观印象。

2)实时量测

倾斜摄影三维模型精度较高，模型分辨率优于0.05m，且可直接基于模型进行包括高度、长度、面积、角度、坡度等量测，如图13-18所示。

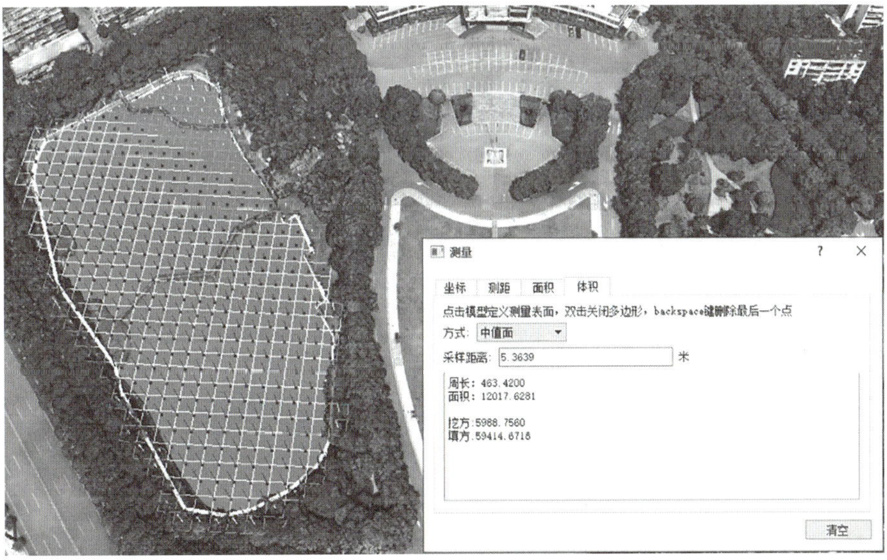

图13-18 填挖方效果展示及体积量算示意图

3）强大的剖面分析功能

倾斜摄影三维模型实际为地表三维高程格网上覆盖精准地表影像，通过专用软件，可以很方便地截取地表剖面，便于进行针对性分析。

4）三维设计功能

通过专用软件，可以很方便地在倾斜摄影三维模型进行三维设计，将工程治理形象直接反映在三维模型上，可以较精确计算工程开挖或回填方量，同时也可以进行简单的碰撞试验，优化设计，如图 13-19 所示。

图 13-19　效果对比展示图

未来地图是三维地图。我们生活在一个三维空间，所有的物体可以进行空间化、属性化、地理实体化。实景三维场景是直接符合人眼视觉的三维世界，同时具有测绘级精度、可实时量测的特点。从传统基础测绘产品来说，倾斜摄影三维实景由于精度高、还原度高等特点几乎包含大部分传统测绘产品的特性，同时具备全要素等特点。可通过实景三维数据直接或间接生成传统 4D 产品，例如：用于规划测量的 DSM、DEM，用于数字底图的 DOM 和 DLG 等传统测绘产品，大大降低了时间和人力成本。

思政点滴

贴近摄影测量技术

贴近摄影测量(Nap-of-the-object Photogrammetry)是张祖勋院士团队针对精细化测量需求提出的全新摄影测量技术，它是精细化对地观测需求与旋翼无人机发展结合的必然产物。贴近摄影测量是面向对象的摄影测量(Object-oriented Photogrammetry)，它以物体的“面”为摄影对象，通过贴近摄影获取超高分辨率影像，进行精细化地理信息提取。

▸贴近摄影测量

张祖勋院士不仅是我国摄影测量学科领域的学术带头人，而且是我国摄影测量产业实现跨越式发展，并走向世界的开拓者之一。

贴近摄影测量起源于滑坡、高位危岩的地质调查与监测预警，并进行了初步应用试验，具有可高度还原地表和物体精细结构的特点，也可应用于城市精细重建、古建筑重建、水利工程监测等方面。

贴近摄影测量是继垂直摄影、倾斜摄影以来的第三种摄影方式，它通过对“面”进行摄影，得到精细三维模型，带来新的产品形态，可大大扩大摄影测量服务领域。其技术支撑的来源一方面是无人机云台姿态控制能力，另一方面是无人机高精度定位技术，如图13-20~图13-22所示。

图13-20　精灵 Phantom 4 RTK 贴近飞行

图 13-21　贴近摄影测量精细三维建模

图 13-22　贴近摄影测量成果

无人机贴近摄影测量引领精高分辨率、细化影像数据采集、解读与利用的新发展。

资料来源：引自张祖勋院士的《贴近摄影测量由来与含义》一文。

作业习题

一、综合案例分析 1

某市计划对本地区进行航空摄影，用以测绘 1∶5000 比例尺地形图。

1. 摄区概况

摄区东西长 13.2km，南北长 11.2km，为一矩形区域，总面积为 147.84km²。全测区包含平地和丘陵两种地形，其中，绝大多数是平地，约占整个测区 80%的面积，主要位于测区南部的大部分地区。测区海拔高度平地最低点为 8m，最高海拔为 344m；测区内低点平均高程为 25m，高点平均高程为 315m。

2. 航空摄影基本技术要求

航空摄影采用传统的航空摄影方式，航摄仪型号为 RC-30，像幅为 23cm×23cm，航摄仪焦距为 152mm，影像扫描分辨率为 0.02mm，像片类型为真彩色，航摄比例尺为 1∶20000。

[问题]

(1)航摄仪在哪些情况下必须进行检定？检定的项目有哪些？

(2)航空摄影项目包括哪些内容？航空摄影技术设计书包括哪些内容？

(3)根据案例算一下摄影参数：摄影基准面、相对航高、绝对航高。

(4)航摄飞行质量检查主要检查哪些方面？

二、综合案例分析 2

某测绘单位采用数字摄影测量方法生产某测区 0.2m 地面分辨率的数字正射影像图和 1∶2000 数字线划图。测区为丘陵地区，经济发达，交通便捷，道路纵横交错。测区中心有一个大型城市，城区以高层建筑物为主，房屋密集。

项目前期已完成全测区的彩色数字航空摄影、区域网外业控制点布设与测量、空中三角测量等工作，相关成果检查验收合格，可提供本项目作业使用。

项目成果将采用 1∶2000 地形图标准分幅，数字正射影像图生产采用数字微分纠正，以人机交互方式采集镶嵌线，镶嵌处应保持地物特征完整，影像清晰，色调均匀。数字线划图精度按规范要求为：地物点平面位置中误差不超过±1.2m，等高线高程中误差不超过±0.7m，注记点高程中误差不超过±0.5m。

[问题]

(1)简述解析空中三角测量内业加密的主要工作流程。

(2)列出本项目生产数字正射影像图的主要作业步骤。

(3)简述正射影像镶嵌线采集中遇到建筑物、独立树、露天停车场等地物时的注意事项。

(4)列出本项目提交的成果有哪些？

任务清单

任务描述：对指定任务区域进行航测方案设计并获取测区影像、测区控制点、影像快拼图制作、空三制作、DEM 制作、DOM 制作、DLG 制作。

<table>
<tr><td>姓名</td><td></td><td>班级</td><td></td><td>学号</td><td></td><td>组别</td><td></td></tr>
<tr><td>数据类型</td><td></td><td>数据编号</td><td></td><td>坐标系</td><td colspan="3"></td></tr>
<tr><td colspan="4">处理项目</td><td colspan="2">检查</td><td colspan="2">记录</td></tr>
<tr><td colspan="4">无人机航测方案设计</td><td colspan="2"></td><td colspan="2"></td></tr>
<tr><td colspan="4">无人机影像获取</td><td colspan="2"></td><td colspan="2"></td></tr>
<tr><td colspan="4">测区控制点采集整理</td><td colspan="2"></td><td colspan="2"></td></tr>
<tr><td colspan="4">快拼图制作</td><td colspan="2"></td><td colspan="2"></td></tr>
<tr><td colspan="4">空三刺点平差</td><td colspan="2"></td><td colspan="2"></td></tr>
<tr><td colspan="4">DEM 制作</td><td colspan="2"></td><td colspan="2"></td></tr>
<tr><td colspan="4">DOM 制作</td><td colspan="2"></td><td colspan="2"></td></tr>
<tr><td colspan="4">DLG 制作</td><td colspan="2"></td><td colspan="2"></td></tr>
<tr><td colspan="4">结论</td><td colspan="4"></td></tr>
<tr><td colspan="4">综合评价</td><td colspan="4"></td></tr>
</table>

评价清单

<table>
<tr><td rowspan="3">基本信息</td><td>姓名</td><td></td><td>班级</td><td></td><td>学号</td><td></td><td>组号</td><td></td></tr>
<tr><td>角色</td><td colspan="7">□主操作员　　□辅操作员</td></tr>
<tr><td>规定时间</td><td></td><td>完成时间</td><td></td><td>考核日期</td><td></td><td>指导教师</td><td></td></tr>
<tr><td rowspan="12">考核内容</td><td rowspan="2">序号</td><td colspan="3" rowspan="2">步骤</td><td colspan="4">完成情况</td></tr>
<tr><td colspan="2">完成</td><td colspan="2">未完成</td></tr>
<tr><td>1</td><td colspan="3">考核准备：
设备：
数据：</td><td colspan="2"></td><td colspan="2"></td></tr>
<tr><td>2</td><td colspan="3">无人机航测方案设计</td><td colspan="2"></td><td colspan="2"></td></tr>
<tr><td>3</td><td colspan="3">无人机影像获取</td><td colspan="2"></td><td colspan="2"></td></tr>
<tr><td>4</td><td colspan="3">测区控制点采集整理</td><td colspan="2"></td><td colspan="2"></td></tr>
<tr><td>5</td><td colspan="3">快拼图制作</td><td colspan="2"></td><td colspan="2"></td></tr>
<tr><td>6</td><td colspan="3">空三刺点平差</td><td colspan="2"></td><td colspan="2"></td></tr>
<tr><td>7</td><td colspan="3">DEM 制作</td><td colspan="2"></td><td colspan="2"></td></tr>
<tr><td>8</td><td colspan="3">DOM 制作</td><td colspan="2"></td><td colspan="2"></td></tr>
<tr><td>9</td><td colspan="3">DLG 制作</td><td colspan="2"></td><td colspan="2"></td></tr>
<tr><td>10</td><td colspan="3">数据质检</td><td colspan="2"></td><td colspan="2"></td></tr>
<tr><td colspan="2">指导教师评价</td><td colspan="7">□优秀　□良好　□中等　□及格　□不及格</td></tr>
<tr><td>团队协作</td><td colspan="8"></td></tr>
<tr><td>沟通表达</td><td colspan="8"></td></tr>
<tr><td>教师评语</td><td colspan="8"></td></tr>
</table>

模块 14

民用无人机驾驶员考证

思维导图

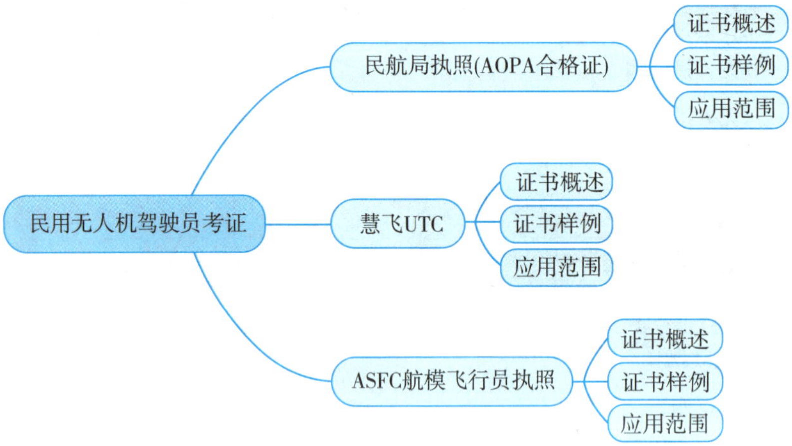

14.1 民航局执照(AOPA 合格证)

14.1.1 证书概述

中国航空器拥有者及驾驶员协会(Aircraft Owners and Pilots Association Of China, AOPA-China),简称中国 AOPA,于 2004 年 8 月 17 日成立,是中国民用航空局主管的全国性的行业协会,也是国际航空器拥有者及驾驶员协会(IAOPA)的国家会员,也是其在中国(包括台湾、香港、澳门)的唯一合法代表。

中国 AOPA 无人机驾驶员合格证由国务院批准、民政部注册、中国民用航空局主管的代表通用航空行业的全国性协会颁发。该证是无人机飞行安全方面的基础证,具有极高的技术含量而被各行各业所认可,是从事无人机行业人员必备的敲门砖,具有极高的法律效力。

由于近年来政策的改变，无人机的监督管理权慢慢由 AOPA 协会转交回中国民用航空局进行统一管理，在考取 AOPA 合格证的同时，国家也会同步颁发中国民用航空局认证的无人机电子执照，形成人们常说的“两证”。自 2018 年 9 月 1 日起，中国民用航空局授权行业协会颁发的现行有效的无人机驾驶员合格证自动转换为中国民用航空局颁发的无人机驾驶员电子执照，原合格证所载明的权利一并转移至该电子执照。简而言之，AOPA 已转型为国家唯一官方认可的无人机飞行执照。

14.1.2　证书样例

AOPA 执照分为视距内驾驶员、超视距驾驶员（机长）和教员三个等级，可直接考取，也可递进式考取。

考试通过后：

（1）由中国民用航空局颁发“民用无人机驾驶员执照”（电子执照）；

（2）由中国航空器拥有者及驾驶员协会（AOPA）颁发“民用无人驾驶航空器系统驾驶员合格证”（实体证件），如图 14-1 所示。

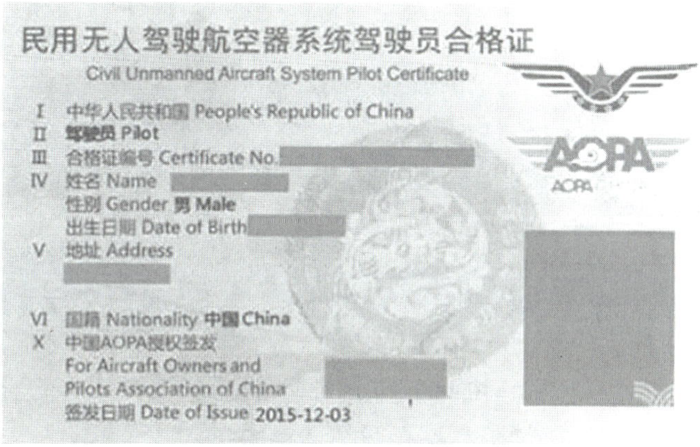

图 14-1　民用无人驾驶航空器系统驾驶员合格证

14.1.3　应用范围

（1）持有“民用无人机驾驶员执照”和“民用无人驾驶航空器系统驾驶员合格证”（AOPA 合格证）可以使用对应类别、级别的无人机进行商业飞行。

（2）向空军及航管部门申请飞行计划时的人员证照凭证。

(3)按《民用无人机驾驶员管理规定》，操控空机重量大于4kg或起飞重量为7kg及以上的无人机的驾驶员需要考取无人机驾驶员执照。

证书详情可查询AOPA官网(http://www.aopa.org.cn)，或中国民用航空局飞行人员信息网(http://pilot.caac.gov.cn/)，可查询具体考试内容、考试时间等。

14.2 慧飞UTC

14.2.1 证书概述

UTC是慧飞无人机应用技术培训中心的培训体系，隶属于大疆无人机科技有限公司旗下的无人机培训组织。慧飞采用国内首个专注于无人机应用技能的UTC培训体系，针对特定无人机岗位单独做出针对性的无人机技能培训，使学员在短时间内具备该岗位的无人机操作技能。该体系由中国航空运输协会通用航空分会与中国成人教育协会联合推出(图14-2)。

图14-2　大疆慧飞UTC

14.2.2 证书样例

操作员在通过相关考核后会获得由慧飞颁发的"慧飞学员合格证书"，以及由中国航空运输协会通用航空分会、中国成人教育协会联合颁发的"UTC无人驾驶航空器系统操作手合格证"，这两份证书仅是入职企业工作能力资格证，或者叫"上岗证"，如图14-3、图14-4所示。

慧飞™无人机应用技术培训中心

学员合格证书

UNMANNED AERIAL SYSTEMS TRAINING CENTER (UTC) COURSE CERTIFICATE

姓名 NAME [redacted]

课程名称 APPOINTED COURSE 航拍摄影理论及实践 Aerial Photography and Filmmaking Essentials

培训机型 AIRCRAFT TYPE Phantom Series

2017.08.01

本证书由慧飞无人机应用技术培训中心总部签发，证明该学员完成上述课程的培训并已通过考核。

THIS CERTIFICATE IS ISSUED BY UTC TO CERTIFY THAT THE PARTICIPANT HAS COMPLETED THE COURSE AND SUCCESSFULLY PASSED THE FINAL TEST

证书编号 CERTIFICATE NO. [redacted]

UTC 慧飞无人机应用技术培训中心 UNMANNED AERIAL SYSTEMS TRAINING CENTER

图 14-3　学员合格证证书(例)

UTC

无人驾驶航空器系统操作手合格证

Unmanned Aircraft Operator Certificate

航拍专业（一级）Aerial Photography and Filmmaking Level 1

姓名 [redacted]　性别 女　出生日期 [redacted]

证件编号 [redacted]

发证日期 2017.08.01　有效日期 2018.07.30

认证机构

中国航空运输协会通用航空委员会

General Aviation Committee of China Air Transportation Association

中国成人教育协会航空服务教育培训专业委员会

China Adult Education Association

Aviation Services Professional Committee of Education Training

图 14-4　UTC 学员合格证(例)

14.2.3　应用范围

UTC 培训中主要使用大疆主流的多旋翼无人机平台设备。培训现已覆盖测绘、航拍、安防、巡检、植保 5 个领域。

证书详情可进入 UTC 官网(https：//www. uastc. com)，具体了解培训开班信息。

14.3 ASFC 航模飞行员执照

14.3.1 证书概述

ASFC 航模飞行员执照是由中国航空运动协会颁发的遥控航空模型飞行员(无人驾驶航空器)执照，考生只考 7kg 以下的无人机，事实上应该叫“航模驾驶证”。中国航空运动协会，简称中国航协(ASFC)，如图 14-5 所示，是具有独立法人资格的全国性群众体育组织，是中华全国体育总会的团体会员，负责管理全国航空体育运动项目，是代表中国参加国际航空联合会、相应国际航联活动以及组织全国性的竞赛的唯一合法组织。

图 14-5　中国航空运动协会标志

14.3.2 证书样例

与 AOPA 执照不同的是，ASFC 证件只适合用于小型或微型无人机(航模)的飞行。其承认范围仅限于无人机体育竞赛，并不具备从事无人机行业那样高水准操作水平。操作员们仅需具备初级的无人机操作基础技能即可通过考核，由中国航空运动协会颁发“ASFC 会员证”及“遥控航空模型飞行员执照”，如图 14-6 所示。

14.3.3 应用范围

(1)操作起飞重量 25kg 以下航模。

(2)参加国际航空联合会举办的赛事，需要有中国航空运动协会(ASFC)的会员证。

证书详情可进入全国无人驾驶系统航空器监管与服务平台，点击进入“认定单位查询”，了解就近认定单位并获取联系信息。

全国无人驾驶系统航空器监管与服务平台：http：//www. cnasfc. org。

图 14-6 ASFC 合格证(会员证)

14.4 三种证书对比分析

三种证书对比分析见表 14.1。

表 14.1 三种证书对比分析表

三种证书	执行单位	监管单位	性质	适用范围	类比
无人机执照	AOPA 协会	中国民用航空局	执照	民用商用	驾驶证
UTC	大疆慧飞	中国航空运输协会通用航空分会 成人教育协会	资格证	行业应用	滴滴准驾证
ASFC	航空运动协会	体育总局	级别证书	竞技比赛	赛车执照

思政点滴

职场新业：无人机驾驶员

2017年12月，工业和信息化部印发《关于促进和规范民用无人机制造业发展的指导意见》，提出到2020年民用无人机产业持续快速发展，产值达到600亿元，年均增速40%以上的目标。综合考虑产业成熟度提升后的发展规律，民用无人机产业将由高速成长转向逐步成熟，按照年均25%的增长率测算，到2025年民用无人机产值将达到1800亿元。在无人机行业的市场需求下，无人机驾驶员职业应运而生，新职业的诞生，让无人机的操作行为更加专业化、合法化、规范化，为产业的快速发展提供了专业技能支撑。

1. 职业定义

无人机驾驶员定义：通过远程控制设备，驾驶无人机完成既定飞行任务的人员。无人机驾驶员主要工作任务：

(1)安装、调试无人机电机、动力设备、桨叶及相应任务设备等；

(2)根据任务规划航线；

(3)根据飞行环境和气象条件校对飞行参数；

(4)操控无人机完成既定飞行任务；

(5)整理并分析采集数据；

(6)评价飞行结果和工作效果；

(7)检查、维护、整理无人机及任务设备。

2. 职业发展通道

无人机驾驶员作为无人机的实际操作者，对于无人机执行的专业任务不同和无人机自身差异性，还应该具备特定行业工种的准入要求。在满足无人机驾驶员职业要求的基础上，根据不同工种的准入专业技能条件，无人机驾驶员职业发展将细分到各个领域，如航拍驾驶员、植保驾驶员、巡检驾驶员、安防驾驶员或者航测驾驶员等。

根据不同工种驾驶员技能娴熟程度，可以通过职业技能鉴定由初级向高级发展。对于企事业单位而言，无人机驾驶员属于无人机相关企事业单位的核心技术工程师，承担着无人机技术实践应用与服务的主要工作，是无人机技术团队中主导力量，为企事业单位创造价值；对于个人而言，无人机驾驶员是从技术岗位路线晋升为技术管理层的新渠道，是个人职业规划发展的新方向。

3. 职业市场需求

美国蒂尔集团在无人机系统国际协会(AUVSI)会议和商展上公布了全球无人机预测，到2023年，无人机用于研发及采办费用将增至116亿美元。根据国际预测公司(Forecast International)最新的预测，未来10年亚洲将成为无人机系统最大的客户地区，预计市场份额占比达 50%。IDC(国际数据公司)数据分析显示，预测未来五年我国无人机驾驶员人才需求量近 100 万人。在无人机市场份额中，用于无人机试验费用为 15%，用于无人机维护服务费用为 10%~20%，而这些细分的行业配套领域最大需求趋势为无人机驾驶员所能提供的驾驶技能与维护服务。

4. 职业评价

自然资源部第一大地测量队应急测绘中心无人机机长王伟说：“无人机技术一直在进步，每年都会有新的机型，每一种无人机，我都要去学习。我们要做的就是既要把无人机飞好，地勤的这些工作我们也要去做，晚上回来大量的时间都用在维护保养无人机上，也会觉得非常无聊、枯燥，所以我们这个行业不仅要精益求精，而且还要耐得住寂寞。”

既然是新职业，就意味着这是一个新领域，没有太多前人的经验可供参考，每一个从业者都是探路者，面对的挑战会更多，但是空间也会更大。这就需要从业者既要有强烈的开拓和创新精神，更要踏实勤奋、精益求精，只有这样才能够成为行家里手。

资料来源：人力资源和社会保障部《新职业——无人机驾驶员就业景气现状分析报告》(2019 年)。

模块 15

“1+X”职业技能等级制度

思维导图

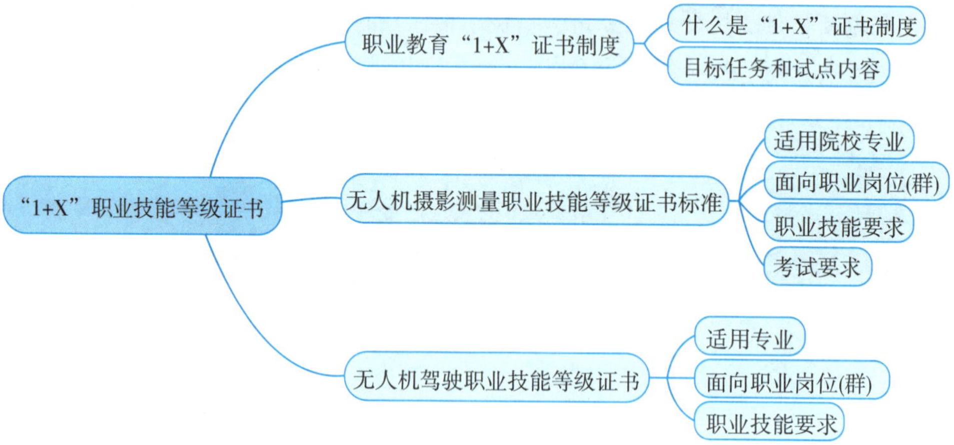

15.1 职业教育“1+X”证书制度

15.1.1 “1+X”证书制度

2019 年，教育部、国家发展改革委员会、财政部和市场监管总局联合印发了《关于在院校实施“学历证书+若干职业技能等级证书”制度试点方案》，部署启动“学历证书+若干职业技能等级证书”(简称“1+X”证书)制度试点工作。

“1”为学历证书，“X”为若干职业技能等级证书。学校教育全面贯彻党的教育方针，落实立德树人根本任务，是培养德智体美劳全面发展的高素质劳动者和技术技能人才的主渠道，学历证书全面反映学校教育的人才培养质量，在国家人力资源开发中起着不可或缺的基础性作用。职业技能等级证书是毕业生、社会成员职业技能水平的凭证，反映职业活动和个人职业生涯发展所需要的综合能力。

把学历证书与职业技能等级证书结合起来，探索实施“1+X”证书制度，是《国家职业教育改革实施方案》(“职教 20 条”)的重要改革部署，也是重大创新。试点工作将按照高质量发展的要求，坚持以学生为中心，深化复合型技术技能人才培养培训模式和评价模式改革，提高人才培养质量，畅通技术技能人才成长通道，拓展就业创业本领，如图 15-1所示。

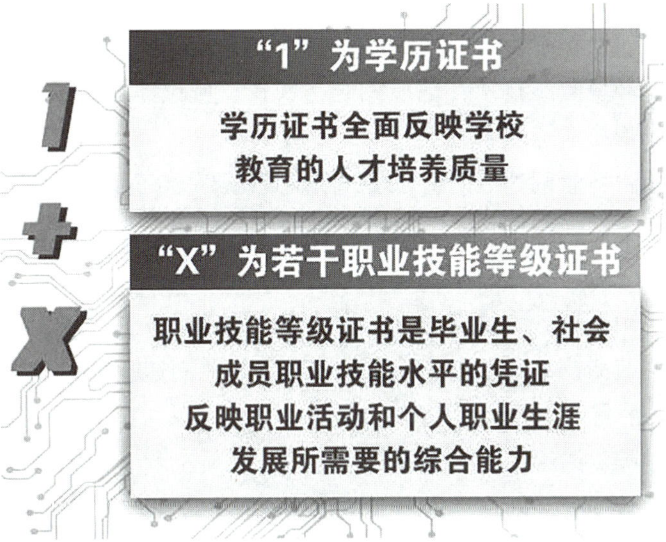

图 15-1 “1+X”证书制度

15.1.2 目标任务和试点内容

目标任务：自 2019 年开始，重点围绕服务国家需要、市场需求和学生就业能力提升，从 10 个左右领域做起，启动“1+X”证书制度试点工作。落实“放管服”改革需求，以社会化机制招募职业教育培训评价组织，开发若干职业技能等级标准和证书。有关院校将“1+X”证书制度试点与专业建设、课程建设、教师队伍建设等紧密结合，推进“1”和“X”的有机衔接，提升职业教育质量和学生就业能力。通过试点，深化教师、教材、教法“三教”改革；促进校企合作；建好用好实训基地；探索建设职业教育国家“学分银行”，构建国家资历框架。

试点内容主要包括：一是培训评价组织；二是开发职业技能等级证书；三是融入专业人才培养；四是实施高质量职业培训；五是严格职业技能等级考核与证书发放；六是

探索建立职业教育国家“学分银行”；七是建立健全管理、监督与服务机制。

15.2 无人机摄影测量职业技能等级证书

15.2.1 适用院校专业

中等职业学校：地图制图与地理信息系统、地质与测量、国土资源调查、地质灾害调查与治理施工、环境监测技术、地质调查与找矿、城镇建设、道路与桥梁工程施工、工程测量、数字影像技术等专业。

高等职业学校：林业调查与信息处理，国土资源调查与管理、地质调查与矿产普查、工程地质勘察、地球物理勘探技术、地质灾害调查与防治、环境地质工程、岩土工程技术、工程测量技术、摄影测量与遥感技术、测绘工程技术、测绘地理信息技术、地籍测绘与土地管理、矿山测量、测绘与地质工程技术、导航与位置服务、地图制图与数字传播技术、地理国情监测技术、国土测绘与规划、飞行器制造技术、飞机机载设备制造技术、无人机应用技术等专业。

应用型本科学校：测绘工程、遥感科学技术、导航工程、地理国情监测、地理空间信息工程、地质工程、资源勘查工程、人文地理与城乡规划、地理信息科学等专业。

15.2.2 面向职业岗位(群)

主要面向自然资源、住房和城乡建设、林业和草原、生态环境、交通运输、水利水电、农业农村、文化和旅游、应急管理、国防、公安消防等部门，从事自然资源调查、农林监测、电力巡检、国土测绘、智慧城市建设、城市规划、道路勘测、智慧旅游、应急监测、生态环境监测、矿产地质勘查、智慧消防等工作。

15.2.3 职业技能要求

1)职业技术等级划分

无人机摄影测量职业技能等级分为三个等级：初级、中级、高级。三个级别依次递进，高级别涵盖低级别职业技能要求。

[无人机摄影测量](初级)：掌握摄影测量基本概念、基本原理；掌握无人机构造及

飞行操作；了解像控点布设方法，按照规范要求进行像控点测量；初步掌握空三加密、DSM、DOM 数据生产方法。

[无人机摄影测量](中级)：掌握无人机航空摄影技术要求；掌握无人机地面站参数设置及航空摄影操作；掌握像控点布设及测量的技术要求；熟练掌握空三加密、DEM、DOM 和 DLG 数据生产流程。

[无人机摄影测量](高级)：掌握技术设计书、技术总结编写；掌握无人机飞行原理、无人机保养、维修；掌握倾斜摄影测量流程；掌握无人机航摄成果的可靠性检测；完成空三加密成果的接边、格式转换；掌握实景三维模型制作及编辑；掌握无人机摄影测量数字产品的行业应用。

2)职业技能等级描述(表 15.1)

表 15.1　　无人机摄影测量职业技能等级要求(中级)

工作领域	工作任务	职业技能要求
1 无人机航摄	1.1 设备检测	1.1.1 能通过遥控器测试无人机动力； 1.1.2 能正确连接任务载荷； 1.1.3 能通过试拍照片检查挂载相机工作状态； 1.1.4 能正确架设无人机通信电台及定位设备； 1.1.5 能完成校准磁罗盘
	1.2 像片航拍	1.2.1 能完成航线文件的格式转换； 1.2.2 能根据地形与气象因素实时规划飞行航线； 1.2.3 能通过地面站设置飞行参数； 1.2.4 能操作地面站进行航线的下载、上传； 1.2.5 能检查任务航线和降落航线的正确性和完整性； 1.2.6 能通过地面站监测无人机影像采集过程
	1.3 成果整理	1.3.1 能检查像片的航向重叠度、旁向重叠度、像片旋偏角、航线弯曲度； 1.3.2 能检查像片的色彩、清晰度、曝光度； 1.3.3 能按照作业要求对像片重命名； 1.3.4 能对像片进行色彩、亮度调整

续表

工作领域	工作任务	职业技能要求
2 像控点采集	2.1 像控点布设	2.1.1 能将 POS 数据和快拼影像图套合； 2.1.2 能根据成果精度要求选择航向控制点和旁向控制点跨度； 2.1.3 能按照航向控制点和旁向控制点跨度确定像控点点位； 2.1.4 能根据规范要求及地形情况对不满足测量条件的像控点点位进行调整； 2.1.5 能整理像控点布设成果资料
	2.2 像控点测量	2.2.1 能根据实际地形调整像控点点位； 2.2.2 能完成像控点坐标测量； 2.2.3 能正确填写像控点观测手簿
	2.3 成果资料整理	2.3.1 能输出像控点原始坐标文件； 2.3.2 能编辑像控点成果文件； 2.3.3 能整理像控点点位照片； 2.3.4 能汇总像控点成果资料
3 数据生产	3.1 空三加密	3.1.1 能检查连接点的精度； 3.1.2 能人工添加连接点； 3.1.3 能根据项目精度要求设置定向点和检查点的标准差； 3.1.4 能检查空三加密成果的精度； 3.1.5 能导出空三加密成果
	3.2 DEM 生产	3.2.1 能利用等高线、高程点数据生产 DEM； 3.2.2 能采集地形特征线； 3.2.3 能利用地形特征线编辑 DEM； 3.2.4 能通过立体模型编辑 DEM； 3.2.5 能进行 DEM 成果质量检查
	3.3 DOM 生产	3.3.1 能利用 DEM 数据生成单张 DOM； 3.3.2 能完成单张 DOM 的匀光、匀色； 3.3.3 能生成、编辑拼接线，完成影像拼接； 3.3.4 能利用检查点检测 DOM 精度
	3.4 DLG 生产	3.4.1 能进行影像的内定向、相对定向和绝对定向； 3.4.2 能进行像对的立体观察、立体量测； 3.4.3 能进行全要素地形图的采集； 3.4.4 能进行地形图的编辑、整饰； 3.4.5 能利用检查点检测地形图精度

15.2.4 考试要求

1) 考核形式

考核采用内外业相结合的方式进行，无人机航摄飞行(模拟飞行)及影像数据处理在内业完成，像控点测量在外业完成。

2) 考核场地及设备

(1)无人机航摄飞行：

①无人机组装、检查与拆卸在无人机组装维护实训室完成；

②无人机起飞、降落、定点拍照、手控拍照操作在数据处理实训室，利用无人机航空摄影模拟操作软件完成。

(2)像控点测量：

①像控点坐标测量在无人机外场或考核站点指定的场地完成；

②像控点坐标测量主要利用 GNSS-RTK 仪器，配备警示桶和警示服。

(3)影像数据处理：

影像数据处理在数据处理实训室完成，实训室具备计算机、摄影测量软件。

15.3 无人机驾驶职业技能等级证书

15.3.1 适用专业

中等职业学校：无人机操控与维护、设施农业生产技术、森林资源保护与管理、国土资源调查、地质与测量、生态环境保护、输配电线路施工与运行、影像与影视技术、航空摄影测量、森林消防、应急管理与减灾技术等专业。

高等职业学校：无人机应用技术、飞行器制造技术、飞行器维修技术、飞机机电设备维修、飞机电子设备维修、通用航空器维修、设施农业与装备、现代农业技术、农业装备应用技术、森林资源保护、林业信息技术与管理、国土资源调查与管理、地质调查与矿产普查、工程测量技术、摄影测量与遥感技术、测绘工程技术、测绘地理信息技术、国土测绘与规划、大气探测技术、环境监测与控制技术、救援技术、高压输配电线路施工运行与维护、水文测报技术、交通运营管理、定翼机驾驶技术、直升机驾驶技术、摄影摄像技术、交通管理、抢险救援等专业。

应用型本科学校：无人驾驶航空器系统工程、自然地理与资源环境、地理信息科学、自动化、测绘工程、遥感科学与技术、飞行器设计与工程、飞行器制造工程、农业机械化及其自动化、环境科学与工程、森林保护、摄影等专业。

15.3.2 面向职业岗位(群)

无人机驾驶职业技能等级标准主要面向影视传媒单位、农业相关单位、交通部门、物流部门、建筑部门、应急救援部门、电力、油气等能源部门、国土部门、保险部门、环保部门、林业部门、水利部门、海事部门、无人机研发与制造单位、公安和安防部门等，从事无人机航拍、农业喷洒、病虫害监控与防治、土壤与作物检测监控、物流运输、交通线路巡检、建筑或固定设施(如桥梁、电塔等)巡检、特殊环境(如地质灾害现场、火情现场等)应急监测、电力巡检、管道与基站巡检、国土资源勘察与测绘、保险勘察、环保检测、森林巡检、水域监测、海事巡检、安防巡检等多种运行场景下的无人机系统操控的基础工作，也可从事无人机型号测试、系统软硬件选配调试与维修，以及保障运行所需的装配调整、维护及飞行前检查工作。

15.3.3 职业技能要求

1)职业技能等级划分

无人机驾驶职业技能等级分为三个等级：初级、中级、高级。三个级别依次递进，高级别涵盖低级别职业技能要求。

[无人机驾驶](初级)：能按照厂家手册安装多旋翼类别无人机系统以及任务载荷，进行必要飞行前安全检查，操纵多旋翼类别无人机在视距内场景下起降以及运行，依据无人机系统手册完成日常的检查与维护工作。

[无人机驾驶](中级)：能按照厂家手册安装无人机系统以及远程地面控制站，完成所需的能源补充或燃料加注，进行系统整体安全检查，操纵无人机起降以及在超视距场景下的运行活动，以及保障运行所需的装配调整、维护工作。

[无人机驾驶](高级)：能根据飞行任务需要装配无人机整体系统以及任务载荷，并完成系统整体调试，设计作业方案及应急处置预案，操纵无人机在多种运行场景下完成运行，能进行作业数据后期处理，可以胜任无人机型号测试、出厂测试等工作，以及部件级别维修工作。

2)职业技能等级要求描述(表 15.2)

表 15.2 无人机驾驶职业技能等级要求(初级)

工作领域	工作任务	职业技能要求
1 飞行准备	1.1 机型安装	1.1.1 能按照机型手册安装多旋翼平台机体; 1.1.2 能按照电池安全使用要求安装与紧固电池; 1.1.3 能依据操作规范，完成无人机系统遥控器对频
	1.2 任务载荷装配	1.2.1 能按照作业需要，正确选配、安装航拍相机; 1.2.2 能依据作业需求与作业规范，正确安装植保喷洒药箱; 1.2.3 能根据安全喷洒规范，正确完成喷洒药液的调配、填充与废液处理
	1.3 飞行前检查	1.3.1 能按照飞行手册完成多旋翼机身完整性检查; 1.3.2 能完成多旋翼重量与配平检查; 1.3.3 能按照安全操作程序完成动力电池以及控制站电池电量检测; 1.3.4 能完成多旋翼无人机系统中辅助定位系统校准所需的操作; 1.3.5 能完成飞行环境安全确认
2 飞行任务操作	2.1 多旋翼视距内起降与悬停	2.1.1 能安全操纵辅助定位系统工作下(以下简称：辅助模式)的多旋翼视距内起降操作; 2.1.2 能安全稳定地操纵辅助模式下的多旋翼视距内定高定点悬停; 2.1.3 能安全稳定地操纵辅助模式下的多旋翼在视距内定至少四个方位悬停
	2.2 多旋翼视距内机动飞行	2.2.1 能安全操纵辅助模式下的多旋翼定高纵向平飞; 2.2.2 能安全操纵辅助模式下的多旋翼定高横向平移; 2.2.3 能安全操纵辅助模式下的多旋翼向空间内同高某点斜向移动; 2.2.4 能安全操纵辅助模式下的多旋翼定高匀速执行圆形航线
	2.3 多旋翼视距内作业飞行	2.3.1 能安全稳定地操控辅助模式下的多旋翼在空间某点悬停，执行对某点或某一区域的持续监控或拍摄; 2.3.2 能安全稳定地操控辅助模式下的多旋翼无人机执行满载重起飞与植保作业航线运行; 2.3.3 能按照作业规范要求，安全稳定地操控辅助模式下的多旋翼执行目标物不同高度不同角度检查的作业飞行

续表

工作领域	工作任务	职业技能要求
3 无人机系统日常维护	3.1 多旋翼的日常检查	3.1.1 能依据系统说明书正确填写系统维护履历； 3.1.2 能遵照系统维护保养手册（以下简称：系统维保手册）完成对机体各紧固件的检查； 3.1.3 能遵照系统维保手册完成对螺旋桨的检查
	3.2 多旋翼日常维护	3.2.1 能按照操作规范拆卸动力电池； 3.2.2 能遵照系统维保手册完成对机体的检查； 3.2.3 能遵照系统维保手册完成机体的清洁
	3.3 动力电池日常检查与维护	3.3.1 能按照电池使用要求执行放电操作； 3.3.2 能按照电池使用要求执行充电操作； 3.3.3 能按照电池特性安全合理地完成电池存放

15.3.4 考试要求

1）考试条件

（1）理论考试学员应符合的条件：

①理论考试学员必须接受并记录培训院校提供的理论教学，并于考试日期提前至少5天，由试点院校为其在平台以及无人机驾驶职业技能等级证书管理系统（以下简称系统）分别上传个人信息并提交理论考试申请；

②理论考试前，学员须出示本人的有效身份证明（包括身份证、港澳居民来往内地通行证、台湾居民来往大陆通行证、护照）或本人已经获得的证书；

③学员提供信息须准确无误，因信息有误对考试工作造成的影响由学员自行承担；

④对于尚未获得证书的人员，其参加理论考试时出示的身份证明须与其日后申请证书时所持身份证明号码相符，否则其成绩不予承认；

⑤对于申请补考的学员，针对上次理论考试未通过的理论知识内容应进行必要的补充学习，具备通过理论考试的能力，补考日期与上一次该等级理论考试日期间隔最少为28天。

（2）实践技能考试学员应符合的条件：

①培训院校指定的培训教师为该学员按照相应人才培养方案完成了相应等级的职业技能培训；

②学员于考试日期提前至少5天，由试点院校为其在平台与系统分别提交实践技能

考试申请；

③在接受实践技能考试前 24 个月内已通过了相应等级的理论考试；

④实践技能考试前，学员须出示本人的有效身份证明(包括身份证、港澳居民来往内地通行证、台湾居民来往大陆通行证、护照)或本人已经获得的证书；

⑤对于申请补考的学员，除须满足以上要求外，实践技能考试补考日期与上一次相同等级要求的实践技能考试日期间隔最少为 14 天。

思政点滴

人民网评：职业教育前途广阔、大有可为

2021年4月，全国职业教育大会在京召开，会上传达了习近平总书记重要指示。习近平总书记强调，加快构建现代职业教育体系，培养更多高素质技术技能人才、能工巧匠、大国工匠。这为实现职业教育提质增效指明了方向。

职业教育是国民教育体系和人力资源开发的重要组成部分，是广大青年打开通往成功成才大门的重要途径，肩负着培养多样化人才、传承技术技能、促进就业创业的重要职责。党的十八大以来，习近平总书记多次就发展职业教育作出重要指示，要求“必须高度重视、加快发展”。近年来，制定出台《国家职业教育改革实施方案》、启动部省共建职业教育创新发展高地试点、实施职业教育东西协作行动计划……一系列重大举措推动职业教育迈上新台阶。

从统计数据来看，我国有1.13万所职业学校、3088万在校生，已建成世界规模最大的职业教育体系。从行业分布来看，在现代制造业、战略性新兴产业和现代服务业等领域，一线新增从业人员70%以上来自职业院校。可以说，党的十八大以来，职业院校毕业生成为我国产业大军的主要来源，成为支撑中小企业聚集发展、区域产业转型升级和城镇化发展的主力军。与此同时，无论是通过职业教育斩断贫困代际传递的根子，还是一大批退役军人、下岗失业人员、进城务工人员获得一技之长，职业教育在服务就业、改善民生等方面也发挥了越来越重要的作用。

在职业教育事业发展过程中，有一批人默默地在背后付出，并取得了一定的成效。武汉大学陶本藻教授就是其中的一位，老先生投身教育事业60余年，现今虽已退休多年，且年事已高，但陶本藻教授仍愿不辞辛苦，为我国测绘教育发展继续贡献自己的余温。陶教授一直关注着测绘职业教育的发展，积极推动测绘地理地理信息领域的专业建设，并亲临一线指导全国职业院校技能大赛工程测量赛项(国赛)和全国大学生无人机测绘技能竞赛(行业赛)，促进测绘类职业教育蓬勃发展。与此同时，陶教授还担任了多所高职高专院校的客座教授，每年都会到学校给学生做高屋建瓴的精彩讲座。作为我国著名大地测量专家，老先生被人称为“平差大师”，但他不喜欢这个称呼，他说：“这是一代人的努力，我只是退休晚几年，持续在做自己喜欢的事情而已。”这种可敬的职业精神感染着年轻一代测绘人。老一辈测绘人创造了辉煌的过去，更加灿烂的明天要靠我们青年一代接力拼搏、努力创新！

资料来源：人民网：观点频道。

模块 16

全国大学生无人机测绘技能竞赛

思维导图

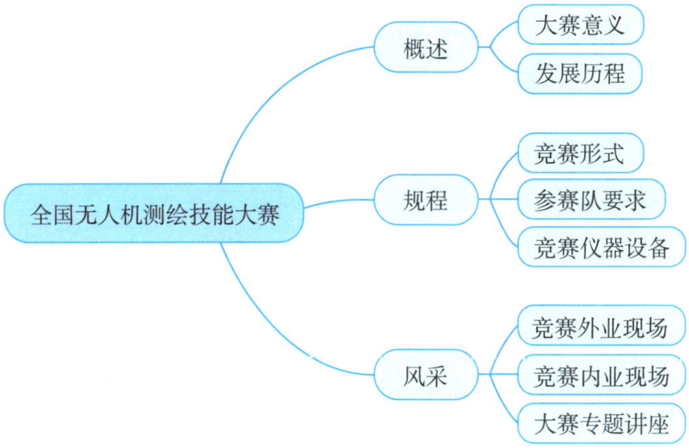

16.1 全国大学生无人机测绘技能竞赛

16.1.1 大赛意义

举办无人机测绘技能竞赛作为推进测绘新理论、新技术、新方法进院校、进课堂的重要渠道，是提升学生运用无人机进行测绘操作能力的重要平台，是促进无人机在测绘地理信息领域应用的一个有效途径，对高校全面提高人才培养质量具有十分重要的意义。

16.1.2 发展历程

全国测绘地理信息职业教育教学指导委员会根据行业发展现状，结合行业院校专业建设的实际情况，以“以赛促建，以赛促教，以赛促学，以赛促创”为导向，在赵文亮和李生平两位副主任牵头下，经过两年多的准备和实验，已经成功举办了三届全国大学生无人机测绘技能竞赛。

2017 年 11 月，首届全国大学生无人机测绘技能竞赛在河南省南阳市成功举办。全国 19 个省 38 所本专科院校参赛，其中高职院校有 23 所，本科院校有 15 所。

2018 年 7 月，第二届全国大学生无人机测绘技能竞赛在云南省昆明市成功举办。全国 22 个省 52 所本专科院校参赛，其中高职院校有 34 所，本科院校有 18 所。

2019 年 7 月，第三届全国大学生无人机测绘技能竞赛在山东省日照市成功举办。全国 24 个省 78 所本专科院校参赛，其中高职院校有 59 所，本科院校有 19 所。

16.2 无人机测绘技能竞赛规程

16.2.1 竞赛形式

▸技能大赛

(1)竞赛采用内外业相结合的方式进行，主要包括：“无人机低空影像数据采集(外业)”“低空摄影测量影像处理(内业)”。主要考核学生在无人机测绘实践操作中的应用能力，如图 16-1、图 16-2 所示。

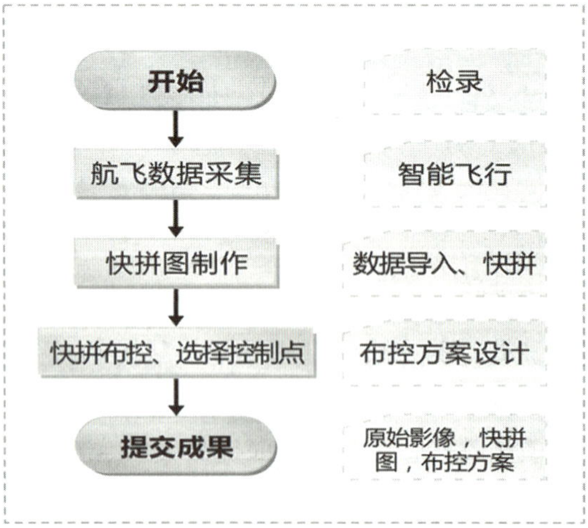

图 16-1　无人机低空影像数据采集竞赛流程

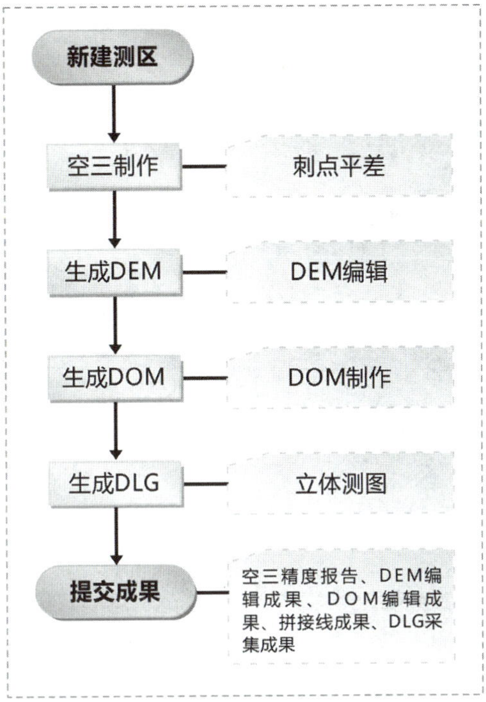

图 16-2　低空摄影测量影像处理竞赛流程

16.2.2　参赛队要求

(1)凡开设测绘地理信息类专业及相关专业的高校均可报名组队参赛；

(2)本赛项为团体赛，以院校为单位，不得跨校组队，每个院校可选派 1 支队伍参赛；

(3)参赛队由 1 名领队、2 名学生和 1～2 名指导教师组成，参赛选手必须为本院校在读学生；

(4)竞赛现场，仅由参赛学生参与，指导教师不允许进入竞赛场地内。

16.2.3　竞赛仪器设备

竞赛使用的设备由竞赛组委会统一提供，竞赛设备包括：

(1)原始影像采集系统：大疆(DJI)精灵 Phantom 系列航拍无人机，平民化专项定制巡航软件。

(2)影像数据处理硬件：Win7 64 位旗舰版计算机、立体采集设备(红蓝/绿眼镜)，如图 16-3 所示。

(3)影像数据处理软件：DoubleGrid 平民化摄影测量后处理软件，如图 16-4 所示。

图 16-3　竞赛使用的相关硬件

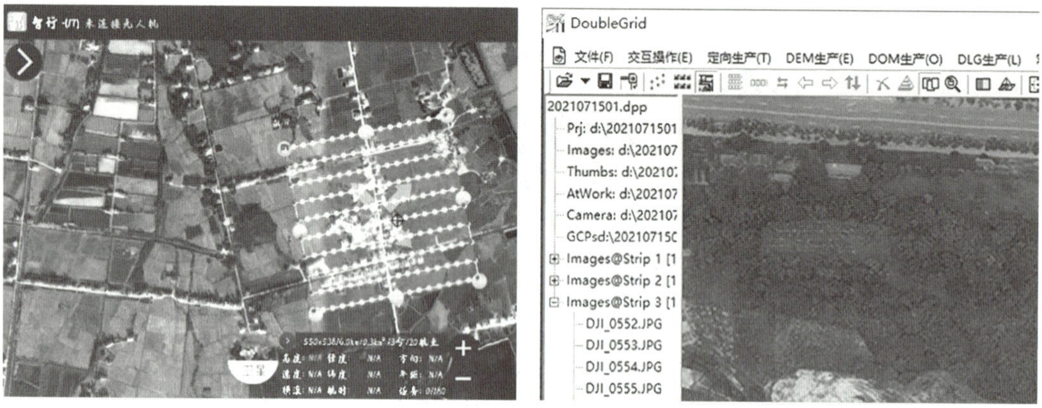

图 16-4　竞赛使用的相关软件

思政点滴

大赛点亮人生　技能成就梦想

韩宇星，毕业于甘肃交通职业技术学院，全国首届大学生无人机测绘技能竞赛获奖选手，由大赛点亮人生，因技能成就梦想。

1. 大赛中的一颗启明星

2017 年，韩宇星因优异的专业成绩被指导老师选中，将代表学院参加首届全国无人机测绘技能竞赛，从小爱钻研、能吃苦的他格外珍惜这次参赛机会。为了能取得好成绩，韩宇星和队友吃在实验室，睡在实验室，认真钻研竞赛规程的每一个细节，一遍又一遍地优化竞赛技能。通过近 3 个月的刻苦训练，韩宇星和队友在大赛中摘得桂冠，而正是由于在大赛过程中的优异表现，韩宇星成为大赛中的一颗启明星，受到众多专家和企业的关注。

2. 从竞赛选手到技术总监

毕业后的韩宇星将精益求精、团结协作的竞赛精神带入工作中，担任了公司的技术工程师。在短短的 2 年工作中，先后担任了甘肃、黑龙江、安徽等省份的无人机测绘技能竞赛的技术支持和裁判工作，全面负责了 2019 年全国大学生无人机测绘技能竞赛技术支持工作。在工作实践中，韩宇星勤勤恳恳、不断钻研新技术、提高专业技能水平，很快便成长为公司的技术总监，还作为核心成员重点参与了武汉大学系列专业软件的开发和测试工作，负责武汉大学张祖勋院士团队贴近摄影测量数据获取及软件测试等工作。

3. 投身科研，梦想启航

除了技能水平过硬，韩宇星在专业科研方面也取得优异成绩，曾独立完成新型 AMS-3000 大视场三线阵相机数据处理软件 DPGridAMS 的测试工作。AMS-3000 数字航摄仪和地面系统 DPGridAMS 对我国大规模快速获取高分辨率地面信息意义重大，将会打破大规模高分辨率数据获取一直被国外公司垄断的局面。韩宇星说：“能够参与行业中的重大科研项目一直是自己的梦想，如今梦想正逐步实现，以后会不断提高自己的科研能力和技能水平，努力为行业的发展作出自己的贡献。”

技能成就梦想

参 考 文 献

[1] 王之卓. 摄影测量原理[M]. 北京：测绘出版社，1979.

[2] 张祖勋，张剑清. 数字摄影测量学[M]. 武汉：武汉大学出版社，2012.

[3] 张剑清，潘励，王树根. 摄影测量学[M]. 武汉：武汉大学出版社，2003.

[4] 段延松. 无人机测绘生产[M]. 武汉：武汉大学出版社，2019.

[5] 郭学林. 航空摄影测量外业[M]. 郑州：黄河水利出版社，2011.

[6] 王冬梅. 无人机测绘技术[M]. 武汉：武汉大学出版社，2020.

[7] 陈裕芹. 无人机概论[M]. 北京：航空工业出版社，2020.

[8] 孙毅. 无人机驾驶员航空知识手册[M]. 北京：中国民航出版社，2014.

[9] 宋静波. 飞机构造基础[M]. 北京：航空工业出版社，2011.

[10] 张灯军，郭军. 无人机在 1：1000 地形图成果质量检查中的应用与精度分析[J]. 测绘工程，2019，28(4)：64-67.

[11] 张文博，张源，张肖峰. 大疆精灵系列无人机在大比例尺地形图快速成图中的应用[J]. 价值工程，2020，39(4)：242-244.

[12] 万剑华，王朝，刘善伟，等. 消费级多旋翼无人机 1：500 大比例尺测图的应用[J]. 遥感技术与应用，2019，34(5)：1048-1053.

[13] 邹娟茹，孙兴华，唐红涛，等. 基于三维空间的地理要素表达新形式[J]. 地理空间信息，2021，19(7)：39-41，6.

[14] 国家测绘局. CH/Z 3003—2010 低空数字航空摄影测量内业规范[S]. 北京：测绘出版社，2010.

[15] 国家测绘局. CH/Z 3004—2010 低空数字航空摄影测量外业规范[S]. 北京：测绘出版社，2010.

[16] 国家测绘局. CH/Z 3005—2010 低空数字航空摄影规范[S]. 北京：测绘出版社，2010.

[17] 国家测绘局. CH/Z 3001—2010 无人机航摄安全作业基本要求[S]. 北京：测绘出版社，2010.

[18] 国家测绘局. GB/T 7930—2008 1：500 1：1000 1：2000 地形图航空摄影测量内业规范[S]. 北京：测绘出版社，2008.

[19] 汤国安，陶旸，王春. 等高线套合差及在 DEM 质量评价中的应用研究[J]. 测绘通

报，2007(7)：65-67.
[20] 张新利．一种 DEM 套合自动检查算法的设计与实现[J]. 测绘与空间地理信息，2012，35(10)：43-46.
[21] 魏易从，曹建君．数字高程模型(DEM)质量检验方法研究[J]. 矿山测量，2020(8)：131.